市场营销学

——理论与实务学习指南

主　编　梁健爱　连　漪

副主编　赵立辉

参　编　陈建新　邹　勇　韦家华

北京理工大学出版社

BEIJING INSTITUTE OF TECHNOLOGY PRESS

内 容 简 介

本书较全面地介绍了市场营销学的核心概念、重点知识、基本理论及基本方法，并编写相应的练习题。重点培养学习者解决市场实际问题的能力，力求将知识转化为能力。每章有学习目标、学习新知、核心概念、学习重点、知识链接、同步练习及参考答案等栏目。配套由连漪教授主编的《市场营销学——理论与实务》（北京理工大学出版社）一书使用。

全书分为15章、两套综合模拟测试和两个附录。其中包括市场营销导论、战略规划与市场营销管理过程、市场营销环境分析、市场购买行为分析、市场调查与预测、市场竞争战略、目标市场营销战略、产品策略、品牌与包装策略、价格策略、分销渠道策略、促销策略、营销行动管理、营销策划、市场营销新发展等15章的学习指南。附录A为营销分析工具，附录B为营销知识检索。

本书为高等院校工商管理类各专业应用型本科生学习辅导书，也可作为高职高专及相关专业学生的学习参考书，亦适用于企业营销人员的培训。

图书在版编目（CIP）数据

市场营销学：理论与实务学习指南/梁健爱，连漪主编. —北京：
北京理工大学出版社，2008.8（2018.1重印）
ISBN 978 - 7 - 5640 - 1693 - 7

Ⅰ.市…　Ⅱ.①梁…②连…　Ⅲ.市场营销学 - 高等学校 - 教材
Ⅳ.F713.50

中国版本图书馆CIP数据核字（2008）第114513号

出版发行／北京理工大学出版社
社　　　址／北京市海淀区中关村南大街5号
邮　　　编／100081
电　　　话／（010）68914775（办公室）68944990（批销中心）68911084（读者服务部）
网　　　址／http://www.bitpress.com.cn
经　　　销／全国各地新华书店
印　　　刷／三河市天利华印刷装订有限公司
开　　　本／787毫米×1092毫米　1/16
印　　　张／16
字　　　数／365千字
版　　　次／2008年8月第1版　**2018年1月第5次印刷**　　责任校对／申玉琴
定　　　价／35.00元　　　　　　　　　　　　　　　　　　　责任印制／边心超

图书出现印装质量问题，本社负责调换

前　　言

市场营销学是一门以经济科学、行为科学、现代管理理论和现代科学技术为基础，研究以满足消费者需求为中心的企业营销活动及其规律性的综合性应用学科。掌握、消化和运用好所学的营销理论知识，是迈向事业成功的基础。

我们结合课程的教学特点，"知识在于应用，营销始于行动"，强化课程知识的掌握与运用，力求将编写人员多年教学、科研与实践积累的经验，与应用型人才培养的特点进行有机的结合。配套连漪教授主编的《市场营销学——理论与实务》一书，专门针对应用型人才培养而特别编写的一本学习辅导书。每章设有学习目标、学习新知、核心概念、学习重点、知识链接、同步练习及参考答案等栏目。以市场营销基本理论、基本方法与核心知识为主线，从易于阅读理解、掌握的角度，特别编写了营销分析工具和营销知识检索栏目，以帮助学生更好地将知识转化为能力。

特别需要说明的是"学习新知"栏目。由于市场营销理论与实践正在发生着日新月异的变化，学习者很有必要掌握国内外市场营销理论与实践的最新进展，包括体验营销、交叉销售、顾客忠诚计划、长尾理论等。为此，在参阅国内外最新营销资讯的基础上，结合编者多年应用研究的实践，我们在每章编写了"学习新知"，对营销理论的前沿知识进行了概括性的介绍。这部分内容对于学习者联系实际、加深理解、提高学习效果非常重要。

本书由桂林工学院梁健爱副教授、连漪教授担任主编，负责拟定编写大纲，组织协调并总撰定稿，赵立辉担任副主编。全书共15章，参编人员的具体分工是：连漪，第一章、第十三章的部分及附录A、B；梁健爱，第二、三、四、十二章，综合模拟测试部分；赵立辉，第五、六、七章；陈建新，第八、九、十四章；邹勇，第十、十一章；韦家华，第十五章、第十三章的部分。参与本书资料整理的还有潘海利。在此对他们所付出的辛勤劳动表示感谢！

在本书的编写过程中参阅了国内外许多市场营销学方面的有关文献，获得了很多启迪，大大促进了本书的完善，对许多未见的作者在此深表谢意。

作为一种课堂教学的补充，旨在帮助学习者掌握、消化所学理论知识，引导学习者自我检测知识的掌握程度，开阔视野。编写这样一本学习辅导书，因受编著者学识和认识水平所限，难免有许多有待商榷和不当之处，恳请广大读者和同行批评指正，以便进一步修改与完善。

梁健爱　连漪

于屏风山下

2008 年 7 月

目　　录

第一章　市场营销导论

营销的目的在于使销售成为多余。

——彼得·德鲁克

重点：了解市场营销的产生发展过程；理解市场营销的核心概念；掌握市场营销内涵及观念

难点：市场营销的核心概念；市场营销观念与推销观念的区别

新点：10P 理论、4C 理论、4R 理论

☞　**学习目标**

■ 了解市场营销学研究的主要内容
■ 掌握市场营销的核心概念
■ 掌握市场营销的 5 大观念

市场营销学是一门以经济科学、行为科学、现代管理理论和现代科学技术为基础，研究以满足消费者需求为中心的企业营销活动及其规律性的综合性应用学科。市场营销学是在20 世纪初从经济学的母体中脱胎出来的，其发展经历了一个充分吸收相关学科的研究成果、博采众家之长的跨学科的演变过程，进而形成了具有特定研究对象和研究方法的独立学科。其中，经济学、心理学、社会学以及管理学等相关学科对市场营销思想的贡献最为显著。

市场营销学包含了许多核心概念，其中主要有：需要、欲望和需求；产品及相关的效用、价值和满意；交换和交易；关系和网络；市场和行业；营销管理。

企业的营销哲学通常划分为五种：生产观念、产品观念、推销观念、市场营销观念和社会市场营销观念。前三者被称为传统营销观念，后两者被称为现代营销观念。

☞　**学习新知**

■ 10P 理论
■ 4C 理论
■ 4R 理论

1. 10P 理论

营销学权威美国西北大学教授菲利普·科特勒认为，只有在搞好战略营销计划过程的基础上，战术性营销组合的制定才能顺利进行。因此，为了更好地满足消费者的需要，并取得最佳的营销效益，营销人员必须精通产品（Product）、地点（Place）、价格（Price）和促销（Promotion）四种营销战术；为了做到这一点，营销人员必须事先做好探查（Probing）、分

割（Partitioning）、优先（Prioritizing）和定位（Positioning）四种营销战略；同时还要求营销人员必须具备灵活运用公共关系（Public Relations）和政治权力（Politics Power）两种营销技巧的能力。这就是科特勒的10P理论。

同时，科特勒又重申了营销活动中"人（People）"的重要作用，认为这或许是所有"P"中最基本和最重要的一个。企业营销活动可分为两个部分：外部营销（External Marketing）是满足顾客的需求，让其在购买和消费中感到满意；内部营销（Internal Marketing）是满足员工的需求，让其在工作中感到满意。同时，企业的成长和利润也应该使股东及其他利益相关者感到满意。

2. 4C 理论

20世纪90年代以来，美国营销专家罗伯特·劳特朋（Robert·Lauteerbom）提出4C理论。取代了传统的4P理论，营销的思考重心"从消费者请注意"转向"请注意消费者"。其主要内容包括以下几点。

（1）消费者的需求和欲求（Consumer's Wants and Needs）。忘掉产品，先把产品搁在一边，不要再卖你所能制造的产品，而要卖消费者确实想要的产品。

（2）成本（Cost）。忘掉定价，着重了解消费者满足其需求所需付出的成本（Cost）。以往企业对产品的定价思维模式是"成本＋适当利润＝适当价格"，新的定价思维是"消费者所能接受的价格－适当的利润＝成本上限"。

（3）便利（Convenience）。忘掉分销渠道，考虑如何给消费者方便，以方便他们购得商品。

（4）沟通（Communication）。忘掉促销，考虑如何与消费者进行双向沟通。

从某种意义上来说，4P理论是从厂商的角度出发的，而4C理论是从消费者的角度出发的，它提供了一种新的视角，这种视角改变了营销思考的重心，这正是以4C理论取代4P理论的基础和前提。

其次，整合营销通过控制消费者心理转变过程，形成纵深的立体促销战略，控制目标消费者的消费行为，实行接触管理。

整合营销是从一般宣传转变为对消费者消费心理进行管理，从企业一般产品宣传转变为对消费者态度与印象进行管理。在整合营销思想指导下，根据消费者对产品的态度，企业发起立体、有纵深感的促销战役，达到改变消费者心理的目的。这种由手段到目标的转变，是营销的一大突破。

3. 4R 理论

20世纪90年中期，美国学者Don·Schultz将关系营销思想简单总结为4R，从而阐述了一个全新的营销四要素。

（1）关联（Relevancy）。即认为，企业与顾客是一个命运共同体，在经济利益上是相关的、联系在一起的，建立保持并发展与顾客之间的长期关系是企业经营中的核心理念和最重要的内容。因此，企业应当同顾客在平等的基础上建立互利互惠的伙伴关系，保持与顾客的密切联系，认真听取他们提出的各种建议，关心他们的命运，了解他们存在的问题和面临的机会，通过提高顾客在购买和消费中产品价值、服务价值、人员价值及形象价值，降低顾客的货币成本、时间成本、精力成本及体力成本，从而更大程度地满足顾客的价值需求，让顾客在购买和消费中得到更多的享受和满意。特别是企业对企业的营销与消费市场营销完全不同，更需要靠关联、关系来维系。

（2）反应（Respond）。在今天相互影响的市场中，对经营者来说最现实的问题不在于如何控制、制定和实施计划，而在于如何站在顾客的角度及时地倾听顾客的希望、渴望和需求，并及时答复和迅速作出反应，满足顾客的需求。当代先进企业已从过去推测性商业模式，转移成高度回应需求的商业模式。面对迅速变化的市场，要满足顾客的需求，建立关联关系，企业必须建立快速反应机制，提高反应速度和回应力。

（3）关系（Relation）。在企业与客户的关系发生了本质性变化的市场环境中，抢占市场的关键已转变为与顾客建立长期而稳固的关系，与此相适应产生5个转向：① 从一次交易转向强调建立友好合作关系，长期地拥有用户；② 从着眼于短期利益转向重视长期利益；③ 从顾客被动适应企业单一销售转向顾客主动参与到生产过程中来；④ 从相互的利益冲突转向共同的和谐发展；⑤ 从管理营销组合转向管理企业与顾客的互动关系。同时，因为任何一个企业都不可能独自提供运营过程中所必需的资源，所以企业必须和与经营相关的成员建立起适当的合作伙伴关系，形成一张网络（这是企业经营过程中除了物质资本和人力资本以外的另一种不可或缺的资本——社会资本），充分利用网络资源，挖掘组织间的生产潜力，基于各自不同的核心竞争优势的基础之上进行分工与合作，共同开发产品、开拓市场、分担风险、提高竞争优势，更好地为消费者和社会服务。

（4）回报（Return）。任何交易与合作关系的巩固和发展，对于双方主体而言，都是一个经济利益问题，因此，一定的合理回报既是正确处理营销活动中各种矛盾的出发点，也是营销的落脚点。对企业来说，市场营销的真正价值在于其为企业带来短期或长期的收入和利润的能力。一方面，追求回报是营销发展的动力；另一方面，回报是企业从事营销活动，满足顾客价值需求和其他相关主体利益要求的必然结果。企业要满足客户需求，为客户提供价值，顾客必然予以货币、信任、支持、赞誉、忠诚与合作等物质和精神的回报，而最终又必然会归结到企业利润上。

4R理论提出企业与顾客及其他利益相关者应建立起事业和命运共同体，建立、巩固和发展长期的合作协调关系，强调关系管理而不是市场交易。

☞ **核心概念**

■ 市场营销学
■ 市场
■ 市场营销
■ 需要、欲望和需求
■ 产品、效用、质量、顾客价值和顾客满意
■ 交换、交易

1. 市场营销学

市场营销学是一门以经济科学、行为科学、现代管理理论和现代科学技术为基础，研究以满足消费者需求为中心的企业营销活动及其规律性的综合性应用学科。

2. 市场

市场是由那些具有特定的需要或欲望，而且愿意并能通过交换来满足这种需要或欲望的全部潜在顾客构成的，市场是买卖关系的总和。

3. 市场营销

市场营销是个人或群体通过创造并同他人交换产品和价值以满足需求和欲望的一种社会管理过程。

4. 需要

需要是指人们没有得到某些基本满足的感受状态。

5. 欲望

欲望是指人们想得到这些基本需要的具体满足物的愿望。

6. 需求

需求是指人们有能力购买并且愿意购买某个具体商品的欲望。

7. 产品

产品是指用来满足顾客需求和欲望的物体。产品包括有形与无形的、可触摸与不可触摸的。

8. 效用

效用是消费者对满足其需要的产品的全部效能的估价。消费者如何选择所需的产品，主要是根据对满足其需要的每种产品的效用进行估价而决定的。

9. 顾客价值

顾客价值是指顾客从拥有和使用某产品中所获得的价值与为取得该产品所付出的成本之差。

10. 顾客满意

顾客满意取决于消费者所理解的一件产品的效能与其期望值进行的比较。

11. 质量

质量是指与一种产品或服务满足顾客需要的能力有关的各种特色和特征的总和。

12. 交换

交换指通过提供某种东西作回报，从别人那里取得所需物品的行为。

13. 交易

交易是指买卖双方价值的交换，它是以货币为媒介的，而交换不一定以货币为媒介，它可以是物物交换。

☞ **学习重点**

■ 市场营销学的研究对象及特点
■ 市场营销学的研究方法
■ 交换的条件

- 营销管理的主要任务
- 企业营销哲学的发展
- 市场营销观念与推销观念比较
- 社会市场营销观念
- 4P 和 4C 的区别
- 顾客满意度与顾客让渡价值

1. 市场营销学的研究对象及特点

市场营销学是一门以经济科学、行为科学、现代管理理论和现代科学技术为基础，研究以满足消费者需求为中心的企业营销活动及其规律性的综合性应用学科。市场营销学的研究对象是以满足消费者需求为中心的企业营销活动过程及其规律性。

市场营销学具有如下主要特点。

（1）动态性。在当代社会里，随着经济的发展和科学技术的进步，市场总是处在不断变化之中的。因此，就要求企业能够根据变化了的市场环境，及时调整自己的各项营销策略，以适应新的市场环境的需要。所以，市场营销学的内容也是随着市场环境和企业营销策略及经营活动方式的改变而不断更新的，市场营销学的动态性要求我们要运用发展的观点来学习、研究市场营销学。

（2）实用性。市场营销学是适应商品经济的需要而产生和发展起来的，具有很强的实用性。企业在从事生产经营活动的过程中，不仅要面对异常复杂、变化着的市场环境，还要面对企业自身的诸如企业的规模、资源的状况、产品系列的多少、企业的组织结构以及企业的相对优势和劣势等问题。而市场营销学恰恰可以为企业提供一把解决这类问题的钥匙，实实在在为企业家出谋划策、开拓思路，求得企业的更大发展。

（3）系统性。市场营销学与其他学科一样，处在不断发展与完善之中，但就其理论体系而言却是个完整的体系。市场营销学系统地研究了企业在产前、产中和产后的整个生产经营过程，指出企业要以市场为中心，要积极参与市场竞争，把握市场走势，按质、按量、适时、适地、适价地为市场提供产品或劳务，最大限度地满足市场的需求。

（4）预见性。市场营销学重视市场的调查、分析和研究，收集的相关资料准确、及时和全面，为企业家经营决策提供了可靠的依据，避免了企业生产经营活动的盲目性，减少了企业的经营风险，使企业掌握了从事营销活动的主动权，这些都与市场营销学所具有的预见性特点有关。

2. 市场营销学的研究方法

市场营销学的研究方法如下。

（1）传统研究法。传统研究法在 20 世纪二三十年代较为流行，主要有三种，即产品研究法、机构研究法、功能研究法。

（2）历史研究法。历史研究法就是以市场营销的发展历程为中心的研究方法。它是从事物发展的角度来分析研究有关市场营销问题的产生、发展和衰亡的过程，并寻找其发展变化的成因，掌握其规律性。

（3）管理（决策）研究法。管理研究法也叫决策研究法，就是以管理决策为中心的研究方法。这种方法强调通过营销实行组织和产品的有效的市场定位，并且特别重视市场营销的分析计划、组织、实施和控制。

（4）社会研究法。社会研究法就是研究各种营销活动和营销机构对社会的贡献及其所付出的成本。这种方法提出的课题有：市场效率、产品更新换代、广告真实性以及市场营销对生态系统的影响等。

（5）系统研究法。系统研究法是研究企业在进行市场营销决策时，把有关环境因素和市场营销活动过程视作一个系统，统筹兼顾其各个组成部分（生产者或卖主、中间商、顾客、竞争对手、政府机构、大众媒介、消费者协会等各种公众，经济环境、人口环境等宏观力量）的相互影响、相互作用，千方百计地使各个部分协调行动，产生大于单独行动时的协同效应。

3. 交换的条件

交换是市场营销的核心概念。交换的五个条件：至少有两方；每一方都有被对方认为有价值的东西；每一方都能沟通信息和传送物品；每一方都可以自由接受或拒绝对方的产品；每一方都认为与另一方进行交换是适当的或称心如意的。

4. 营销管理的主要任务

营销管理的主要任务是不仅要刺激消费者对产品的需求，还要帮助公司在实现其营销目标的过程中，影响需求水平、需求时间和需求构成。因此，市场营销管理的任务是刺激、创造、适应及影响消费者的需求。从此意义上说，营销管理的本质是需求管理。

5. 企业营销哲学的发展

企业的营销哲学通常划分为五种：生产观念、产品观念、推销观念、市场营销观念和社会市场营销观念。前三者被称为传统营销观念，后两者被称为现代营销观念。两种营销观念的比较见表 1-1。

表 1-1　两种营销观念的比较

营销观念		营销程序	重点	手段	营销目标
传统营销观念	生产观念	产品➡市场	产品	提高生产效率	通过扩大产量降低成本取得利润
	产品观念	产品➡市场	产品	生产优质产品	通过提高质量扩大销量取得利润
	推销观念	产品➡市场	产品	促进销售策略	加强销售促进活动，扩大销量取得利润
现代营销观念	市场营销观念	市场➡产品➡市场	消费者需求	整体市场营销活动	通过满足消费者需求和欲望，取得利润
	社会营销观念	市场➡产品➡市场	消费者需求、社会长期利益	协调性市场营销活动	通过满足消费者的欲望和需求，增进社会长期利益，企业取得利益

6. 市场营销观念与推销观念比较

推销观念产生于 20 世纪 20 年代末至 50 年代初。当时，社会生产力有了巨大发展，市场趋势由卖方市场向买方市场过渡，尤其在 1929—1933 年的特大经济危机期间，大量产品销售不出去，迫使企业重视广告术与推销术的应用研究。这种观念认为，消费者通常表现出一种购买惰性或抗衡心理，企业必须进行大量推销和促销努力。但其实质仍然是以生产为中心的。

市场营销观念定型于 20 世纪 50 年代中期，这种观念认为，要达到企业目标，关键在于确定目标市场的需求与欲望，并比竞争者更有效率地满足消费者的需求。市场营销观念基于 4 个主要支柱，即目标市场、顾客需要、整合营销和盈利能力。

市场营销观念同推销观念相比具有重大的差别，见表 1-2。

表 1-2 营销观念与推销观念的主要区别

观念	出发点	中心点	手段、方法	目的
推销观念	企业	产品	推销术和促销术	通过销售获得利润
营销观念	市场	顾客需求	协调市场营销策略	通过顾客满意获得利润

7. 社会市场营销观念

社会市场营销观念是对市场营销观念的修改与补充，产生于 20 世纪 70 年代。这种观念认为，企业的任务是确定目标市场需求、欲望和利益，并且在保持和增进消费者和社会福利的情况下，比竞争者更有效率地满足目标顾客的需要。这不仅要求企业满足目标顾客的需求与欲望，而且要考虑消费者及社会的长远利益，即将企业利益、消费者利益与社会利益有机地结合起来。

8. 4P 和 4C 的区别（见表 1-3）

表 1-3 4P 和 4C 的区别

类别	4P		4C	
阐释	Product（产品）	产品体系，包括产品线宽度、广度、产品定位等	Customer（客户）	研究客户的需求欲望，制造他们想要的产品
	Price（价格）	价格体系，包括各个环节的价格策略	Cost（成本）	考虑客户愿意付出的价格而不是从成本角度考虑
	Place（渠道）	渠道销售策略	Convenience（便利）	考虑客户如何便利地选购产品
	Promotion（促销）	总体促销策略，包括产品流通过程中的每个对象	Communication（沟通）	企业应积极与客户沟通，建立新型的利益关系
出发点	企业		消费者	
营销重心	消费者请注意		请注意消费者	
时间	20 世纪 60 年代中期（麦卡锡）		20 世纪 90 年代初期（劳朋特）	

9. 顾客满意度与顾客让渡价值

顾客满意度是一种感觉状态的水平，源于对产品的绩效或产出与人们的期望所进行的比较。顾客的期望源于自己和别人的经验、公司的承诺，而绩效源于顾客让渡价值，即顾客总价值（产品价值＋服务价值＋人员价值＋形象价值）与顾客总成本（货币成本＋时间成本＋体力成本＋精神成本）之差。

☞ **知识链接**

知识链接1

菲利普的"11P"

现在，我用一种特定方法来描述市场营销，称之为"10P"法，大家都知道"4P"，但我要给你们一个更广的概念——10P's，中国将是最早听到这个概念的国家之一。"4P"可以这样表述：如果公司生产出适当的产品，定出适当的价格，利用适当的分销渠道，并辅之以适当的促销活动，那么该公司就会获得成功。这已经成为一个有用的公式。"4P"被称为市场营销的战术（Tactic）。这里的问题是，你如何确定适当的产品、价格、渠道（地点）和促销？这就要由市场营销战略（Strategy）来解决了。

下面解释战略上的"4P"。战略"4P"的第一个"P"是探查（Probing）。这是一个医学用语。医生检查病人时就是在探查，即深入检查。因此，4P的第一个"P"就是要探查市场，市场由哪些人组成，市场是如何细分的，都需要些什么，竞争对手是谁以及怎样才能使竞争更有成效。真正的市场营销人员所采取的第一个步骤，就是要调查研究，即市场营销调研（Marketing Research）。

第二个步骤是"分割"（Partitioning），即把市场分成若干部分。每一个市场上都有各种不同的人，人们有许多不同的生活方式。有些顾客要买汽车，有的要买机床，有的希望质量高，有的希望服务好，有的希望价格低。分割的含义就是要区分不同类型的买主，即进行市场细分。

但是，不可能满足所有买主的需要，必须选择那些你能在最大程度上满足其需要的买主，这就是第三个步骤："优先"（Prioritizing）。哪些顾客对你最重要？哪些顾客应成为你推销产品的目标？假定你到美国去推销丝绸女装，你必须了解美国市场，必须分出各种不同类型的买主，即各类女顾客，必须优先考虑或选择你能够满足其需要的那类顾客。

第四个步骤是定位（Positioning）。定位的意思是，必须在顾客心目中树立某种形象。大家都知道某些产品的声誉。如果你认为"梅西德斯"牌汽车声誉极好，那就是说，这个牌子的市场地位很高；而另一种汽车声誉不好，就是说它的市场地位较低。因此，每个公司都必须决定，打算在顾客心目中为自己的产品树立什么样的形象。

一旦决定了如何定位，便可以推出四个战术上的"P"。如果想生产出世界市场上最好的机床，那么就应该知道，产品的质量要最高，价格也要高，销售渠道应该是最好的经销商，促销要在最适当的杂志上做广告，还要印制最精美的产品目录等。如果不把这种机床定在最佳机床的位置上，而只是定为一种经济型机床，那么就采用与此不同的营销组合。因此，关键是怎样决定产品在国内或国际上的地位。

现在你也许要问，另外两个"P"是什么？我把另外两个"P"称为"大市场营销"（Mega-marketing），我认为，现在的公司还必须掌握另外两种技能，一是政治权力（Political Power）。就是说，公司必须懂得怎样与其他国家打交道，必须了解其他国家的政治状况，才能有效地向其他国家推销产品。二是公共关系（Public Relations），营销人员必须懂得公共关系，知道如何在公众中树立产品的良好形象。

现在我已讲完了10个"P"，再说一遍，一个营销人员必须精通产品（Product）、地点（Place）、价格（Price）和促销（Promotion）。为了做到这一点，你必须先做好探查（Probing）、分割（Partitioning）、优先（Prioritizing）和定位（Positioning），最后，还有权力（Power）和公共关系（Public Relations）。

此外，还有第 11 个"P"，我称之为"人"（People）。或许，这个"P"是所有"P"中最基本的一个，它的意思是理解人，了解人。这一点对所有的营销人员都是重要的。如果经营一家旅馆、一家航空公司或是一家银行，就必须擅长管理人——你的下属，因为是这些人与顾客打交道。必须训练他们学会礼貌待客。帮助下属做好工作的问题，叫做"内部营销"（Internal Marketing），满足顾客需要的问题，叫做"外部营销"（External Marketing），有时一个公司的最大问题是内部营销的问题：使下属承担起全部为顾客服务的义务。整个市场营销的要领，在于满足顾客的需要。因为我们都希望有不断重复的销售（Repeat Sales），希望顾客再次登门购买。而达到这一目标的唯一途径，就是满足顾客的需要。一个得到满足的顾客就会再来购买，也会告诉他的朋友，说你的产品非常好。这就是舆论。你当然希望有好的舆论。如果顾客没有得到满足，他就会向他的朋友抱怨你的产品，而且，一个不满意的顾客会传给 10 个人，一个满意的顾客只会传给 5 个人，所以应当十分注意提供良好服务的问题。

（资料来源：根据世界著名营销学权威、美国西北大学教授菲利普·科特勒在我国对外经济贸易大学的一次演讲翻译整理，未经本人审阅。）

☞ **同步练习**

（一）单项选择题（在下列每小题中，选择一个最适合的答案。）

1. 市场营销的核心是（　　）。

　A. 销售　　　　　　　B. 满足需求和和欲望　　C. 交换　　　　　　D. 促销

2. 市场营销管理的实质是（　　）。

　A. 刺激需求　　　　　B. 需求管理　　　　　　C. 生产管理　　　　D. 销售管理

3. 市场营销学作为一门独立的经营管理学科诞生于 20 世纪初的（　　）。

　A. 欧洲　　　　　　　B. 日本　　　　　　　　C. 美国　　　　　　D. 中国

4. 有相当一部分消费者可能对某物，如人们对无害香烟及节油汽车的需求有一种强烈的渴求，而现成的产品或服务却又无法满足的需求称为（　　）。

　A. 负需求　　　　　　B. 下降需求　　　　　　C. 不规则需求　　　D. 潜在需求

5. 有些组织面临的需求水平会高于其能够或想要达到的水平，如北京的马路在高峰期拥挤不堪，这种需求是（　　）。

　A. 超饱和需求　　　　B. 充分需求　　　　　　C. 不规则需求　　　D. 潜在需求

6. 对于负需求市场，营销管理的任务是（　　）。

　A. 改变市场营销　　　B. 刺激市场营销　　　　C. 反市场营销　　　D. 维持市场营销

7. 新加坡控制汽车需求的方法是通过定额制度限制新汽车登记，以保证每年固定的汽车数量增长，这是针对（　　）市场进行的需求管理。

　A. 不规则需求　　　　B. 充分需求　　　　　　C. 超饱和需求　　　D. 潜在需求

8. 从营销理论的角度而言，企业市场营销的最终目标是（　　）。

　A. 满足消费者的需求和欲望　　　　　　　　B. 获取利润

　C. 求得生存和发展　　　　　　　　　　　　D. 把商品推销给消费者

9. 与顾客建立长期合作关系是（　　）的核心内容。

　A. 公共关系　　　　　B. 绿色营销　　　　　　C. 关系营销　　　　D. 整合营销

10. 职能研究法属于（　　）的范畴。

A. 传统研究法   B. 管理研究法   C. 历史研究法   D. 系统研究法

11. 美国通用电气公司生产大量的节能电器，并宣传节约用电，这种经营观念称为（   ）观念。

A. 生产导向   B. 推销导向   C. 市场营销导向   D. 社会营销导向

12. 福特汽车公司曾对建议其生产彩色汽车的人说："不管顾客需要什么，我们生产的汽车就是黑的。"表明其持有的经营观念是（   ）。

A. 生产导向   B. 推销导向   C. 市场营销导向   D. 社会营销导向

13. 某家具生产企业宣称其生产的办公柜从十层楼上扔下来都不会摔坏。该家具生产企业所奉行的营销管理哲学是（   ）。

A. 生产导向   B. 推销导向   C. 产品导向   D. 营销导向

14. 许多冰箱生产厂家高举"环保"、"健康"旗帜，纷纷推出无氟冰箱，它们所奉行的经营哲学是（   ）。

A. 生产导向   B. 推销导向   C. 社会营销导向   D. 市场营销导向

15. 关系营销的最终结果是建立起公司的独特资产（   ）。

A. 顾客数据库   B. 商誉   C. 营销网络   D. 品牌

（二）多项选择题（在下列每小题中，选择多个适合的答案。）

1. 市场营销导向的核心就是正确处理（   ）之间的利益关系。

A. 组织   B. 员工   C. 顾客

D. 社会   E. 经销商

2. 市场营销导向的主要支柱包括（   ）。

A. 目标市场   B. 顾客需要   C. 整合营销

D. 产品质量   E. 盈利能力

3. 罗伯特·劳特伯恩强调每一种营销工具应从顾客出发，为顾客提供利益，提出与4P's相对应的顾客4C's，即（   ）。

A. 顾客方案的解决 B. 促销   C. 费用

D. 便利   E. 传播

4. 市场营销理论在中国的传播和发展大致有以下几个阶段（   ）。

A. 20世纪三四十年代的首次引入   B. 1978—1985年的再次引入

C. 1988—1992年的应用和发展   D. 1985—1992年的传播和应用

E. 1992年以来的发展和创新

5. 按照管理大师彼德·杜鲁克的说法，企业的基本职能是（   ）。

A. 生产   B. 组织   C. 市场营销

D. 创新   E. 控制

6. 企业未能全面贯彻市场营销职能的原因主要有（   ）。

A. 外部环境的制约和影响

B. 企业各部门因认识差异而相互抵制

C. 企业组织和成员接受营销观念有一个过程

D. 企业管理者和员工常把营销等同于推销和广告

E. 企业顺利成长时极易忘记营销原则和理论

7. 宏观市场营销（　　）。

A. 从社会总体交换层面研究市场营销问题

B. 以社会整体利益为目标

C. 是一种企业的社会经济活动过程

D. 目的是求得社会生产与社会需要的平衡

E. 考虑的是个别企业与消费者利益的增长

8. 市场营销学的研究方法很多，主要有（　　）。

A. 传统研究法　　　B. 数量研究法　　　C. 管理研究法

D. 历史研究法　　　E. 系统研究法

9. 市场营销学的特点是（　　）

A. 动态性　　　B. 实用性　　　C. 系统性　　　D. 预见性

10. 20 世纪90 年代，美国学者 Don·Schultz 将关系营销思想简单总结为4R，包括下面的（　　）。

A. 关联（Relevancy）　　　　　　B. 反应（Respond）

C. 关系（Relation）　　　　　　D. 回报（Return）

（三）判断题（判断下列各题是否正确。正确的在题后的括号内打"√"，错误的打"×"。）

1. 从营销理论的角度看，市场就是买卖商品的场所。　　　　　　　　　　（　　）

2. 在组成市场的双方中，买方的需求是决定性的。　　　　　　　　　　（　　）

3. 市场营销就是推销和广告。　　　　　　　　　　　　　　　　　　　（　　）

4. 消费者之所以购买商品，根本目的在于获得并拥有产品本身。　　　　　（　　）

5. 交换是一个过程。在这个过程中，如果双方达成了一项协议，我们就称之为发生了交易。　　　　　　　　　　　　　　　　　　　　　　　　　　　　　　（　　）

6. 市场的发展是一个由消费者（买方）决定，而由生产者（卖方）推动的动态过程。　　　　　　　　　　　　　　　　　　　　　　　　　　　　　　　　（　　）

7. 在通常情况下，消费者往往根据其对产品效用的主观评价来决定是否购买该产品。　　　　　　　　　　　　　　　　　　　　　　　　　　　　　　　　　（　　）

8. 在购买决策中，消费者获得最大效用的前提是花费在不同商品上的每一元货币所提供的边际效用相等。　　　　　　　　　　　　　　　　　　　　　　　　　（　　）

9. 从20 世纪初到第二次世界大战结束，市场营销学的研究内容局限于流通领域，真正的市场营销观念尚未形成。然而，将市场营销从企业生产活动中分离出来做专门研究，无疑是一个创举。　　　　　　　　　　　　　　　　　　　　　　　　　　　（　　）

10. 市场营销者可以是卖主，也可以是买主。　　　　　　　　　　　　　（　　）

（四）问答题

1. 简述交易市场营销与关系市场营销的区别。

2. 简述推销观念与市场营销观念的区别。

3. 何谓社会营销导向？其产生的社会背景是什么？

4. 请比较需要、欲望和需求的概念。

5. 阐述纽约学派和中西学派的研究范围。

（五）案例题

1. 国内某公司近期开发出专利产品电热水器，由于开发成本高和竞争对手少，拟把产品价格定得较高，首先开拓国外市场。经采用问卷调查中间商和消费者，并在巴黎进行试销，发现欧洲市场潜力巨大。因此，该公司精心策划了在欧洲市场的营销方案，加大广告促销的力度，以使品牌知名度提高到60%。

问题：

试分析该公司产品面临的需求状况，它相应的市场营销管理任务应是什么？

2. 五年前，世界最大的计算机生产商戴尔公司决定在厦门建立中国客户中心，不仅在本地生产戴尔品牌的台式机、服务器和笔记本电脑，还首次将其独特的直销模式引入中国。今天，戴尔的产品已经在国内市场崭露头角，其中计算机的市场销售额已排名第三，而最新的市场调查显示，戴尔的服务器也在今年第二季度首次荣获市场榜首。同时，戴尔在政府市场上收获亦颇丰。只是短短的五年时间，戴尔何以能在中国市场取得如此骄人的业绩？主要负责集团采购的戴尔（中国）大客户部市场经理吴智远认为，从市场环境来看，中国目前是世界上 IT 产品采购增长最快和潜力最大的市场，戴尔赶上了中国加快信息化建设的大好时机。

同时，中国国内招标采购市场的规范化趋势，为戴尔等国际化品牌以其在中国生产的产品参加竞争创造了更加公平的市场环境。当然，戴尔自身的商业理念正在被越来越多的中国客户接受，也是戴尔在中国市场取得成功的重要因素。吴智远将其归纳为直销模式、标准化产品和服务意识。在大规模的集团采购中，直销模式不仅仅是为用户有效降低总体拥有成本。有些批量非常大的订单，如果通过代理商采购，不仅要在沟通、调货等环节上耗费时间，如果用户要求的配置再比较特殊，情况就会更加复杂。传统上那种冗长的供应、生产、分销、代理环节此时往往难于及时有效地应对，而直销的"按需定制、接单生产"方式，其优势不言而喻。对于标准化产品，它能为用户带来更为开放性的架构，提高产品的可兼容性和可拓展性，最终为用户带来更高的商业价值。

吴智远举例说，中国社会科学院的信息化建设从一开始就选择了戴尔，其中的一个重要原因是，在招标过程中，对方发现戴尔的方案最能体现其投资少见效快的递进模式，同时其标准化产品又能方便地升级和增加新的应用。几年走下来，在社科院的信息化网络中服役的服务器从戴尔最初的 2000 系列直到现在的 6000 系列，包括了几代服务器产品共 50 多台。而戴尔家族的新老产品都在这里各司其职，构成社科院网络的核心硬件。戴尔的服务也独具特色。据吴智远介绍，因为直销，戴尔对每件产品都有编号、配置和客户的使用档案，一旦在使用中发现问题，通过打电话解决的概率就有 85%。此外，戴尔还为大客户提供企业级高级服务，即四小时响应制，要求维修人员在四小时内携带零配件到达现场。

问题：

试分析戴尔公司执行的营销观念？这种观念的观点是什么？

☞ **参考答案**

（一）单项选择题

1. C　　2. B　　3. C　　4. D　　5. A　　6. A　　7. C　　8. A　　9. C　　10. A

11. D　　12. A　　13. C　　14. C　　15. C

（二）多项选择题

1. ACD 　　 2. ABCE 　　 3. ACDE 　　 4. ABDE 　　 5. CD

6. BCDE 　　 7. ABD 　　 8. ACDE 　　 9. ABCD 　　 10. ABCD

（三）判断题

1. × 　 2. √ 　 3. × 　 4. × 　 5. √ 　 6. √ 　 7. × 　 8. √ 　 9. √ 　 10. √

（四）问答题

1. 简述交易市场营销与关系市场营销的区别。

关系市场营销是指企业与其顾客、分销商、经销商、供应商等建立、保持并加强关系，通过互利交换及共同履行诺言，使有关各方实现各自目的。企业与顾客之间的长期关系是关系市场营销的核心概念。交易市场营销能使企业获利，但企业更应着眼于长远利益，因而保持并发展与顾客长期关系是市场营销的重要内容。建立关系是指企业向顾客作出各种许诺。保持关系的前提是企业履行诺言。发展或加强关系是指企业履行从前的诺言后，向顾客作出一系列新的许诺。关系市场营销与交易市场营销存在着一定的区别。如高昂市场营销强调市场占有率。在任何时刻，管理人员都必须花费大量费用，吸引潜在的顾客购买，取代不再购买本产品或服务的老顾客。关系市场营销则强调顾客忠诚度，保持老顾客吸引新顾客更重要。企业的回头客几率越高，营销费用越低。

2. 简述推销观念与市场营销观念的区别。

推销观念和市场营销观念的区别在于：推销观念注重卖方需要；市场营销观念则注重买方需要。推销观念以卖主需要为出发点，考虑如何把产品变成现金；而市场营销观念则考虑如何通过产品以及制造、包装产品以及与最终消费产品有关的所有事物，来满足顾客的需要。从本质上说，市场营销观念是一种以顾客需要和欲望为导向的哲学。

3. 何谓社会营销导向？其产生的社会背景是什么？

社会营销导向认为，组织的任务是确定诸目标市场的需要、欲望和利益，并以保护或者提高消费者和社会福利的方式，比竞争者更有效、更有利地向目标市场提供所期待的满足。

随着环境恶化、资源短缺、人口爆炸、世界性饥荒和贫困等现象日益严重，这些问题意味着，一个在了解、服务和满足个体消费者需要方面做得十分出色的企业，未必也能满足广大消费者和社会的长期利益。市场营销导向回避了消费者需要、消费者利益和长期社会福利之间隐含的冲突。它们表明许多人对于营销体制的某些部分不满意。上述情况的出现要求有一种新的导向来修正或取代市场营销导向，这就是社会营销导向。

4. 请比较需要、欲望和需求的概念。

需要是指人们没有得到某些基本满足的感受状态。人们在生活中，需要食品、衣服、住所、安全、爱情以及其他一些东西。这些需要都不是社会和营销者所能创造的，它们存在于人类自身的生理结构和情感中。

欲望是指人们想得到这些基本需要的具体满足物的愿望。一个人需要食品，想要得到一个汉堡包；需要令人注意，想要得到一件名牌西装；需要娱乐，想到电影院去看一场电影。

需求是指人们有能力购买并且愿意购买的某个具体商品的欲望。当具有购买能力时，欲望便转换成需求。许多人都想要一辆轿车，但只有少数人能够并愿意购买一辆。因此，公司不仅要估量有多少人想要本公司的商品，更重要的是应该了解有多少人真正愿意并且有能力购买。

5. 阐述纽约学派和中西学派的研究范围。

纽约学派以侧重于批发、零售等机构研究为特色。首创了市场营销的机构研究法，他们比较注重实际，是美国其他地方市场营销学研究的重要补充。

中西部学派主要以运用综合分析方法为特点。对于市场营销思想的综合和发展起着重要影响，奠定了传统市场营销学基础。强调基础研究和基本原理的研究，从而形成了美国市场营销思想的核心。

（五）**案例题**

1. 潜在需求。有相当一部分消费者可能对某物有一种强烈的渴求，而现成的产品或服务却又无法满足这需求。人们对于无害香烟，安全的居住区以及节油汽车等有一种强烈的潜在需求。营销任务便是衡量潜在市场的范围，开发有效的商品和服务来满足这些需求。（在此基础上展开论述）

2. 市场营销观念。（在此基础上展开论述）

第二章 战略规划与市场营销管理过程

目标不是命运，是方向；不是命令，是责任；不能决定未来，是动员企业
的资源和能量以取得未来成功的手段。

——彼得·德鲁克

重点：掌握密集增长、一体化增长和多元化增长内容；了解公司战略规划的内容；掌握评价战略业务单位的方法；掌握市场营销管理过程
难点：评价战略业务单位的方法
新点：定点超越、逆向营销、蓝海战略、长尾理论

☞ **学习目标**

■ 了解公司战略规划的主要内容
■ 掌握评价战略业务单位的方法
■ 掌握市场营销管理过程的主要内容

战略（Strategy）是指企业为了实现预定目标所作的全盘考虑和统筹安排。战略的目的在于建立公司在市场中的地位，成功地同竞争对手进行竞争，满足客户的需求，获得卓越的公司业绩。战术（Tactics）是指为实现目标的具体行动。企业战略规划的步骤是：首先要制定企业的总任务；其次是根据总任务确定企业的具体目标；再次是确定企业最佳的业务组合或产品组合，并确定企业的资源在各业务单位或各产品之间的分配；最后是制定各业务单位（或各职能部门）的分战略。

投资组合分析是企业战略规划的重要工具之一。进行投资组合分析必须辨认企业的战略业务单位。战略业务单位一般具有下列特征：① 是一项单独的业务；② 具有特定的任务；③ 有自己的竞争对手；④ 有专人负责经营；⑤ 掌握一定资源；⑥ 能从战略计划中得到好处；⑦ 可单独制定计划而不与其他业务发生牵连。一个战略业务单位可能是企业中的一个或几个部门，也可能是一个部门中的某种产品线、某种产品或品牌。投资组合分析和评估常用的方法有波士顿咨询集团法和通用电器公司法。

营销战略是企业在现代市场营销观念的指导下，为了实现企业的经营目标，对于企业在较长时期内市场营销发展的总体设想和规划。公司营销战略是企业总战略的重要组成部分，必须与总体经营战略相吻合。它是企业经营的战略核心，是企业获得持续发展的重要保证。公司营销战略设计主要包括：确定企业的使命与目标，选择适宜的市场机会，建立战略业务单位、战略评价与抉择。营销战略必须转化为营销计划方案加以实施和执行。这需要在营销预算、营销组合和营销资源分配上做出决策。

市场营销管理过程就是用系统的方法分析企业业务和找寻市场机会，把市场机会变为企

业有利可图的商业机会的管理过程。它一般由分析市场机会、选择目标市场、产品定位、设计市场营销组合、管理市场营销活动等五个步骤组成。

☞ **学习新知**

■ 定点超越
■ 逆向营销
■ 蓝海战略
■ 长尾理论

1. 定点超越

定点超越是 20 世纪 90 年代初由西方管理学发展起来的一个新理论。它是指企业将其产品、服务和其他业务活动与自己最强的竞争对手或某一方面的领先者进行连续对比衡量的过程。定点超越的内涵可以归纳为四个要点：对比、分析和改进、提高效率、成为最好。正因为如此，定点超越又可称为"比学赶超"。定点超越是一种模仿，但又不是一般意义上的模仿，它是一种创造性的模仿。它以别人的成功经验或实践为基础，通过定点超越获得最有价值的观念，并将其付诸自己企业的实践。它是一种"站在别人的肩上再向上走一步"的创造性活动。

定点超越的基本类型有：产品定点超越，是一种采用最早、应用最为广泛的定点超越；过程定点超越，产品定点超越更深入、更复杂，是一种需要企业更多参与的定点超越；组织定点超越；战略定点超越。

2. 逆向营销

逆向营销这一新概念的提出，可以说是对传统理论的一大挑战。传统的营销思维是企业先制定营销战略，后选择相应的营销战术。按照逆向营销理论，战略应当自下而上地制定，即先找到一个行之有效的战术，然后再把该战术发展成为战略。换而言之，逆向市场营销意味着"战术应当支配战略，然后战略推动战术"。

逆向营销理论可从三个方面阐述：

（1）营销战略要自下而上制定，依据战术制定战略。战略提炼于业已选定的战术，即企业先选定一个可行的、有竞争优势的战术，然后将它演变成长期性的营销战略。

（2）战术决定战略。换言之，战术支配战略，即企业的广告宣传等沟通战术应当支配企业的战略，这就如同结构要服从功能一样。

（3）战略推动战术。一个完善的营销战略的目的在于推动战术的运用，此外无别的意图，即战略的唯一目标是战术上取得成功。

3. 蓝海战略

2005 年，W. 钱. 金和勒妮·莫博涅出版了《蓝海战略》一书，蓝海战略思想在全球范围内受到企业界的广泛推崇。作者基于对跨度达 100 多年、涉及 30 多个产业的 150 个战略行动的研究，提出：要赢得明天，企业不能靠与对手竞争，而是要开创"蓝海"，即蕴含庞大需求的新市场空间，以走上增长之路。作者还提出了成功制定和执行蓝海战略的六项原则，即重建市场边界、注重全局而非数字、超越现有需求、遵循合理的战略顺序、克服关键组织障碍、将战略执行建成战略的一部分。

所谓蓝海战略，就是企业突破红海的残酷竞争，不把主要精力放在打败竞争对手上，而主要放在全力为买方与企业自身创造价值飞跃上，并由此开创新的"无人竞争"的市场空间、彻底甩脱竞争，开创属于自己的一片蓝海。红海战略在已有的市场空间中竞争，而蓝海战略是开创无人争抢的市场空间。

蓝海战略的核心是价值创新，它是基于跨越现有竞争边界对价值元素的重新组合及对市场的重建，而不是基于对未来市场的猜测或技术上的标新立异。关键在于是否为企业和买方提供价值的飞跃，是否开启新的需求。蓝海战略要求企业把视线从竞争对手身上移到买方需求上面，通过关注产业或市场的"非顾客"，找到重塑市场边界、开创新需求的途径。

蓝海战略思维的真谛在于跨越常规边界、独辟蹊径、重设游戏规则。

4. 长尾理论

2004 年 10 月，克里斯·安德森在美国《连线》杂志的一篇文章中，首次提出了"长尾理论"。它是用来描述诸如亚马逊之类网站的商业和经济模式。传统商业认为只要抓住 20% 的有重要市场价值的部分就能占据绝大部分市场，某种程度上这种说法还是很正确的。但是在互联网模式下，有些现象需要用长尾理论解释，如果能够把大量市场价值相对较小的部分都汇聚起来将可能创造更大的经济价值。

长尾理论的基本原理是：只要存储和流通的渠道足够大，需求不旺或销量不佳的产品所共同占据的市场份额可以和那些少数热销产品所占据的市场份额相匹敌甚至更大。即众多小市场汇聚成可与主流大市场相匹敌的市场能量。

与 20/80 定律不同的是，长尾理论提示经营者不应该只关注头部的作用，还应关注"尾巴"的作用。随着信息技术的进一步发展，互联网的不断普及，使得企业产品或者服务的存储和传播成本变得越来越低，在传统商业模式下被企业所忽略或者不重视的 80% 顾客越来越重要。长尾理论认为企业应注意通过创意和网络，进入个性化经营的领域。

不是所有的企业都能用长尾理论，适用长尾理论的企业往往具备以下四个特征：

（1）都是依托互联网技术的企业。

（2）由于互联网的特征，使得这些企业的产品或者服务的存储和传播流通的成本大大下降。

（3）这些企业的成功都是建立在一个庞大的用户群的个性化需求基础上的。

（4）个性化需求定制和不断创新往往占据主导地位。

☞　**核心概念**

■ 战略与战术
■ 营销战略
■ 密集型成长战略
■ 一体化成长战略
■ 多角化成长战略
■ 营销管理
■ 市场机会

1. 战略

战略原指军事方面事关全局的重大部署，现已广泛应用于社会、经济、管理等各个领域。从管理学角度讲，是指企业为了实现预定目标所做的全盘考虑和统筹安排。

2. 战术

战术是指为实现目标的具体行动。战术则决定由何人、在何时、以何种方式、通过何种步骤将战略付诸实施。

3. 营销战略

营销战略是企业在现代市场营销观念的指导下，为了实现企业的经营目标，对于企业在较长时期内市场营销发展的总体设想和规划。

4. 密集型成长战略

密集型成长战略是指在公司现有的业务领域寻找发展机会的公司成长战略。它有三种途径可以实现密集型成长，包括市场渗透战略（设法在现有市场上增加现有产品的市场份额），市场开发战略（为公司现有产品寻找新市场）以及产品开发战略（开发新产品）。

5. 一体化成长战略

一体化成长战略是指通过建立或并购与目前业务有关的业务来实现公司成长的战略。它包括纵向一体化（又可以区分为前向一体化、后向一体化和水平一体化战略），其中，前向一体化就是通过兼并和收购若干个处于生产经营环节下游的企业实现公司的扩张和成长，如制造企业收购批发商和零售商。后向一体化则是通过收购一个或若干供应商以增加盈利或加强控制，如汽车公司对零部件制造商的兼并与收购。水平一体化就是对竞争对手的兼并与收购。

6. 多角化成长战略

多角化成长战略是指寻找与公司目前业务范围无关的富有吸引力的新业务来实现公司成长的战略。多角化成长战略包括同心多角化（开发与公司现有产品线的技术或营销有协同关系的新产品），水平多角化（研究开发能满足现有顾客需要的新产品）。以及集团多角化（开发与公司现有技术、产品和市场都毫无关系的新业务）。

7. 营销管理

营销管理是为了实现企业目标，创造、建立和保持与目标市场之间的互利交换和关系，而对设计方案的分析、计划、执行和控制。

8. 市场机会

市场机会就是市场上存在的未被满足的需求。

☞ 学习重点

- 战略与战术的区别
- 公司战略计划的分析框架
- "SMART" 目标准则
- 密集型市场机会
- 波士顿矩阵

- 营销战略的类型
- 制定营销战略考虑因素

1. 战略与战术的区别

战略是指企业为了实现预定目标所作的全盘考虑和统筹安排。战术是指为实现目标的具体行动。战略明确了企业努力的方向，战术则决定由何人、在何时、以何种方式、通过何种步骤将战略付诸实施。战略与战术的区别具体见表2-1。

表2-1 战略与战术的区别

战　　略	战　　术
如何赢得一场战争的概念	如何赢得一场战役的概念
包含很多因素，但其重点是战术	是一种单一的主意或谋略
用以保持竞争优势	具有某种竞争优势
是内在的，通常需要进行大量的内部组织工作	相对于产品或企业来说具有外在性，甚至不是企业自己制定的
产品导向或企业导向	沟通导向

从企业成长的规律来看，必须先生存才能有发展的机会，因此"战术应当支配战略，然后战略推动战术"。

2. 公司战略计划的分析框架

公司战略计划的分析框架涉及企业总部层、经营单位层和产品层三个层次。

一是企业总部级，企业最高层负责制定整个企业战略计划，即企业总体战略。它决定整个企业的战略方向，并决定相应的资源分配战略和新增业务战略。

二是经营单位级，一个企业内部通常会有若干个战略经营单位，分别从事不同的业务。各个经营单位要在总体战略指导下，制定自己的战略计划，即经营战略，以保证本单位的经营活动能够始终指向企业总体战略规定的目标。

三是产品级，较大的企业里，一个经营单位往往拥有若干条产品线、产品系列及品牌、项目，每一种产品都要分别制定市场营销计划，实施市场营销管理。市场营销活动及其规划，必须在战略计划的框架内进行。

3. "SMART" 目标准则

确定企业目标时，要遵循"SMART"目标准则，见表2-2。

表2-2 SMART 目标准则

SMART 含义	简明定义
Specific	具体化
Measurable	可测量的

续表

SMART 含义	简明定义
Attainable	可达成的
Realistic	实际的、成果型的
Time	时间具体化

4. 密集型市场机会

密集型市场机会是指一个特定市场的全部潜力尚未达到极限时存在的市场机会。利用这样的市场机会获得业务增长有三种情况，即市场渗透、市场开发和产品开发。

（1）市场渗透。市场渗透是指使原有产品在原有市场上尽力保持原有顾客并力争新顾客的策略。市场渗透至少包括三方面的内容：刺激现有顾客更多地购买本企业的现有产品；考虑如何把竞争对手的顾客吸引过来，提高现有产品的市场占有率；激发潜在顾客的购买动机，促使他们也来购买本企业的这种产品。

（2）市场开发。市场开发是指以原有产品或改进型产品来争取不同消费者群和开拓新市场的策略。其主要形式是扩大现有产品的销售区域，直至进入国际市场。实施这一策略的关键是开辟新的销售渠道，并应大力开展广告宣传等促销活动。

（3）产品开发。产品开发是指开发新产品，对产品进行更新换代以争取消费者群和开拓新市场的策略。即通过向现有市场提供多种改型变异产品（如增加花色品种、改进包装、增加服务项目等），以满足不同顾客的需求。实施这种策略的重点是改进产品设计，同时也要大力开展以产品特色为主要内容的宣传促销活动。

5. 波士顿矩阵

波士顿矩阵（又称四象限分析法、波士顿咨询集团法）是由美国波士顿咨询集团首创的一种规划企业产品组合的方法，如图 2-1。

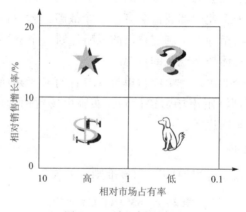

图 2-1 波士顿矩阵图

矩阵图中的纵坐标代表相对销售增长率，表示企业的各战略业务单位的相对销售增长率。矩阵图中的横坐标代表相对市场占有率，表示企业各战略业务单位的市场占有率与同行业最大的竞争者（即市场上的领导者或"大头"）的市场占有率之比。

通过以上两个因素相互作用，会出现四种不同性质的产品类型，形成不同的产品发展前景。

（1）问题类产品。它是处于高增长率、低市场占有率象限内的产品群，说明市场机会大，前景好，而在市场营销上存在问题。其财务特点是利润率较低，所需资金不足，负债比率高。对问题产品应采取选择性投资战略，即首先确定对该象限中那些经过改进可能会成为明星的产品，进行重点投资，提高市场占有率，使之转变成"明星产品"；对其他将来有希望成为明星的产品，则在一段时期内采取扶持的政策。因此，对问题产品的管理组织，最好采取智囊团或项目组织等形式，选拔有规划能力、敢于冒风险、有才干的人负责。

（2）明星类产品。它是指处于高增长率、高市场占有率象限内的产品群，这类产品可能成为企业的金牛产品。其财务特点是具有一般水平的利润率和负债比率，但由于该类产品增长较快而显得资金不足，需要加大投资以支持其迅速发展。采用的发展战略是，积极扩大经济规模和市场机会，以长远利益为目标，提高市场占有率，加强竞争地位。发展战略以及明星产品的管理与组织最好采用事业部形式，由对生产技术和销售两方面都很内行的经营者负责。

（3）金牛类产品。又称厚利产品，它是指处于低增长率、高市场占有率象限内的产品群，已进入成熟期。其财务特点是销售量大，产品利润率高，负债比率低，可以为企业提供资金，而且由于增长率低，也无需增大投资，因而成为企业回收资金、支持其他产品尤其是明星产品投资的后盾。对这一象限内的大多数产品，市场占有率的下跌已成不可阻挡之势，因此可采用收获战略，即所投入资源以达到短期收益最大化为限。具体的作法是：① 把设备投资和其他投资尽量压缩；② 采用榨油式方法，争取在短时间内获取更多利润，为其他产品提供资金支持。金牛产品适合于用事业部进行管理，其经营者最好是市场营销型人才。

（4）瘦狗类产品。又称衰退类产品，它是处在低增长率、低市场占有率象限内的产品群。其财务特点是利润率低，处于保本或亏损状态，负债比率高，无法为企业带来收益。对这类产品应采用撤退战略。首先应减少批量，逐渐撤退，对那些销售增长率和市场占有率均极低的产品应立即淘汰；其次是将剩余资源向其他产品转移；第三是整顿产品系列，最好将瘦狗产品与其他事业部合并，统一管理。

6. 营销战略的类型

根据哈佛大学的迈克尔·波特的竞争战略理论，企业可选择的营销战略有3种类型：成本领先、市场差异化、市场集中化。

（1）成本领先战略。公司致力于达到生产成本和销售成本最低化，这样就能以低于竞争对手的价格，从而赢得较大的市场份额。采取这一战略的公司必须善于工程管理、采购、制造和实体分配。

（2）市场差异化战略。公司通过对整个市场的评估找出某些重要的客户利益区域，集中精力在这些区域完善经营。公司可在质量、性能、服务、款式、领先技术和超支服务方面建立差别化优势。

（3）市场集中化战略。公司将其力量聚焦在有限的购买群体或细分市场上，通过为这些小市场上的购买者提供比竞争对手成本更低的产品和服务，或更能满足购买者的定制产品和服务来战胜竞争对手。

7. 制定营销战略考虑因素

作为职能领域的营销战略主要指如何配合操作营销组合中的4P——产品、价格、渠道、促销，以达到营销目标。营销战略的制定需要进一步考虑下列因素：① 细分市场；② 目标市场；③ 定位；④ 差异化（产品、服务、人员、渠道、形象）；⑤ 新产品开发；⑥ 产品生命周期；⑦ 市场竞争地位；⑧ 产品线、价格、分销、广告和促销等。除此之外，还包括市场份额、增长率、成本特征、销售利润目标、生产与分配以及后勤保障。

☞ 　**知识链接**

知识链接 2

制定成功战略的 13 条戒律

（1）对于那些能够提供公司的长远竞争地位的战略行动要最优先予以制定和执行。不断加强的竞争地位每一年都可以为公司带来回报，能够满足季度和年度的业绩目标所拥有的辉煌会很快消失。如果公司的管理者让短期的财务目标将那些能够加强公司长远竞争地位的行动排斥在外，那么这种管理者不大可能很好地服务公司。保护公司长远盈利能力的最好办法就是加强公司的长远竞争力。

（2）要知道如果能够很好地制定和实施清晰一致的战略，就可以为公司建立良好的声誉和被认可的行业地位。那种为了抓住暂时的机会而经常被变动的战略所带来的利益是昙花一现的。从长远看，如果公司的竞争战略是经过精心策划的一致战略，那么目标将是不断加强公司的竞争地位。对于一个正在发展的公司来说，市场竞争这场游戏应该抱着长远的心态来玩。

（3）避免"中庸之道"式的战略，在低成本和高差别化之间寻找折衷，在广泛市场定位和集中市场定位之间寻找折衷。中庸之道的战略几乎不会产生持久的竞争优势和建立稳固的市场地位，其结果往往是成本一般，特色一般，质量一般，吸引力一般，形象和声誉一般，很难进入行业的前列。

（4）投资建立持久的竞争优势。要想获得平均水平之上的盈利，这是最可靠的因素。

（5）积极地进攻以建立竞争优势，积极地防御以保护所建立起来的竞争优势。

（6）避免那种只能在乐观环境下取胜的战略。要有竞争对手会采取对抗措施的心理准备，要有应付不利市场环境的心理准备。

（7）避免那种僵硬或者不灵活的战略，因为这种战略从长远看会将公司"锁"起来，采取应变策略的余地不大。

（8）不要低估竞争对手的反应和承诺。当竞争对手负隅顽抗和竞争对手的利益受到威胁时，它们是最危险的。

（9）避免在没有强大竞争优势和充足财力的情况下对实力雄厚、资源丰富的竞争对手发起进攻。

（10）攻击竞争强势和攻击竞争弱势相比，前者所获得的利益更多一些，所冒的风险更小一些。

（11）在没有既定成本优势的情况下降低价格要谨慎。只有低成本厂商才能通过采用降价的手段赢得长期的利益。

（12）时刻注意为从竞争对手那里攫取市场份额而采取的进攻性行动常常会激起对手的激烈报复，诸如价格战。这对各方的利润都会造成伤害。为提高市场份额而采取的进攻性行动会引发殊死的竞争。如果一个市场的存货很高，生产能力过剩，其情形尤为惨烈。

（13）在追求差异化的时候，要竭尽全力在质量、性能、特色、服务上同竞争对手拉开距离。与竞争对手所生产的产品之间的细微差异对于购买者来说，可能不够明显，也不够重要。

（资料来源：企业营销训练教材总集，亚太管理训练网 http://www.longjk.com）

☞ **同步练习**

（一）单项选择题（在下列每小题中，选择一个最适合的答案。）

1. 某企业生产的 21 寸彩电原来只在城市市场销售，现在决定投入到农村市场以进一步提高市场占有率。则其采用的成长战略属于（ ）。

　　A. 市场渗透战略　　B. 市场开发战略　　C. 产品开发战略　　D. 产品多元化战略

2. 某牙膏厂向原有顾客大力宣传"为保护牙齿，每餐饭后都应刷牙"，从而使牙膏销售量大增，这种做法是实施的（ ）。

　　A. 市场渗透战略　　B. 市场开发战略　　C. 产品开发战略　　D. 产品多元化战略

3. 某钢铁公司不仅生产经营钢材，还经营机械、房地产、农副产品和开办银行，这种成长战略为（ ）。

　　A. 同心多样化　　B. 水平多样化　　C. 跨行业多样化　　D. 一体化

4. 某汽车制造商考虑到汽车市场行情看好，于是向轮胎制造企业投资参股，以更好地控制轮胎供应商，这实施的是（ ）策略。

　　A. 前向一体化　　B. 后向一体化　　C. 水平一体化　　D. 综合一体化

5. 企业通过收购或兼并若干商业企业，或者拥有或控制其分销系统，实行产销一体化，这属于（ ）。

　　A. 前向一体化　　B. 后向一体化　　C. 水平一体化　　D. 综合一体化

6. 成本领先的核心是争取最大的（ ），以达到单位产品成本最低，从而以较低的售价赢得优势。

　　A. 市场增长　　　B. 市场份额　　　C. 市场盈利　　　D. 市场机会

7. 以下（ ）不是战略业务单位具有的特征。

　　A. 它是一项独立业务或相关业务的集合体

　　B. 它具有独立和完善的组织结构和使命

　　C. 它有自己的竞争者

　　D. 它有一位经理，负责战略计划、利润业绩，并控制影响利润的因素

8. 对于弱小的金牛类业务单位，企业应采取的战略是（ ）。

　　A. 发展　　　　B. 维持　　　　C. 收获　　　　D. 放弃

9. 相对市场占有率低，市场增长率高的单位属于（ ）。

　　A. 明星类　　　B. 问题类　　　C. 金牛类　　　D. 狗类

10. 对于强大的金牛类业务单位，企业应采取的战略是（ ）。

　　A. 发展　　　　B. 维持　　　　C. 收获　　　　D. 放弃

11. （ ）战略是企业为了增加业务单位的短期现金流量，而不顾长期利益时所采用的。

　　A. 发展　　　　B. 维持　　　　C. 收获　　　　D. 放弃

12. 企业在调整业务投资组合时，对某些问题类业务单位，欲使其转入明星类单位，宜采用的策略是（ ）。

　　A. 发展　　　　B. 维持　　　　C. 收获　　　　D. 放弃

13. 在波士顿咨询集团法中，评价企业战略业务单位的标准是（ ）。

A. 市场吸引力和业务优势　　　　　　B. 市场吸引力和市场占有率

C. 业务优势和相对市场占有率　　　　D. 市场增长率和相对市场占有率

14. 在通用电气公司法中，评价企业战略业务单位的标准是（　　）。

A. 市场吸引力和业务优势　　　　　　B. 市场吸引力和市场占有率

C. 业务优势和相对市场占有率　　　　D. 市场增长率和相对市场占有率

15. 差异化战略提供给顾客的产品被认为具有（　　）。

A. 能接受的特征

B. 具有极少价值的与低成本领先商品相关特征

C. 一些顾客愿意支付低价格的特征

D. 不是标准的，能满足独特需求的特征

（二）多项选择题（在下列每小题中，选择多个适合的答案。）

1. 职能战略可以使职能部门及其管理人员，更加清楚地认识在实施总体战略、经营战略过程中的任务、责任和要求，这些职能战略包括（　　）。

A. 研究开发管理　B. 生产管理　　　C. 市场营销管理

D. 财务管理　　　　　　　　　　　E. 人力资源管理

2. 企业的营销战略的特征包括（　　）。

A. 全局性　　　　B. 长期性　　　　C. 系统性

D. 适应性　　　　　　　　　　　　E. 风险性

3. 在战略方面，企业可采用后入市战略，该战略的优势是后入市的企业可以（　　）。

A. 获得先入为主的优势，更容易树立企业形象

B. 在技术或竞争环境方面进行新的变革

C. 回避一些直接竞争的局面

D. 为自己选择一处没有防御的空隙，长驱直入市场

E. 采用较高的价格获得更多的额外利润

4. 好的企业使命说明书包括的基本要素是（　　）。

A. 使用范围　　　B. 竞争范围　　　C. 国家法律

D. 政策　　　　　　　　　　　　　E. 目标

5. 战略业务单位的建立是多种形式的，但它必须具备的特征是（　　）。

A. 它应是一项业务或多项业务的集合体

B. 它应有区别于其他战略业务单位的竞争者

C. 应有一名经理，负责战略计划和利润业绩

D. 它应有独立、完善的组织结构

E. 它应具有独有的战略使命

6. 差异化战略有哪些优点？（　　）

A. 实行此策略是利用了顾客对其特色的偏爱和忠诚，由此可以降低对产品的价格敏感性，使企业避开价格竞争

B. 顾客对企业（或产品）的忠诚性形成了强有力的进入障碍

C. 可以产生较高的边际收益

D. 企业可运用此战略来削弱购买者的讨价还价的能力

E. 由于企业有特色，又赢得了信任，在特定领域有独家经营的市场，使可在与代用品的较量中，比其他同类企业处于有利的地位

7. 规划企业成长战略的方式有（　　　）。

A. 松散成长战略　　B. 密集成长战略　　C. 统一成长战略

D. 一体化战略　　　E. 多角化成长战略

8. 企业一体化成长战略包括（　　　）。

A. 后向一体化　　B. 向上一体化　　　C. 水平一体化

D. 向下一体化　　E. 向前一体化

9. 企业多角化成长战略包括（　　　）。

A. 纵向一体化　　B. 垂直多角化　　　C. 同心多角化

D. 水平多角化　　E. 综合多角化

10. 市场营销组合包括（　　　）。

A. 产品　　　　B. 竞争　　　　C. 定价　　　　D. 分销　　　　E. 促销

（三）判断题（判断下列各题是否正确。正确的在题后的括号内打"√"，错误的打"×"。）

1. 战略计划实质是使企业目标、资源与企业外部环境之间保持一种切实可行战略适应。

（　　　）

2. 企业通过收购或兼并若干商业企业，或者拥有和控制其分销系统，实行产销一体化，属于水平一体化。　　　　　　　　　　　　　　　　　　　　　　　　　　（　　　）

3. 原来生产化肥的企业又投资农药项目属于同心多元化。　　　　　（　　　）

4. 香水制造商说服那些不用香水的女士使用香水，说服男士使用香水，其采用的是营销组合改良。　　　　　　　　　　　　　　　　　　　　　　　　　　　（　　　）

5. 市场占有率反映企业利润水平。　　　　　　　　　　　　　　　（　　　）

6. 产品投资组合中采用维持策略的多为瘦狗类产品。　　　　　　　（　　　）

7. 战略经营单位通常没有自己的业务。　　　　　　　　　　　　　（　　　）

8. 企业使命反映企业的目标、特征和性质。　　　　　　　　　　　（　　　）

9. 企业战略是由企业中层负责制定、落实的基本战略。　　　　　　（　　　）

10. 市场机会是指市场上存在的尚未被充分满足的市场需求。　　　（　　　）

（四）问答题

1. 简述公司战略主要内容。

2. 简述制定公司战略的主要步骤。

3. 描述公司营销战略的设计步骤。

4. 企业如何选择适宜的市场机会？

5. 阐述营销管理过程的主要步骤。

（五）案例题

1. 达美服装公司专门生产牛仔服，其产品"达美"牌系列牛仔服结实耐磨，价格低廉，深受中低收入阶层青睐，在 A 市的同类产品市场上长期稳居第一，近年来每年的销售增长率保持在 5% 左右。

从去年起，浙江一家著名牛仔服生产商在 A 市的合资厂正式投产，其产品给达美服装

公司在 A 市的销售带来了巨大压力。今年上半年，"达美"牌系列的销售量比去年同期有较大幅度的下降，同时失去了市场霸主的地位。有鉴于此，达美服装公司决定进行战略调整，以挽回颓势，主要策略是开发新产品，由主管部门和财务部门抽调一些业务骨干，组成了一个专门机构负责这项工作。经过研究发现，A 市的服装消费需求出现了高档化和休闲化的趋势。达美服装公司决定，终止原有产品的生产，清理存货，集中力量开发出高档、休闲化的新款牛仔服。在销售方式上，公司改变了完全依赖中间商的做法，在 A 市设立了多家专卖店，直接面向顾客。

问题：

（1）根据波士顿矩阵图，在文中的竞争对手投产之前，达美服装公司"达美"牌系列牛仔服属于何种产品类型，为什么？

（2）该公司采取的新业务计划是什么？

2. 经过激烈的竞争，格兰仕攻占国内市场 60% 的份额，成为中国微波炉市场上的明星。在国家质量检测部门历次全国质量抽查中，格兰仕几乎是唯一全部合格的品牌，与众多洋品牌频频在抽检中不合格被曝光形成鲜明对比。格兰仕投入上亿元技术开发费用，获得了几十项国家专有技术，其技术水平始终保持世界前列。

由于格兰仕的价格挤压，近几年微波炉的利润空间降到了低谷。今年春节前夕，甚至出现个别韩国品牌售价低于 300 元的情况，堪称世界微波炉最低价格。国内品牌的主要竞争对手一直是韩国产品，它们由于起步早曾经一度占据先机。在近几年的竞争中，韩国品牌落在了下风。韩国在我国的微波炉生产企业，屡次在一些重要指标上被查出不符合标准，并且屡遭投诉，这在注重质量管理的韩国公司是不多见的。业内人士认为，200 多元的价格水平不正常，是一种明显的倾销行为。它有两种可能：一是韩国受金融危机影响，急需扩大出口，向外转嫁经济危机；二是抛库套现，做退出前的准备。

面对洋品牌可能的大退却，格兰仕不是进攻而是选择了暂时退却。日前，格兰仕总部发出指令，有秩序地减少东北地区的市场宣传，巩固和发展其他市场。这一决策直接导致了春节前后一批中小企业进军东北，争夺沈阳及天津市场。这些地区已经平息的微波炉大战，有重新开始的趋势。

格兰仕经理曾在解释这种战略性退让时指出，其目的在于让出部分市场，培养民族品牌，使他们能够利用目前韩国个别品牌由于质量问题引起信誉危机的有利时机，在某一区域获得跟洋品牌直接对抗的实力，形成相对的针对洋品牌的统一战线，消除那些进行不正当竞争的进口品牌。

从长远看，格兰仕保持一些竞争对手，也是对自己今后的鼓励和鞭策。格兰仕的目标是走出国门。前不久，在世界最高水平的德国科隆家电展中，第二次参展的格兰仕不仅获得大批订单，而且赢得了世界微波炉经销商的广泛关注。

为继续扩大规模，格兰仕将有选择地在国内微波炉企业中开展收购工作，并购工作对海外品牌企业一视同仁。

问题：

（1）格兰仕采用的是何种营销战略？这种战略的特点是什么？

（2）根据波士顿矩阵图，格兰仕企业的微波炉业务应制定何种策略发展？

☞ **参考答案**

（一）单项选择题

1. B　2. A　3. C　4. B　5. A　6. B　7. B　8. C　9. B　10. B
11. C　12. A　13. D　14. A　15. D

（二）多项选择题

1. ABCDE　　2. ABCDE　　3. BCD　　4. BDE　　5. ABC
6. ABCDE　　7. BDE　　8. ACE　　9. CDE　　10. ACDE

（三）判断题

1. √　2. ×　3. ×　4. ×　5. ×　6. ×　7. ×　8. √　9. ×　10. √

（四）问答题

1. 简述公司战略主要内容。

公司战略主要内容包括：公司使命和目标、公司业务组合战略和新业务战略。

2. 简述制定公司战略的主要步骤。

制定公司战略的步骤是：首先要制定企业的总任务；其次是根据总任务确定企业的具体目标；再次是确定企业的最佳业务组合或产品组合，并确定企业的资源在各业务单位或各产品之间的分配；最后是制定各业务单位（或各职能部门）的分战略。

3. 描述公司营销战略的设计步骤。

营销战略设计步骤主要包括：确定企业的使命与目标，选择适宜的市场机会，建立战略业务单位、战略评价与抉择。

4. 企业如何选择适宜的市场机会？

市场机会就是市场上存在的未被满足的需求。一般地，企业面对的市场机会主要有：密集型市场机会、一体化市场机会和多样化市场机会。

密集型市场机会是指一个特定市场的全部潜力尚未达到极限时存在的市场机会。利用密集型市场机会获得业务增长有三种情况，即市场渗透、市场开发和产品开发。

一体化市场机会是指一个企业把自己的营销活动延伸到供、产、销不同环节而使自身得到发展的市场机会。利用一体化市场机会获得的一体化增长策略有三种情况：即后向一体化、前向一体化和水平一体化。

多样化市场机会是指企业利用经营范围以外的市场机会，新增与现有产品业务有一定联系或毫无联系的产品业务，实行跨行业经营所获得的市场机会。多样化增长策略也有三种形式，即同心性多样化增长、水平多样化增长和集团式多样化增长。

5. 阐述营销管理过程的主要步骤。

市场营销管理过程就是用系统的方法分析企业业务和找寻市场机会，把市场机会变为企业有利可图的商业机会。一般由分析市场机会、选择目标市场、产品定位、设计市场营销组合、管理市场营销活动等五个步骤组成。

（五）案例题

1.（1）在竞争对手投产前，达美服装公司"达美"牌系列牛仔服属于金牛类产品类型。因为其相对市场占有率高（A市同类产品市场第一），而其市场增长率低（在5%左右，低于10%）。

（2）该公司采取了一系列新业务计划。一方面采用了密集成长战略中的市场渗透方式（增设专卖店）和产品开发方式（开发高档、休闲化的新款牛仔服）；另一方面采取了一体化增长战略中的前向一体化方式（自己开设专卖店）。（在此基础上展开论述）

2.（1）格兰仕采用的是成本领先营销战略。格兰仕公司致力于达到生产成本和销售成本最低化，这样就能以低于竞争对手的价格，从而赢得较大的市场份额。采取成本领先战略的公司必须善于工程管理、采购、制造和实体分配。

（2）根据波士顿矩阵图，格兰仕企业的微波炉业务已发展成为金牛业务，可采用收获策略发展。（在此基础上展开论述）

第三章　市场营销环境分析

企业的目的就是创造和留住顾客。

——西奥多·莱维特

重点：了解营销环境的概念及特点；掌握宏观营销环境和微观营销环境的构成要素；掌握对营销环境中机会与威胁的识别方法

难点：营销环境的分析方法及应用

新点：利益相关者、TOWS 分析、核心竞争力

☞　学习目标

- 了解市场营销环境特点
- 掌握宏观营销环境和微观营销环境的内容
- 学会市场营销环境的分析方法

市场营销环境是指直接或间接影响企业营销活动的所有外部力量和相关因素的集合，是企业营销职能外部的不可控制的因素和力量。市场营销环境一直在不断地创造机会和威胁。持续地监视和适应变化的环境对企业的发展有十分重要的作用。

市场营销环境可以分为微观营销环境和宏观营销环境。微观营销环境指与企业紧密相联，直接影响其营销能力的各种参与者，这些参与者包括企业的供应商、营销中间商、顾客、竞争者、社会公众以及影响营销管理决策的企业内部各个部门。宏观营销环境指影响企业微观环境的一系列巨大的社会力量，包括人口、经济、政治、法律、科学技术、社会文化及自然地理等多方面因素。

市场营销环境分析的任务就是对外部环境各要素进行调查研究，以明确其现状和变化发展的趋势，从中区别出对企业发展有利的机会和不利的威胁，并且根据企业自身情况做出相应的对策。企业常用的分析市场营销环境方法有：PEST 分析方法、五种竞争力模型分析方法、机会威胁分析矩阵法和 SWOT 分析法。

☞　学习新知

- 利益相关者
- TOWS 分析
- 核心竞争力

1. 利益相关者

利益相关者是指能够影响一个组织目标的实现，或者受到一个组织实现其目标过程

影响的人。与传统的股东至上的企业理论主要区别在于，利益相关者理论认为任何一个公司的发展都离不开各种利益相关者的投入或参与，比如股东、政府、债权人、雇员、消费者、供应商，甚至是社区居民，企业不仅要为股东利益服务，同时也要保护其他利益相关者的利益。

利益相关者的核心思想可以归结为：组织是其利益相关者相关关系的联结，它通过各种显形契约和隐形契约来规范其利益相关者的责任和义务，并将剩余索取权与剩余控制权在组织物质资本所有者和人力资本所有者之间进行非均衡的分散对称分布，进而为其利益相关者和社会有效地创造财富。

2. TOWS 分析

传统的 SWOT（优势—弱点—机会—威胁）分析，是"由内而外"的视角，过分注重内部因素，导致识别威胁和机会时只限于组织能力所及的范围。

TOWS（威胁—机会—弱点—优势）分析工具，即首先对企业的外部环境进行扫描，看环境有什么威胁，有哪些机会；再在此基础上审视企业自身的弱点和优势。在当今竞争日益激烈且变化多端的环境中，采用"由外而内"的视角，在评估公司弱点和优势之前审视所有可能的威胁和机会，更加有利于管理者判断是否有必要采取战略方面的重大调整。

3. 核心竞争力

自普拉哈拉德和哈默尔于 1990 年在《哈佛商业评论》上发表了《公司核心竞争力》一文后，核心竞争力的概念迅速被企业界和学术界所接受。普拉哈拉德和哈默尔认为：随着世界的发展变化，竞争加剧，产品生命周期的缩短以及全球经济一体化的加强，企业的成功不再归功于短暂的或偶然的产品开发或灵机一动的市场战略，而是企业核心竞争力的外在表现。公司核心竞争力是企业内部集体学习的能力，尤其是关于如何协调不同的生产技能和整合多种技术的能力。与物质资本不同，公司的核心竞争力不仅不会在使用和共享中丧失，而且会在这一过程中不断加强。按照普拉哈拉德和哈默尔的观点，核心竞争力的基本特征主要体现在三个方面：首先，核心竞争力应反映客户长期最看重的价值，要对客户的核心利益有关键性的贡献；其次，核心竞争力必须具有独树一帜的能力，并且难以被竞争对手所模仿和替代；最后，核心竞争力应具有延展到更广泛市场领域的能力。由于核心竞争力具有稀缺性、难以模仿性等这样的特征，对于核心竞争力的重视和研究，实际上是将企业竞争优势的生成问题转化为获取和保持企业竞争优势的问题，进而赋予企业可持续发展的基础。

普拉哈拉德和哈默尔有一个形象的比喻：多元化企业好比一棵大树，树干和树枝是核心产品，较小的树枝是经营单位，而树叶、花、果实则是最终产品。提供抚育、营养和稳定性的根系就是核心竞争力。这个比喻形象地说明了企业核心竞争力与多元化经营之间的关系。

核心竞争力不仅可以表现在技术上，还可以表现在生产经营、营销和财务上。如：苹果电脑的产品设计创新能力，它首开使用鼠标操作电脑的先河，它的麦金托电脑可看可感的设计，极大地促进了个人和家庭电脑市场的发展；宝洁、百事可乐优秀的品牌管理及促销能力；丰田的精益生产能力等。正是由于具有这种独特的能力，使公司取得了成功。

☞　**核心概念**

- 市场营销环境
- 微观营销环境
- 宏观营销环境
- 个人可支配收入
- 个人可任意支配收入
- 营销中介机构
- 愿望竞争者
- 属类竞争者
- 形式竞争者
- 品牌竞争者

1. 市场营销环境

市场营销环境是指直接或间接影响企业营销活动的所有外部力量和相关因素的集合，是企业营销职能外部的不可控制的因素和力量。

2. 微观营销环境

微观营销环境指与企业紧密相联，直接影响其营销能力的各种参与者，这些参与者包括企业的供应商、营销中间商、顾客、竞争者、社会公众以及影响营销管理决策的企业内部各个部门。

3. 宏观营销环境

宏观营销环境指影响企业微观环境的一系列巨大的社会力量，包括人口、经济、政治、法律、科学技术、社会文化及自然地理等多方面因素。

4. 个人可支配收入

个人可支配收入是在个人收入中扣除税款和非税性负担后所得余额，它是个人收入中可以用于消费支出或储蓄的部分，它构成实际购买力。

5. 个人可任意支配收入

个人可任意支配收入是在个人可支配收入中减去用于维持个人与家庭生存不可缺少的费用（如房租、水电、食物、燃料、衣着等项开支）后剩余的部分。这部分收入是消费需求变化中最活跃的因素，也是企业开展营销活动时所要考虑的主要对象。

6. 营销中介机构

营销中介机构是协助公司推广、销售和分配产品给最终买主的那些企业。它们包括中间商、实体分配公司、营销服务机构及金融机构等。

7. 愿望竞争者

愿望竞争者指提供不同产品以满足不同需求的竞争者。消费者的需要是多方面的，但很难同时满足，在某一时刻可能只能满足其中的一个需要。消费者经过慎重考虑做出购买决策，往往是提供不同产品的厂商为争取该消费者成为现实顾客竞相努力的结果。

8. 属类竞争者

属类竞争者指提供不同产品以满足同一种需求的竞争者。例如，消费者为锻炼身体准备购买体育用品，他要根据年龄、身体状况和爱好选择一种锻炼的方法，是买篮球，还是买游泳衣，或是买哑铃，这些产品的生产经营者就是属类竞争者。

9. 形式竞争者

形式竞争者指满足同一需要的产品的各种形式间的竞争。同一产品，规格、型号不同，性能、质量、价格各异，消费者将在充分收集信息后做出选择。比如购买彩电的消费者，要对规格、性能、质量、价格等进行比较后再做出决策。

10. 品牌竞争者

品牌竞争者指满足同一需要的同种形式产品不同品牌之间的竞争。比如：购买洗衣机的顾客，可在同一规格进口洗衣机各品牌以及国产海尔、荣事达、小天鹅等品牌之间做出选择。

☞ 学习重点

- 市场营销环境的特点
- 宏观营销环境内容
- 微观营销环境内容
- PEST 分析方法
- 五种竞争力模型分析方法
- 机会威胁分析矩阵法
- SWOT 分析法

1. 市场营销环境的特点

市场营销环境具有如下特点。

(1) 客观性。企业总是在特定的社会经济和其他外界环境条件下生存、发展的。环境对企业营销活动的影响具有强制性和不可控性的特点。

(2) 差异性。市场营销环境的差异性不仅表现为不同的企业受不同环境的影响，而且同样一种环境因素的变化对不同企业的影响也不相同。

(3) 相关性。市场营销环境是一个系统，在这个系统中，各个影响因素是相互依存、相互作用和相互制约的。营销环境某一因素的变化，会带动其他因素的相互变化，形成新的营销环境。

(4) 多变性。营销环境是企业营销活动的基础和条件，这并不意味着营销环境是一成不变的、静止的。构成营销环境的诸因素都受众多因素的影响，每一环境因素都随着社会经济的发展而不断变化。

(5) 不可控性。影响市场营销环境的因素是多方面的，也是复杂的，并表现出企业不可控性。

(6) 可影响性。企业可以通过对内部环境要素的调整与控制，来对外部环境施加一定的影响，最终促使某些环境要素向预期的方向转化。

2. 宏观营销环境内容

宏观营销环境包括六大因素，即人口、经济、自然、技术、政治法律和社会文化等因素。

（1）人口环境。人口量、分布，结构及变动趋势决定市场需求的特点及发展趋势。当前，人口环境显示企业面临着：世界范围的人口增长爆炸、民族性、教育组合、新家庭类型、人口地理迁移、大量市场分裂成微观市场等发展趋势。

（2）经济环境。经济与"购买力"有密切关系。当前，经济环境显示企业面临着：实际收入增长率缓慢下降，消费者的开支方式发生变化等发展趋势。

（3）自然环境。长期来看，自然环境应包括资源状况、生态环境和环境保护等方面。自然环境显示企业面临着某些原料短缺的日益逼近，能源成本的不稳定性，日益增长的"绿色"运动强调保护环境等发展趋势。营销管理者当前应注意自然环境面临的难题和趋势。

（4）技术环境。新技术会取代旧技术，新技术创造新的市场和机遇。当前，技术环境显示企业面临着技术变革的速度加快，技术发明有无限的机会，研究与开发费用的预算处于高水平，对小改革发明的重视胜过对重大技术发明的重视，对技术的变革做出更多的规定等发展趋势。

（5）政治法律环境。政治与法律是影响企业营销的重要的宏观环境因素。政治环境指企业市场营销的外部政治形势。政府的方针、政策，规定了国民经济的发展方向和速度，也直接关系到社会购买力的提高和市场消费需求的增长变化。法律环境指国家或地方政府颁布的各项法规、法令和条例等。法律环境对市场消费需求的形成和实现，具有一定的调节作用。

（6）社会文化环境。社会文化主要指一个国家和地区的民族特征、价值观念、生活方式、风俗习惯、宗教信仰、伦理道德、教育水平、语言文字等方面的总和。文化对市场营销的影响是多方面的，对所有营销的参与者都有着重大影响。当前，文化环境显示企业面临着追求自我实现、及时行乐以及更世俗导向的趋势。

3. 微观营销环境内容

企业的微观营销环境主要由企业的供应商、营销中介机构、顾客、竞争对手、社会公众以及企业内部参与营销决策的各部门组成。供应商—公司—营销中介单位—顾客这一链条构成了公司的核心营销系统。一个公司的成功，还受到另外两个群体的影响，即竞争对手和公众。

4. PEST 分析方法

PEST 分析方法是一种关于企业营销外部环境分析方法，通过对政治（Politics）、经济（Economy）、社会（Society）、技术（Technology）等四个方面进行分析，为企业制定营销战略服务（如图 3-1）。

5. 五种竞争力模型分析方法

五种竞争力模型（Five Forces Model）是由哈佛商学院教授迈克尔·波特提出的。在任何行业中，无论是国内还是国际，也无论是提供产品还是服务，竞争的规则都包含在五种力量内。该模型可以称作是行业分析中最经典的分析模型，它第一次从各个角度对行业分析进

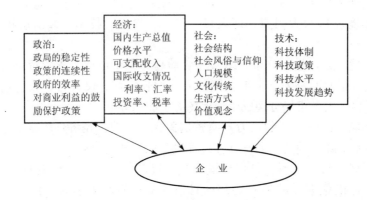

图 3-1 主要外部环境因素

行了全面的刻画。通过对这五种竞争力量的分析可以明确企业的优势和劣势，确定企业的市场地位。5 种竞争力模型如图 3-2 所示。

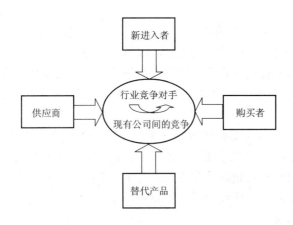

图 3-2 波特的 5 种竞争力

6. 机会威胁分析矩阵法

机会和威胁分析，是企业战略规划的基础。机会是营销环境中对企业营销有利的各项因素的总和。威胁是营销环境中对企业营销不利的各项因素的总和。对环境中的威胁分析主要从两个方面着眼：一是分析威胁对企业的影响程度，二是分析威胁出现的概率大小并将这两个方面结合在一起。企业在威胁分析的基础上还必须进一步进行机会分析。机会分析的思路同威胁分析思路相仿，一是考虑机会给企业带来的潜在利益大小，二是考虑机会出现的概率大小。其分析的思路同威胁分析矩阵相同。

在实际的客观环境中，单纯的威胁环境与单纯的机会环境都是极少的，而通常总是机会与威胁同在，风险与利益共存。所以，企业实际面临的是综合环境。根据环境中威胁水平和机会水平的高低不同，形成图 3-3 所示的矩阵。

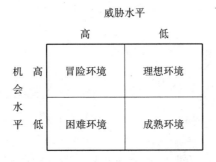

图 3 - 3　综合环境分析矩阵

7. SWOT 分析法

优势、弱点、机会与威胁，是企业进行外部环境分析和内部评估后所得出的评价结论，企业需据此进行战略决策。SWOT 分析（表 3 - 1）是一种综合考虑企业内部条件和外部环境的各种因素而进行选择最佳营销战略的方法。其中，S 是指企业内部的优势（Strength），W 是指企业内部的劣势（Weakness），O 是指企业外部环境的机会（Opportunities），T 是指企业外部环境的威胁（Threats）。这里优劣势是对企业内在的强项与弱项进行分析，而机会与威胁是分析企业的外在环境可能产生的影响。掌握外在环境带来的机会及威胁，也就掌握住企业做什么；掌握住企业的长处及弱点，也就掌握住企业能够做什么。SWOT 分析能简洁清晰地反映出企业所处的市场，这种 SWOT 分析表（表 3 - 1）在实务中也通常为一般企业所采用。

表 3 - 1　SWOT 分析

S/W　　O/T	优势：S　1.　2.　3.　优势描述	劣势：W　1.　2.　3.　劣势描述
机会：O　1.　2.　3.　机会描述	SO 战略➡成长型　1.　2.　3.　发挥优势，利用机会	WO 战略➡巩固/增长型　1.　2.　3.　利用机会，克服弱点
威胁：T　1.　2.　3.　威胁描述	ST 战略➡多样化型　1.　2.　3.　利用优势，回避威胁	WT 战略➡收缩型　1.　2.　3.　减少劣势，回避威胁

☞ **知识链接**

知识链接3

老字号：消失中的中国企业品牌

习惯于把改革开放以前的中国知名企业称为老字号，为什么叫老字号呢？那是因为他们经历了相当长的一段历史时期，而他们能够存在那么长的时间，就是因为他们都是该行业里的出众者，以他们差异化的产品和优质的服务获得了广大消费者的认同并形成了对该老字号的忠诚度。这样来说，中国的老字号企业就是拥有知名企业品牌的企业。

在封建社会中，满足人们生活所需的行业主要也就是食品、医药、钱庄、服装等几个。可以进入的行业很少，所以就造成了卖方市场的充分竞争，也就是同行业企业间的竞争很激烈。要在如此激烈的竞争中获得一定的市场份额，各个店铺（简单化的企业）就必须按照差异化战略，通过差异化的产品和服务来获得竞争力，从而获得稳定的市场份额。那些因为拥有优质的差异化的产品和服务而获得生存下去的市场保证的店铺，通过提供长时间的稳定的优质产品和服务获得了消费者的信赖，获得了很好的消费者认同，也获得了广大消费者的品牌忠诚并借助消费者的口头传播扩大知名度和获得认同的延续，这就是中国的老字号。中国人围绕着米店、中医药店、布料丝绸店、钱庄、酒楼等的生活方式一直贯穿着整个封建社会时期，人们生活方式不改变，老字号的模式也继续着。

鸦片战争后，西方的生活用品开始逐渐进入中国，中国人的生活必需品的模式开始发生变化。替代品或直接竞争品的进入严重压缩了中国老字号的市场份额，一些老字号就在这次冲击下消失了。随着洋务运动的开展，中国出现了真正意义上的企业，一直到新中国成立时，中国涌现出许许多多的民族企业。这段时期由于人们生活方式的重大转变，新的生活方式所产生的需求造就了很多的中国民族企业，虽然由于战争和动荡而导致很多企业都没法生存下来，但生存下来的也都是老字号企业了，也就是真正的知名品牌的中国企业。

新中国成立以后，由于私有企业收归国有和计划经济，导致一大批老字号就此消失，但也造就了一批新的老字号。其中如上海牌手表、飞鸽牌自行车、永久牌自行车、凤凰牌自行车、红星牌收音机、熊猫牌收音机、蜜蜂牌缝纫机、蝴蝶牌缝纫机等。改革开放前我国因为各种原因而导致商品匮乏，人们生活物资缺乏，而这时候人们的生活必需品中很重要的一部分就是"四大件"。物质供给决定了人们的生活方式，而人们的生活方式决定了企业的生存，而经得起时间考验的企业就成为老字号企业。改革开放以后，由于生产力的解放和外来商品的进入，中国人突然发现生活多了很多东西，从摩托车、固定电话、洗衣机、各类家电等，到后来的手机、个人电脑、小轿车、空调、微波炉等进入家庭，到公共事业的大医院、大超市等。收音机和家庭缝纫机逐渐进入衰退期，也就是在人们的生活中变得不那么重要了，而自行车和手表在面对世界名牌企业和瑞士手表的时候，老字号也变得不堪一击了。

从老字号的变化，可以看到中国人生活方式的变化，而有一些老字号是一直都没有改变过的，也就是一直延续到现在的，其中一个就是中医药老字号，如同仁堂、九芝堂、敬修堂等，这就是因为中国人的生活方式中的医疗观念还有相当一部分是认同中医的，虽然受到西医的冲击，中国人还没有完全放弃中医治病的观念，因此这些中医老字号依然有生存的空间，老字号依然具有很大的品牌资产。再如中国人生活中的酒文化，虽然现在有洋酒和啤酒，但中国传统的名酒也依然受到广大消费者欢迎，依然具有广阔的市场。中华民族的生活文化除了有自己独特的酒类文化和医疗文化外，还有很多其他的独特的生活文化，如饮食文化，茶文化等。虽然在外来的生活文化的冲击下，由于各种原因将注意力放在外来的生活文化上，而令代表中国生活文化的老字号处于经营困境之中。

很多老字号惨淡经营就是因为不能满足消费者生活方式的改变所产生的需要，不懂得产品的生命周期，一直抱着已经进入衰退期的产品不放，而国外的很多企业之所以成为世界知名品牌就是因为能够持续地提供满足消费者生活水平进一步提高的产品。

现在中国的企业打造企业品牌不能以为申请成为老字号企业就能够为企业带来很大的品牌资产的提升，而是要像以前的老字号那样通过优质的产品和服务获得消费者认同，并以此为基础获得消费者的品牌忠诚。当然也不能够再像以前老字号企业那样不知道产品的生命周期，要准确把握人们生活方式的变化，通过不断的技术开发和产品研发来满足消费者生活变化的需要，并以各种营销手段来打造中国的知名企业品牌。

（资料来源：老字号：消失中的中国企业品牌，全球品牌网 http://www.globrand.com，有改写。）

☞ **同步练习**

（一）单项选择题（在下列每小题中，选择一个最适合的答案。）

1. 从个人总收入中扣除税金后的剩余部分构成了（ ）。
    A. 个人可支配收入　　　　　　　B. 个人实际收入
    C. 个人可任意支配收入　　　　　D. 个人名义收入

2. 在（ ）经济发展阶段，企业对金属矿石或曾经以未加工形式出口的工业产品进行加工，世界其他地区的公司会在该国建厂以便利用其廉价劳动力，这些工厂的大多数产品用来出口。
    A. 自给自足的农业经济　　　　　B. 前工业化经济
    C. 以制造业为主的经济　　　　　D. 后工业经济

3. 从个人可支配收入中减去食品、衣服、住房、保险等必需品支出后的剩余部分构成了（ ）。
    A. 个人可支配收入　　　　　　　B. 个人实际收入
    C. 个人可任意支配收入　　　　　D. 个人名义收入

4. 影响汽车、住房及奢侈品等商品销售的主要因素是（ ）。
    A. 个人可支配收入　　　　　　　B. 可任意支配收入
    C. 消费者储蓄和信贷　　　　　　D. 消费者支出模式

5. 根据恩格尔定律，随着家庭收入增加，用于购买食品的支出占家庭收入的比重会（ ）。
    A. 上升　　　B. 下降　　　C. 大体不变　　　D. 时升时降

6. 市场营销环境是企业营销职能外部（ ）的因素和力量，包括宏观环境和微观环境。
    A. 可改变　　　B. 不可捉摸　　　C. 可控制　　　D. 不可控制

7. 消费者支出模式主要受（ ）影响。
    A. 消费者收入　　　　　　　　　B. 通货膨胀
    C. 消费者储蓄和信用　　　　　　D. 消费者家庭

8. 下列哪项因素不属于文化环境的组成要素（ ）。
    A. 人们的审美观念　　　　　　　B. 人们交流沟通的语言
    C. 人们的宗教信仰　　　　　　　D. 人们的平均受教育水平

9. （ ）主要包括知识、信仰、艺术、道德、法律、风俗及作为社会成员而获得的其他方面的能力和习惯。

    A. 社会文化   B. 政治法律   C. 科学技术   D. 自然资源

10. 与企业紧密相连，直接影响企业营销能力的各种参与者，被称为（   ）。

    A. 营销环境   B. 宏观营销环境

    C. 微观营销环境   D. 营销组合

11. （   ）是向企业及其竞争者提供生产经营所需资源的企业或个人。

    A. 供应商   B. 中间商   C. 广告商   D. 经销商

12. 旅游业、体育运动消费业、图书出版业及文化娱乐业为争夺消费者一年内的支出而相互竞争，它们彼此之间是（   ）。

    A. 愿望竞争者   B. 属类竞争者   C. 产品形式竞争者   D. 品牌竞争者

13. 某位顾客在选购 29 英寸纯平面电视时，在长虹、康佳、创维、TCL、海尔、海信之间进行选择，最终选定海尔，则这些公司之间是（   ）。

    A. 愿望竞争者   B. 属类竞争者   C. 产品形式竞争者   D. 品牌竞争者

14. 影响消费需求变化的最活跃的因素是（   ）。

    A. 个人可支配收入   B. 可任意支配收入

    C. 个人收入   D. 人均国内生产总值

（二）多项选择题（在下列每小题中，选择多个适合的答案。）

1. 企业的营销环境中，属于经济环境的有（   ）。

    A. 经济发展阶段   B. 地区与行业的经济发展

    C. 购买力水平   D. 家庭状况的变化

    E. 环境保护、资源开发利用方面的法律

2. 影响购买力的主要因素有（   ）。

    A. 居民的实际收入   B. 家庭状况

    C. 币值   D. 消费者的储蓄和信用

    E. 消费者的支出模式

3. 购买行为的实现必须具备（   ）。

    A. 消费欲望   B. 购买力   C. 成年资格   D. 商品

4. 企业对待作为合作伙伴的供应商可采用的策略有（   ）。

    A. 与供应商签署长期合同   B. 减弱其与企业讨价还价的能力

    C. 说服供应商积极地接近顾客   D. 分担供应商的风险

    E. 寻找和开发其他备选的供应来源

5. 营销中间商主要指协助企业推广、销售和分配产品给最终消费者的企业和个人，包括（   ）。

    A. 中间商   B. 后勤服务公司

    C. 营销服务机构   D. 物流公司   E. 金融机构

6. 市场营销环境（   ）。

    A. 企业能够控制因素   B. 企业不可控制的因素

    C. 可能形成机会也可能造成威胁   D. 可以了解和预测的

    E. 通过企业的营销努力是可以在一定程度上去影响的

7. 微观环境是指与企业紧密相连，直接影响企业营销能力的各种参与者，包括（　　）。

A. 企业本身　　　　B. 营销渠道企业　　　C. 顾客

D. 竞争者　　　　　E. 公众

8. 国内市场按购买动机可分为（　　　）。

A. 消费者市场　　　B. 生产者市场　　　　C. 中间商市场

D. 非营利组织市场　　　　　　　　　　　E. 国际市场

9. 对环境威胁的分析，一般着眼于（　　　）。

A. 威胁是否存在　　　　　　　　B. 威胁的潜在严重性

C. 威胁的征兆　　　　　　　　　D. 预测威胁到来的时间

E. 威胁出现的可能性

10. 营销部门在制定和实施营销目标与计划时，要（　　　）。

A. 注意考虑企业外部环境力量　　　B. 注意考虑企业内部环境力量

C. 争取高层管理部门的理解和支持　D. 争取得到政府的支持

（三）判断题（判断下列各题是否正确。正确的在题后的括号内打"√"，错误的打"×"。）

1. 企业可以按自身的要求和意愿随意改变市场营销环境。　　　　　　（　　）

2. 市场营销环境是一个动态系统，每一环境因素都随着社会经济的发展而不断变化。

（　　）

3. 只要企业制定好营销组合策略，做好内部营销，企业的营销活动就一定能够取得很好的营销效益。　　　　　　　　　　　　　　　　　　　　　　　　（　　）

4. 营销活动只能被动地受制于环境的影响，因而营销管理者在不利的营销环境面前可以说是无能为力。　　　　　　　　　　　　　　　　　　　　　　　（　　）

5. 面对目前市场疲软，经济不景气的环境威胁，企业只能等待国家政策的支持和经济形势的好转。　　　　　　　　　　　　　　　　　　　　　　　　　（　　）

6. 市场营销目标从属于企业总目标，是为总目标服务的次级目标。　　（　　）

7. 人口增长首先意味着人民生活必需品的需求增加。　　　　　　　（　　）

8. 恩格尔系数越大，生活水平越低。　　　　　　　　　　　　　　（　　）

9. 科学技术是第一生产力，给企业营销活动既带来发展机遇又造成不利的影响。

（　　）

10. 文化对市场营销的影响多半是通过直接的方式来进行的。　　　　（　　）

（四）问答题

1. 市场营销环境包括哪些内容？市场营销环境有哪些特点？

2. 简述公司面临冒险环境应采取的策略。

3. 企业面对的公众主要有哪些类型？

4. 新进入者进入市场的壁垒有哪些？

5. 有证据表明，顾客不一定是皇帝，甚至也不是皇后。消费者不过是众多呼声中的一种声音而已。看一看通用汽车公司今天如何生产汽车，就可以明白这一点。汽车的关键部分现在是由美国政府设计的；排气装置是由某些州的政府重新设计的；生产所需的原材料，则由控制着稀有材料资源的供应商们卡着。至于其他产品，还可能有其他团体或组织参与。这样保险公司直接地或间接地影响着检测器的设计；科研团体由于谴责喷雾剂的使用而影响着喷雾产品的设计。法律部门也会增加在企业中的重要性，它们不仅影响产品的设计与推销，并且影响企业的营销策略。至少可以这么说，主管营销的经理用于同调查研究部门研究"消费者需要什么"的时间会减少，而花越来越多的时间用于向生产部门及法律部门询问"消费者可以有什么"。您认为这种现象在我国存在吗？联系实际谈谈您对该现象的看法。

（五）案例题

1. 环境保护主义已重重打击了某些行业。钢铁厂和公用事业不得不花费巨资，投资于控制污染设备和采用价格较高的燃料。汽车制造厂不得不在汽车上采用昂贵的控制排气装置。制皂业不得不去研制低磷洗涤剂。

问题：

（1）这种影响营销的因素是什么？请再举几个关于该因素影响营销的例子？

（2）请结合中国的实际情况，环境保护主义对营销决策的影响。

2. 在汽车行业，20世纪初的赢家是福特汽车公司，它成功于低成本生产。后来，通用汽车超过了福特，因为它响应了市场上对汽车多样化的欲望。20世纪70年代，日本公司开始取得了领先地位，因为它们供应的汽车省油。日本人下一步的战略是生产可靠性高、更省油的汽车。当美国的汽车制造商注重质量时，日本汽车商又转移至知觉质量，即汽车及部件更好看和感觉更好。

问题：

请结合本章内容对该案例进行分析。

☞ **参考答案**

（一）单项选择题

1. A　　2. C　　3. C　　4. B　　5. B　　6. D　　7. A　　8. D　　9. A　　10. C

11. A　　12. A　　13. D　　14. B

（二）多项选择题

1. ABC　　　2. ACDE　　　3. ABD　　　4. ACD　　　5. ABCE

6. BCDE　　7. ABCDE　　8. ABCD　　9. BE　　　10. ABC

（三）判断题

1. ×　　2. √　　3. ×　　4. ×　　5. ×　　6. √　　7. √　　8. √　　9. √　　10. ×

（四）问答题

1. 市场营销环境包括哪些内容？市场营销环境有哪些特点？

市场营销环境包括微观营销环境和宏观营销环境。微观营销环境指与企业紧密相连，直接影响其营销能力的各种参与者，这些参与者包括企业的供应商、营销中间商、顾客、竞争者、社会公众以及影响营销管理决策的企业内部各个部门。宏观营销环境指影响企业微观环境的一系列巨大的社会力量，包括人口、经济、政治、法律、科学技术、社会文化及自然地理等多方面的因素。

市场营销环境具有如下特点：客观性、差异性、相关性、多变性、不可控性、可影响性。

2. 简述公司面临冒险环境应采取的策略。

冒险环境是收益高，但风险大的环境，如一些高新技术产业领域。面对此类环境，企业应审时度势，慎重决策，既可以决定进入，也可以决定不进入，要在对客观环境和企业自身条件进行全面分析之后再做决策。此种决策是企业决策类型中最难的一种。既可能丢掉很好的机会，也可能要冒极大的风险。所以，容易犯两种错误：一种是丢弃的错误，即面对机会由于害怕风险，不敢进入，从而将机会失去；一种是冒进的错误，即对可能出现的风险考虑不足，仓促进入，结果或是大败而归，或是骑虎难下。

3. 企业面对的公众主要有哪些类型？

企业面对的公众主要有以下几种类型。

（1）金融界。金融界对企业的融资能力有重要的影响。金融界主要包括银行、投资公司、证券经纪行、股东。

（2）媒介公众。媒介公众指那些刊载、播送新闻、特写和社论的机构，特别是报纸、杂志、电台、电视台。

（3）政府机构。企业管理当局在制定营销计划时，必须认真研究与考虑政府政策与措施的发展变化。

（4）公民行动团体。一个企业营销活动可能会受到消费者组织、环境保护组织、少数民族团体等组织的质询。

（5）地方公众。每个企业都同当地的公众团体，如邻里居民和社区组织，保持联系。

（6）一般公众。企业需要关注一般公众对企业产品及经营活动的态度。虽然一般公众并不是有组织地对企业采取行动，然而一般公众对企业的印象却影响着消费者对该企业及其产品的看法。

（7）内部公众。企业内部的公众包括蓝领工人、白领工人、经理和董事会。

4. 新进入者进入市场的壁垒有哪些？

新进入者进入市场壁垒有以下几种：规模经济、不能获得的关键技术和专业技能、品牌偏好和客户忠诚度、资源要求、与规模经济无关的成本劣势、分销渠道、政府政策、关税及国际贸易方面的限制。

进入市场壁垒的高低取决于潜在进入厂商所拥有的资源和能力。

5. 您认为这种现象在中国存在吗？联系实际谈谈您对该现象的看法。

存在，新法律的问世、更严格地执法和各种"压力集团"数目的增加，综合在一起对营销人员增添了更多的限制。营销人员不得不协同公司法律顾问和公共关系部门一起调整他们的计划。个人的营销活动已转向公共的范畴。

（五）案例题

1.（1）自然环境因素。（在此基础上展开论述）

（2）在20世纪90年代，自然环境的恶化是企业与公众所面临的一个主要问题。在许多大城市，空气与水的污染已经达到了破坏的程度。中国公众的环境意识也在逐渐提高公众对环境问题的关心，为那些警觉的企业创造了市场机会，譬如，会给污染控制技术及产品，如清洗器、回流装置等创造一个极大的市场，会促使企业探索其他不破坏环境的方法去制造和包装产品。明智的公司，它们不是弄脏自己的脚，而是开展环境友好运动，以表示它们对

世界环境之未来的关注。因此，环保主义对营销既有威胁又带来机遇。（在此基础上展开论述）

2. 一个公司必须不断地观测竞争者情况。富有活力的竞争者将随着时间的推移而修订其战略。（在此基础上展开论述）

第四章　市场购买行为分析

营销完全是一场文明的战争，取胜的关键在于文字、创意和缜密的思考规划上。

——艾伯特·W·埃默里

重点：了解消费者市场和组织市场特点；掌握影响消费者购买行为的因素；掌握消费者购买决策过程和产业市场购买决策过程；学会分析常见消费者购买动机

难点：影响消费者购买行为的因素

新点：体验营销、顾客忠诚计划

☞　学习目标

- 了解消费者市场和组织市场特点
- 掌握影响消费者购买行为的因素
- 掌握消费者购买决策过程和产业市场购买决策过程
- 学会分析常见消费者购买动机

根据购买动机的差异性，市场可以分为消费者市场和组织市场。组织市场又可进一步划分为产业市场、中间商市场和非营利组织市场。消费者市场是指个人或家庭为满足生活需求而购买或租用商品的市场。消费者市场是市场体系的基础，是起决定作用的市场。组织市场是指为进一步生产、维持机构运作或再销售给其他消费者而购买产品和服务的各种组织消费者。

消费者的购买行为都是由其购买动机引发的，而动机又是由人的需要产生的。购买动机是指为了满足一定的需要而引起人们购买行为的愿望或意念，它是推动购买活动的内在动力。常见消费者的购买动机有：求实动机、求新动机、求美动机、求名动机、求廉动机、求便动机、模仿或从众动机、偏爱动机、显耀动机、好胜动机等。

影响消费者购买行为的主要因素有消费者文化因素、社会因素、个人因素和心理因素等。文化因素对消费者行为的影响是非常广泛深远的，其中以文化、亚文化及社会阶层对消费者行为作用尤为显著。消费者行为同样也受到诸如参考群体、家庭、社会角色与地位等一系列社会性因素影响。消费者的购买行为也会受到个人外在特征的影响，特别是受其年龄和生命周期阶段、性别、职业、教育程度、经济能力、生活方式、个性以及自我概念的影响。影响消费者行为的心理因素主要是动机、感觉和知觉、学习、信念以及态度四个方面。

消费者在购买某一商品时，均会有一个决策过程，只是因所购产品类型、购买者类型的不同而使购买决策过程有所区别，但典型的消费者购买决策过程包括认知需求、收集信息、评价选择、购买决定、购后行为等5个步骤。

产业市场购买者和消费者市场购买者一样，也有决策过程。产业市场购买者购买过程阶段的多少，取决于产业购买者购买情况的复杂程度。直接续购型购买最为简单，更改续购型购买则视其需要可将其中某些程序简化，新任务型购买最为复杂、完整，其购买程序一般需要有认识需求、确定需求、说明需求、物色供应商、征求建议、选定供应商、规定订货程序、检查履约情况等 8 个阶段。

☞　**学习新知**

■ 体验营销
■ 顾客忠诚计划

1. 体验营销

美国学者约瑟夫·派恩和詹姆斯·H·吉尔摩，1998 年在《哈佛商业评论》上撰文提出，到 20 世纪 90 年代，体验经济时代已经来临，体验经济将取代服务经济，企业以服务为舞台，以商品为道具，以消费者为中心，创造能够使消费者参与、值得消费者回忆的活动。这一观点引起业界普遍重视。目前许多企业已开始积极实施体验式营销，如惠普、微软、麦当劳、星巴克咖啡、联想等。

体验营销与传统营销相比，更注重产品带给顾客的感受和体验。体验营销是企业通过产品和服务给消费者带来的一系列感受，这些感受会在消费者头脑当中激发思考并可能引起购买行动，消费者不仅得到了真实的效用，也享受了消费过程的乐趣。

体验营销是随着体验经济的到来而出现的一种新的营销方式。所谓体验营销，就是在整个营销行为的过程中，充分利用感性信息的能力，通过影响消费者的更多的感官感受来介入其行为过程，从而影响消费者的决策过程与结果。它是指产品展示者站在消费者的角度去体验其购买前提、购买过程和购买心理，其核心实质就是要帮助所有消费者真正达到自我实现的崇高境界。

约瑟夫·派恩和詹姆斯·H·吉尔摩根据参与程度和参与态度是主动还是被动把体验分为四类，即娱乐、教育、逃避和审美。

娱乐体验是指消费者主要依靠感觉被动地吸取的一种体验。对娱乐体验而言，它是一种单向行为，消费者参与程度低，如参加音乐会、观看足球比赛。教育体验是消费者能在事件发生的过程中通过主动参与获得知识的一种体验，如互动电影剧场不仅让观众看电影，还让其认识制作电影的过程，给观众教育体验。审美体验是个人沉浸于某一事物或环境之中，而自己对事物或环境极少产生影响或根本没有产生影响的一种体验，如参观艺术画廊、欣赏山水风景。逃避现实体验与娱乐体验相反，消费者不仅完全沉浸在某种体验里，而且积极参与到这种体验的营造过程中，如聊天室聊天，网络游戏。

2. 顾客忠诚计划

20 世纪 80 年代以来，随着企业间竞争的加剧和国际化进程的发展，片面强调赢得新顾客的交易营销理论日益显出局限性。此时的营销思想开始发生了较大的转变：由重视市场份额的争夺转向重视现有顾客的维系，力图通过现有顾客的生命周期价值最大化，实现企业获得长期稳定收益。伴随这种营销思想的转变，越来越多的企业意识到：与寻求新顾客相比，保留住老顾客更便宜、更经济。企业开始重视顾客资产经营，采取深度管理模式，区分出最有价值的顾客，然后给予适度的关照，确保和顾客的关系能抵挡竞争者的营销攻势，以保持双方具有较稳定的互利关系。在此影响下，顾客忠诚计划开始兴起。

顾客忠诚计划是指企业或合作企业对于消费相对频繁的顾客提供一系列购买优惠、增值服务或其他奖励方式，其目的在于奖励忠诚顾客、刺激消费并留住核心顾客，它是实施关系营销的一种重要方式。顾客忠诚计划通过建立长期的相互作用、增加价值的顾客关系，从最好的顾客那里确定、维持并增加市场的努力。顾客忠诚计划主要形式有消费积分制和俱乐部营销。

顾客忠诚计划起源于20世纪初美国零售商使用的赠券和小票。当时美国零售商按顾客购买量发给顾客一定比例的小票，顾客将其积累到一定数量后可兑换现金。顾客忠诚计划的现代形式诞生于1981年"美利坚航空公司常客项目"，其形式是按乘客飞行里程奖励里程分，并将里程分兑换为免费机票，以此作为培育顾客忠诚的一种手段。由于应用了计算机的数据存储功能，奖励项目不再需要小票和其他凭证。该计划的实施，不仅回报了忠诚顾客，更重要的是获得了带给公司最大收益的顾客个人信息，使一对一营销成为可能。目前，基于计算机数据库的顾客忠诚计划广泛流行于酒店业、航空业、零售业等服务型行业。

☞ **核心概念**

- 消费者市场
- 组织市场
- 产业市场
- 中间商市场
- 政府市场
- 消费者行为
- 文化、亚文化
- 社会阶层
- 参考群体
- 家庭生命周期
- 生活方式
- 消费者需要、购买动机
- 直接续购、更改续购、新任务购买

1. 消费者市场

消费者市场又称最终消费者市场、消费品市场或生活资料市场，是指个人或家庭为满足生活需求而购买或租用商品的市场。

2. 组织市场

组织市场是指为进一步生产、维持机构运作或再销售给其他消费者而购买产品和服务的各种组织消费者。简而言之，组织市场是以某种组织为购买单位的购买者所构成的市场。

3. 产业市场

产业市场又称工业品市场或生产资料市场，它是组织市场的一个组成部分，系指为满足各种营利性的制造业企业和服务业企业制造或向社会提供服务的需求而提供劳务和产品的市场。

4. 中间商市场

中间商市场又称转卖者市场，是由那些以获取利润为目的来购买商品进行转卖或出租的个人和机构组成的市场。它包括批发商与零售商。

5. 政府市场

政府市场又称政府机构市场，它是由那些为执行政府主要职能而采购或租用物资的各级政府机构组成。

6. 消费者行为

消费者行为是指消费者在寻求、购买、使用、评估和处理预期能满足其需要服务所表现出来的行为。

7. 文化

文化是指人类创造的一切物质产品和精神产品的总和。狭义的文化是指语言、文学、艺术及一切意识形态在内的精神产品。文化的基本要素包括精神要素、社会组织、语言符号、物质产品、规范体系等。

8. 亚文化

亚文化是指某一文化群体所属次级群体的成员共有的独特信念、价值观和生活习惯。亚文化提供给消费者更特定的认同对象和更直接的影响。亚文化通常包括民族、宗教、种族、地理、年龄、职业等。

9. 社会阶层

社会阶层是指在一个具有阶层秩序的社会中所划分的几个同质而持久的群体。

10. 参考群体

参考群体是能直接或间接影响个人态度、意见和价值观的所有团体。参考群体可分为两种：成员团体和理想团体。成员团体即自己身为成员之一团体，如家庭、亲朋好友、同事、同业协会等；理想团体即自己虽非成员，但愿意归属的团体。

11. 家庭生命周期

家庭生命周期是指从家庭筹组到家庭解体所经历的整个阶段。一个典型家庭生命周期通常包括单身阶段、新婚阶段、满巢阶段、空巢阶段和鳏寡阶段。

12. 生活方式

生活方式是人们根据自己的价值观念等安排生活的模式，并通过其活动、兴趣和意见表现出来。

13. 消费者需要

消费者需要是指消费者生理和心理上的匮乏状态，即感到缺少些什么，从而想获得它们的状态。

14. 购买动机

动机是引起和维持个体活动并使之朝向一定目标进行的内在驱动力。而购买动机是指为了满足一定的需要而引起人们购买行为的愿望或意念，它是推动购买活动的内在动力。

15. 直接续购

直接续购是一种在供应者、购买对象、购买方式都不变的情况下而购买以前曾经购买过的产品的购买类型。

16. 更改续购

更改续购是指购买者虽打算重复购买同种产品，但想改变产品的规格、价格、交货条件等的购买类型。。

17. 新任务购买

新任务购买是生产者首次购买某种产品或服务的购买类型。

☞　**学习重点**

■ 消费者市场特点、产业市场的特点
■ 消费者市场与组织市场营销差异
■ 消费者购买行为的刺激—反应模式
■ 影响消费者购买行为的主要因素
■ 消费者的购买动机类型
■ 消费者购买决策过程
■ 产业购买者行为模式
■ 影响产业市场购买的因素
■ 产业市场购买决策的过程

1. 消费者市场特点

消费者市场具有如下基本特点。

（1）购买者众多，购买数量零星。从消费者市场交易的规模和方式看，消费者市场广阔，购买者人数众多而且分散，交易次数频繁但交易数量不多。在消费品市场，消费最多的商品还是日用品。对日用品的消费需要经常性购买，购买频率高且量小，支付的金额数也小。

（2）需求差异性大。从消费者市场交易的产品看，由于消费者的需求千差万别，不同消费者对衣、食、住、行、用等的偏爱与重视程度就不同，所以所需的产品花色、品种、规格复杂多样。

（3）非专业性购买。从消费者市场购买动机和行为看，消费者市场的购买者大都缺乏专门的产品知识和市场知识，消费者购买行为具有自发性、感情冲动性的特点。消费者购买行为属非专业性购买，购买者对产品的选择受广告、宣传的影响较大。

（4）需求复杂多变。消费者受多种因素影响而具有不同的消费需求和消费行为，所购商品千差万别。

2. 产业市场的特点

与消费者市场相比，产业市场有以下特点。

（1）购买者较少，购买量较大。在产业市场上，购买者绝大多数都是企业单位，购买者的数目必然比消费者市场少得多，购买者的规模也必然大得多。由于企业的主要设备若干年才买一次，原材料、零配件则根据供货合同定期供应。为了保证本企业生产的顺利进行，企业总是要保证合理的储备，因此，每一次总是批量采购，而且在产业市场上的绝大部分产品都是由少数几个买主购买。

（2）购买者地理位置集中。产业市场上的购买者在地理上一般比较集中。由于各地资源、交通和历史改革情况不同，竞争将促使某些产业在地域分布上趋于集中，即便是那些规模分散的产业也比消费者市场在地域分布上更为集中。

（3）引申需求。产业购买者对产业用品的需求，归根结底是从消费者对消费品的需求引申出来的。产业市场派生需求的特点要求生产者既要了解自己的直接顾客——产业用户的需求水平、特点及竞争情况，还要了解自己的客户所服务的市场的顾客的需求、特点及竞争状况，直至自己的客户到最终消费者之间所有环节的市场情况。

（4）需求缺乏弹性，需求波动大。在产业市场上，产业购买者对产业用品和劳务的需求受价格变动的影响不大，短期需求尤其如此。产业购买者对于产业用品和劳务的需求比消费者的需求更容易发生变化。工厂设备等资本货物的行情波动会加速原料的行情波动。消费者需求的少量增加能导致产业购买者需求的大大增加。

（5）专业性采购。产业市场采购者往往是由受过专门训练的采购人员来执行的。专业采购者将其工作时间都花在学习如何更好地采购方面。他们的专业方法和对技术信息评估的能力导致他们能进行更有效率的购买。

3. 消费者市场与组织市场营销差异

组织市场与消费者市场有不同的市场特点，须采取不同的营销策略（见表4-1）。

表4-1 组织市场与消费者市场营销差异

	组织市场	消费者市场
产　　品	产品品质较专业，服务很重要	标准化形式，服务因素重要
价　　格	多采用招标方式决定	按标价销售
分销渠道	较短，多采用市场直接接触	多通过中间商接触
促　　销	强调人员销售	强调广告
顾客关系	长久而复杂	较少接触，关系浅
决策过程	多采用群体决策	个人或家庭决策

4. 消费者购买行为的刺激—反应模式

所谓刺激—反应模式指营销或其他刺激通过消费者的黑箱产生某种反应（如图4-1所示）。

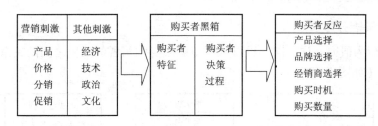

图 4-1 刺激—反应模式

5. 影响消费者购买行为的主要因素

影响消费者购买行为的主要因素有消费者文化因素、社会因素、个人因素和心理因素等（见表 4-2 所示）。文化因素对消费者行为的影响是非常广泛深远的，其中以文化、亚文化及社会阶层对消费者行为作用尤为显著。消费者行为同样也受到诸如参考群体、家庭、社会角色与地位等一系列社会性因素影响。消费者的购买行为也会受到个人外在特征的影响，特别是受其年龄和生命周期阶段、性别、职业、教育程度、经济能力、生活方式、个性以及自我概念的影响。影响消费者行为的心理因素主要是动机、感觉和知觉、学习、信念以及态度四个方面。

表 4-2　影响消费者购买行为的因素

文化因素	社会因素	个人因素	心理因素
文化	参考群体	年龄和性别	需要和动机
亚文化	家庭	职业	感觉和知觉
社会阶层	社会角色与地位	教育程度	学习
		经济能力	信念和态度
		生活方式	
		个性以及自我概念	

6. 消费者的购买动机类型

从购买活动而言，常见的消费者购买动机有求实动机、求新动机、求美动机、求名动机、求廉动机、求便动机、模仿或从众动机、偏爱动机、显耀动机、好胜动机。从消费者生活形态角度看，消费者的购买动机可分为价格敏感型、追求便利型、追求理智型、品牌忠诚型和追求时尚型五种。

7. 消费者购买决策过程

消费者在购买某一商品时，均会有一个决策过程，只是因所购产品类型、购买者类型的不同而使购买决策过程有所区别，但典型的购买决策过程一般包括以下几个方面，如图4-2所示。

图 4-2　消费者购买决策过程

8. 产业购买者行为模式

与消费者行为研究一样，同样可以从环境刺激与购买者的反应之间的关系角度来研究产业购买者行为（如图4-3）。

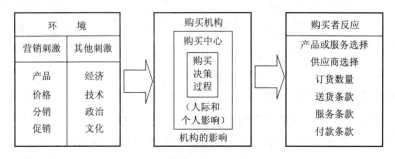

图4-3　产业购买者行为模式

9. 影响产业市场购买的因素

由于购买动机不同，影响产业市场购买的因素与消费者市场不同。按照影响的范围，影响产业市场购买的主要因素可以分为四大类，如图4-4所示。

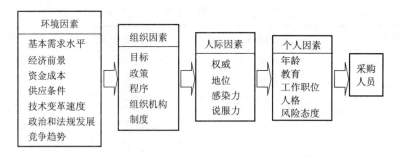

图4-4　影响产业市场购买的因素

10. 产业市场购买决策的过程

产业市场购买者和消费者市场购买者一样，也有决策过程。产业市场购买者购买过程阶段的多少，取决于产业购买者购买情况的复杂程度（见表4-3所示）。

从表4-3可以看出，直接续购型购买最为简单，更改续购型购买则视其需要可将其中某些程序简化，新任务型购买最为复杂、完整，其购买程序一般需要有八个阶段。

表4-3　产业市场购买类型与购买程序

购买类型 购买程序	直接续购	更改续购	新任务购买
1. 认识需求	不必	可能需要	需要
2. 确定需求	不必	可能需要	需要
3. 说明需求	不必	需要	需要
4. 物色供应	不必	可能需要	需要

续表

购买程序＼购买类型	直接续购	更改续购	新任务购买
5. 征求建议	不必	可能需要	需要
6. 选定供应商	不必	可能需要	需要
7. 规定订货程序	不必	可能需要	需要
8. 检查履约情况	需求	需要	需要

☞ **知识链接**

知识链接4

市场份额分析

市场份额的高低决定着公司在市场中的地位以及其产品或服务能带来的利润。各商家竞争的焦点就是为了提高自身产品或服务在市场中的份额，争取成为该市场中的领导者或主要竞争者，从而达成自己的战略目标，为企业创造更多的收益。

引起竞争者之间市场占有率变动的原因，最常见的是生产能力不足，其次是愿意放弃市场份额来维持价格。生产能力不足的现象经常发生有其必然性，因为要在很长的一段时间里保有闲置的生产能力代价相当大。即使预计到所在产业将有增长，也不是每个生产商都会认为增加投资、扩大生产能力是正确的选择。但从另一方面看，生产能力是限制市场份额提高最直接的因素。如果市场增长了，而你的生产能力却没有提高，那么谁具备把握市场增长这一契机的生产能力，谁就能借机提高自己的市场份额。

然而，并不是所有公司都会采纳相同的投资原则。在激烈的竞争环境下，市场占有率是不会稳定的。低成本生产商能够取得市场份额，但必须愿意牺牲短期利润才行。高成本生产商之所以能获取大量的回报，也只是因为低成本生产商愿意维持现行价格。

以市场交换利润是非常诱人的。低成本公司通常拥有最大的市场份额，由于期望提高回报，它们往往会通过牺牲市场份额来维持短期的利润率。从短期看，与其他方式（诸如在价格上令较弱的对手让步，在销售过程中进行不必要的降价以便充分发挥计划的新增生产力）相比，市场份额策略的成本似乎低廉得多。然而，这种交换市场与价格的后果会逐步累积。为了维持价格，越来越多的市场份额被迫一步步拱手让出。所以成本将随市场份额的变动而变动。失去了市场份额，等于失去了成本优势。最后，利润率也就保不住了。

要避免这种局面，在市场份额与短期利润之间求得平衡，增长速度是关键的因素。没有增长，市场份额就根本不可能改变。这时，没人敢说扩充生产能力是正确的。同时，削减闲置生产能力而导致市场份额的丧失，这个责任也没人承担得起。在这种约束条件下，价格会变得非常稳定，所以通过现有市场份额获取最大的利润应是上策。

从战略上讲，一个市场在有大量竞争者存在的情况下，如果没有外力的约束和控制，大浪淘沙的竞争局面将不可避免。对手越来越少，即使只是为了保持相对市场份额，竞争者的增长也必须超过市场增长的速度。如果不顾一切地想求得增长，那么最终失败者的现金流出将与日俱增。所有竞争者，除了市场份额最多的以外，或者将以失败告终，被完全逐出市场；或者变成现金的无底洞，虽然有时也会取得一些利润，但却要不停地追加投资。

经验表明，所占份额在整个相关市场的30%以下，或者达到了领先者的1/2及以上时，竞争者维持现状的风险将会很大。越早实现投资利润、越早取得仅次于领先者的市场地位，竞争者的风险就越低，可能获得的投资回报也就越高。相关市场及其进入障碍的界定，是重要的战略评估因素。

市场领先者对投资策略的了解与熟悉程度，以及对待市场份额的态度非常重要。因为市场领先者的策略决定了那种必然发生的淘汰的速度。同种产品、同样价格条件下发生的市场份额变动，取决于每个竞争者进行投资的相对意愿。这种投资的增长率必须高于市场增长率与通货膨胀率之和；谁不愿意这么做，谁就要丢掉市场。而如果大家都愿意这么做，那么过剩的生产能力就会把价格和利润率压低，直到有人停止投资。

现金流量的创造，是相对于竞争对手的成本差异而定的；而成本差异通常又决定于市场份额。这种差异可以根据经验来估计或预测，相对较高的市场份额意味着相对较高的现金创造力，但是高速成长也要求高额再投资。如果财务增长率超过净资产收益率，继续融资变为不可能。

成长对每一方面都要求得更多，特别是资产。如果高成长率的企业能为自己的成长融资，则它的税后资产报酬率必须等于实际产品成长率加上通货膨胀率。这是很高的报酬率，因为有通货膨胀，产品成长率也会高。报酬率如此之高，以至于许多竞争者只要能以任何方式为成长融资，即使取得略低的利润也愿意。

挑战处于领导地位的企业必须有充足的现金。市场份额2:1的差距，往往会导致相当于附加值5%~8%的成本差异。这一基数乘以资产周转率，再乘以营业收入的财务增长率，便等于追随者想要赶上快速成长中的企业所需增加的每单位营业额的现金投入量。许多公司按此投入了现金，成长机会和报表收益吸引了很多竞争者。但他们也许永远都不能收回所投入的现金总额。

随着时间的推移，所有快速成长的企业都放慢了下来。高于平均水平的成长率，不是永远可以维持的。成长所需的现金投入量，随着成长步伐的放缓而减少。但如果相对于竞争对手的成本差异保持不变，则创造现金的能力不会改变。不过，由于成本较高和资金不足的竞争者在激烈的竞争中被远远地抛在后面，有实力竞争者数目会越来越少。存活下来的竞争者会赢得原来被竞争对手夺去的市场，从而增加自己的市场份额。所以，处于市场领导者的企业即使能保持自己的绝对市场份额，还是可能失去相对市场份额。

任何产品或服务的最终价值，一定是它所创造的现金流量减去再投资之后的净值。对于高成长率的企业来说，现金流量会在将来出现，有时甚至是遥远的将来。要算出现金流量的真实价值，必须将其折算成现值。相对于目前的报表利润而言，未来的收益才是重要的。对于值得投入成本的未来，必须保持市场份额的差异。失去市场份额差异的经营，是成本极高的投资，其最终的收益也是令人失望的。

（资料来源：企业营销训练教材总集，亚太管理训练网 http://www.longjk.com，有改动。）

☞ **同步练习**

（一）单项选择题（在下列每小题中，选择一个最适合的答案。）

1. 组织市场需求的波动幅度（　　）消费者市场需求的波动幅度。

    A. 小于　　　　　　　B. 大于　　　　　　　C. 等于　　　　　　　D. 都不是

2. 个人为了人身安全和财产安全而对防盗设备、保安用品、保险产生的需要是（　　）。

    A. 生理需要　　　　　B. 社会需要　　　　　C. 尊敬需要　　　　　D. 安全需要

3. 某种相关群体的有影响力的人物称为（　　）。

    A. 意见领袖　　　　　B. 道德领袖　　　　　C. 精神领袖　　　　　D. 经济领导者

4. 同类产品不同品牌之间差异小，消费者购买行为就（　　）。

  A. 简单   B. 复杂   C. 一般   D. 困难

5. 购买个人计算机的消费者，会留意相关产品的广告，并积极主动向有关的经销商或营业员征询，其信息来源属于（ ）。

  A. 个人来源   B. 公共来源   C. 经验来源   D. 商业来源

6. 影响消费者最终决策的根本问题是（ ）。

  A. 收集信息的丰富程度   B. 消费者对购买风险的预期

  C. 专用性较强   D. 意外变故

7. 下列哪项因素不属于文化环境的组成要素（ ）。

  A. 人们的审美观念   B. 人们交流沟通的语言

  C. 人们的宗教信仰   D. 人们的平均受教育水平

8. 当通用公司购买制造汽车的生产系统时，是一个（ ）。

  A. 使用者   B. 设备制造商   C. 分销商   D. 采购商

9. 在执行（ ）时，组织购买者所做的决策数量最少。

  A. 直接重购型   B. 更改重购型   C. 新购型   D. 间接重购型

10. 以下（ ）不是组织购买品的特点。

  A. 购买者主要是企业或社会团体   B. 购买量大

  C. 供需双方关系密切   D. 购买者数量一般比较多

11. 政府采购的主要方式是（ ）。

  A. 公开招标   B. 团体采购   C. 竞争性谈判 D. 询价采购

12. （ ）不属于影响采购的环境因素。

  A. 物质条件   B. 文化   C. 需求水平   D. 采购政策

13. （ ）不属于影响采购的组织因素。

  A. 营销目标   B. 供给状况   C. 采购政策   D. 工作程序

14. 某企业决定增加一条生产线，从而引起对新设备、新零部件及原材料的需求，此时该企业所采用的购买行为属于（ ）。

  A. 直接重购型   B. 更改重购型   C. 新购型   D. 间接重购型

（二）多项选择题（在下列每小题中，选择多个适合的答案。）

1. 个人因素指消费者（ ）等因素对购买行为的影响。

  A. 经济条件   B. 生理   C. 个性

  D. 社会地位   E. 生活方式

2. 一个国家的文化包括的亚文化群有（ ）。

  A. 语言亚文化群 B. 宗教亚文化群

  C. 民族亚文化群 D. 种族亚文化群 E. 地理文化群

3. 相关群体有以下类型（ ）。

  A. 成员群体   B. 崇拜性群体

  C. 隔离性群体   D. 主要群体   E. 次要群体

4. 个人因素指消费者（ ）等因素对购买行为的影响。

  A. 年龄和生命周期阶段   B. 职业

  C. 经济条件   D. 生活方式   E. 个性和自我概念

5. 消费者知觉经历如下（　　）几个过程。

A. 选择性注意 　　　　　B. 选择性扭曲

C. 选择性保留 　　　　　D. 选择性淘汰 　　　E. 选择性认识

6. 心理性购买动机包括（　　）。

A. 生存性购买动机 　　　B. 习惯性购买动机

C. 享受性购买动机 　　　D. 理智性购买动机 　E. 情感性购买动机

7. 促使消费者认识需要的主要因素有（　　）。

A. 收入的变化 　　　　　B. 消费的潮流

C. 物品的短缺 　　　　　D. 促销的力度 　　　E. 他人的态度

8. 消费者的购买决策一般可分为（　　）几个阶段

A. 认识需要 　　　　　　B. 收集信息

C. 选择评估 　　　　　　D. 购买决策 　　　　E. 购后行为

9. 影响组织购买者的因素可分为（　　）。

A. 环境因素 　　　　　　B. 组织因素

C. 社会因素 　　　　　　D. 团体因素 　　　　E. 个人因素

10. （　　）不是组织市场的特征。

A. 购买者较多 　　　　　B. 购买规模大 　　　C. 购买者在地域上相对分散

D. 进行直接销售 　　　　E. 着重人员销售

（三）判断题（判断下列各题是否正确。正确的在题后的括号内打"√"，错误的打"×"。）

1. 消费者大多根据个人的好恶和感觉做出购买决策。　　　　　　　　（　　）

2. 消费品尽管种类繁多，但不同品种之间不能相互替代。　　　　　　（　　）

3. 文化是决定人类欲望和行为的基本因素。　　　　　　　　　　　　（　　）

4. 不同亚文化群的消费者有相同的生活方式。　　　　　　　　　　　（　　）

5. "意见领袖"的行为会引起群体追随者、崇拜者的仿效。　　　　　　（　　）

6. 消费者通常会买那些与否定群体有关的产品。　　　　　　　　　　（　　）

7. 家庭不同成员对购买决策的影响往往由家庭特点决定。　　　　　　（　　）

8. 归属于不同生活方式群体的人，对品牌有着相同的需求。　　　　　（　　）

9. 消费者的个性影响着消费需求和对市场营销因素的反应。　　　　　（　　）

10. 通常，保龄球馆不会向节俭者群体推广保龄球运动。　　　　　　　（　　）

（四）问答题

1. 组织市场营销策略与消费品市场营销策略有何不同？

2. 产业市场采购中心有几种角色及对营销的影响？

3. 简述消费者市场的"70's"架构。

4. 消费者获取信息的来源有哪些？

5. 简述消费者的购买过程。

（五）案例题

1. 韩国把制作精良的茄克衫的最后一道工序放在意大利完成。然后，在茄克衫上挂上"意大利制造"的品牌，并提高价格向外出售。马自达在美国并不出名，因此，它聘请美国演员詹姆斯·加纳作巡回广告。耐克公司利用美国最著名的篮球明星迈克尔·乔丹，在欧洲促销它的运动鞋。公司的又一战略是使本地行业获得世界一流质量的美誉，如比利时巧克力、法国酒、爱尔兰威士忌酒、波兰火腿、哥伦比亚咖啡和德国啤酒。

问题：

（1）这是属于影响消费者购买行为的哪一个因素？

（2）该因素是如何发挥作用的？

2. 马铃薯，俗称"土豆"，在美国一直是重要蔬菜，特别是炸薯条、薯片受到青少年的青睐，一直有很好的销路，可是从 20 世纪 70 年代流行的一股减肥热，把马铃薯打入冷宫，导致大量产品积压、滞销，种植业岌岌可危，食品加工业举步艰难。针对这种困境，马铃薯的生产加工厂家联合组建了"马铃薯全国推广委员会"，策划了一系列活动：① 派出业务人员到超市、饭店询问顾客及营业人员，了解情况，找出了滞销原因，一是人们认为马铃薯是使人"发胖"的罪魁祸首；二是马铃薯一直被视为大众食品，星级饭店不容其亮相；② 请营养专家提供马铃薯的实际营养价值数据，给马铃薯"正名"；③ 展开宣传攻势，在电视、报刊上做大量的广告宣传，说明真相：马铃薯含有大量 VC、蛋白质，尤其是含有矿物质"钾"，含量为 502mg/100g，为"高钾蔬菜"之一；④ 推荐食谱，包括含有大量马铃薯菜肴的减肥食谱；⑤ 扩大销路，打入星级饭店，在有影响的新洪海滨 MARRIOTT 饭店推出以马铃薯菜肴为主要原料的奥布赖思炒蛋，销售直线上升，居众多菜肴之首，MARRIOTT 饭店集团将该菜种推广到其所属的 37 家连锁店。"推广委员会"还与该饭店集团联合举行了盛大的新闻发布午餐会，造出了巨大声势，使"土蛋蛋"一跃成为高级饭店的座上宾。上述营销策略紧密配合，一环套一环，大获成功。

问题：

（1）马铃薯全国推广委员会通过什么方法找出马铃薯遇到困境的原因，问题出在什么地方？

（2）从滞销到重新畅销，马铃薯全国推广委员会采取了哪些营销策略，你从中受到什么启示？

☞　参考答案

（一）单项选择题

1. B　　2. D　　3. A　　4. A　　5. D　　6. B　　7. D　　8. A　　9. A　　10. D

11. A　　12. D　　13. B　　14. C

（二）多项选择题

1. ABCE　　2. BCDE　　3. ABC　　4. ABCDE　　5. ABC

6. BDE　　7. ABCD　　8. ABCDE　　9. ABDE　　10. BDE

（三）判断题

1. √　　2. ×　　3. √　　4. ×　　5. √　　6. ×　　7. √　　8. ×　　9. √　　10. √

（四）问答题

1. 组织市场营销策略与消费品市场营销策略有何不同？

从产品策略、定价策略、分销策略、促销策略等四个方面来阐述组织市场营销与消费品市场营销策略的不同。

（1）产品策略。企业为消费品市场的每一个细分市场所提供的基本上都是标准产品，每一个细分市场都存在着有相似消费偏好的人数众多的消费者，并采取着统一的定价、促销、分销策略。很难想象，企业会为一个或几个消费者提供特殊的产品或服务。对于一些组织购买品来说属于标准件，可以满足各类组织类顾客的不同需求，但很多组织购买品，例如大型设备、计算机系统等基本上按照用户的特殊要求而单独设计，而用户之间的要求可能并不尽相同，这意味着为每一个用户所提供的产品或服务是唯一的。这同时也意味着买卖双方在交易前后达成交易的过程中必须密切合作、及时沟通、加强了解，而产品或服务是完全满足、符合每一个用户的需求。这些都是关系营销理念的体现。

（2）价格策略。在消费品的定价过程中，主要体现了卖方的意愿，包括为促销所做出的价格调整策略。而在组织购买中，由于购买批量大，采购价格将直接或间接影响组织顾客的产品价格，进而影响其产品的竞争力，因此价格协商与谈判是经常要发生的一个重要环节，价格的最终确定取决于采购批量、对卖方产品成本结构，销售状况等信息的掌握情况、谈判技巧等因素。一般来说，购买批量大、掌握的信息完全、谈判技巧高、组织顾客所获得的价格优惠就多。这同时意味着，不同的组织顾客将以不同的价格获得同样的产品或服务。那些为特定用户单独设计的特制产品更需要通过价格谈判来确定价格。

（3）分销策略。消费者由于数量多，且分布比较分散，因此消费品市场一般采用长且宽的分销渠道。在组织市场中，如果用户的规模大，或者每个用户规模小，但在地理区域上比较集中，组织一般采用直销方式。如果用户规模小，且分布比较分散，组织则倾向于采用代理商、厂商销售代表或经销商等间接分销渠道。在某一个市场区域，如果同时存在着一个或几个规模较大的用户、众多个规模较小的用户，组织则会采用直销和间接销售两种分销渠道。组织市场中通过直销的方式将产品销售给组织顾客的比例呈不断上升的趋势。导致这种现象的原因一方面在于有些组织购买品具有技术复杂、服务方面的要求较高，售价昂贵等特点，而不适合采用间接分销渠道。另一方面，买卖双方更愿意通过直接沟通，相互了解，以获得彼此的利益。买方能够及时地获得技术、服务上的支持，获得更为公平的价格，卖方则能够及时地了解买方的需求并提供能够满足这种需求的产品和服务。而且卖方通过直销能够更好地体现自己的营销理念和营销策略。直销既促进了组织之间的沟通，又满足了组织类顾客购买的便利。

（4）促销策略。由于组织类顾客规模大、数量少，且分布比较集中，组织购买品在促销策略上更多地采用人员销售，而广告的应用较少。一般来说，消费品的广告预算通常超过销售额的 5%，组织购买品的广告预算大约为销售额的 1%～2%。组织购买品主要通过产品展示会、直接邮寄、专业性杂志、典型用户及行业内有影响力的用户等途径进行企业及产品和服务的宣传。

组织市场的营销对营销人员的要求相对较高，他们既要懂得一定的技术，又要能够协调用户与工程师、生产人员及销售经理的工作，还需要了解组织中有哪些人参与采购决策，哪些人能够影响采购决策及其原因。而且，一个组织顾客往往通过供应商的营销人员来认知其实力、信誉、形象，而营销人员通过与组织顾客的直接沟通了解其有关需求的信息并传递给供应商。因此人员销售能够增强组织与组织之间的及时沟通和了解，是实现关系营销的一个重要纽带和环节。

2. 产业市场采购中心有几种角色及对营销的影响？

在采购决策的整个过程中，采购中心的成员担任着不同的角色。

（1）使用者：使用者指组织中使用产品或服务的成员。在许多场合中，使用者首先提出购买建议，并协助确定产品规格。

（2）影响者：影响者指影响购买决策的人，他们常协助确定产品规格，并提供方案评价的情报信息。那些在技术部门工作的人员，例如过程技术人员、质量控制人员以及研究开发人员一般担任此种角色。有些时候，购买组织的外部人员也可能是影响者，例如，在高科技产品的采购中，技术顾问将会在采购过程中发挥重要的影响作用。

（3）决定者：决定者指那些有权决定产品要求和（或）供应商的人。决策者可能有也可能没有正式的决策权力。关于决策者的界定有一定难度，采购者具有采购的正式权力，但实际上往往由公司的总经理做出购买决策；当一个工程技术人员所制定的有关需求产品的详细要求只有一个供应商能够满足时，那么这个工程技术人员就是决策者。

（4）购买者：购买者是指正式有权选择供应商并安排购买条件的人，购买者可以帮助制定产品规格，但主要任务是选择供应商和交易谈判。一般来说，购买者即是采购部门人员，但在某些情况较为复杂的购买过程中，购买者也可能包含一些高层管理人员。

（5）守门者：守门者是指有权阻止销售员或信息与采购中心成员接触的人员。例如，采购人员、接待人员可以阻止销售人员与决策人员相接触。当然，守门者也可以将通往与采购人员相接触的大门向某些营销人员敞开，而向另外一些营销人员关闭。

组织中的某一个成员可能同时担任上述诸多角色，也可能由不同的人员扮演不同的角色，无论如何，采购中心是一个复杂的组织现象。对于营销人员来说，他所要做的一件事情便是准确地判断在采购中心中最有权威或者说最有影响力的人物。

3. 简述消费者市场的"7O's"架构。

市场营销学家归纳出研究消费者行为的七个主要问题，称之为消费者市场的"7O's"架构（见表4-4）。

表4-4 消费者市场的"7O's"

购买者 Occupants	消费者市场由谁构成？（Who）
购买对象 Objects	消费者市场购买什么？（What）
购买目的 Objectives	消费者市场为何购买？（Why）
购买组织 Organizations	消费者市场的购买活动有谁参加？（Who）
购买方式 Operations	消费者市场怎样购买？（How）
购买时间 Occasions	消费者市场何时购买？（When）
购买地点 Outlets	消费者市场何地购买？（Where）

4. 消费者获取信息的来源有哪些？

信息来源主要有以下四个方面：

（1）个人来源：家庭、亲友、邻居、同事等。

（2）商业来源：广告、营业员、经销商、包装品、展销会等。

（3）公共来源：大众传播媒介、政府和消费者组织等。

（4）经验来源：使用、检查、处理商品的经验。

5. 简述消费者的购买过程。

（1）认识需要。消费者的购买决策过程从某一需要开始。行为源于动机，动机源于需要。所谓认识需要，就是消费者发现现实状况与其所想达到的状况之间有一定的差距，产生了相应的解决问题的要求。

（2）收集信息。消费者收集信息的积极性，会因需要的强度有所不同。对需要感到十分迫切的消费者，会主动去寻找信息。需要强度较低的消费者，会适度寻找信息。

（3）选择评估。消费者在其搜索到的信息基础上，对于能满足需要的各种方案进行比较和评估。选择是消费者对其购买对象不断缩小范围，有关概念不断清晰的过程。

（4）购买决策。选择评估阶段会使消费者对选择组的各种品牌之间形成一种偏好。消费者也可能形成某种购买意图而偏向购买他们喜爱的品牌。但是，在购买意图与购买决策之间，会受到其他人的态度和未预期到的情况因素的影响。

（5）购后行为。消费者购买之后的行为主要有两种：一是购后的满意程度；二是购后的活动。

（五）案例题

1.（1）信念。

（2）这些信念树立起产品和品牌的形象。人们根据自己的信念做出行动。（在此基础上展开论述）

2.（1）委员会通过直接调查法找出马铃薯遇到困境的原因及解决方法。马铃薯遇到困境的原因：一是人们认为食用马铃薯会"发胖"；二是大饭店一般没有该菜种。

（2）委员会通过营养专家提供的资料，分析出马铃薯的竞争优势，其营养丰富，是高钾蔬菜，进而通过电视、报刊等媒体大张旗鼓地进行宣传，展示马铃薯的竞争优势，并通过让消费者学习知识，使其行为倾向发生改变。

委员会推出的减肥食谱是针对消费者心理上已存在的"吃马铃薯会发胖"而进行的展示竞争优势的营销策略，企业能否在市场上将自己的优势展示在消费者面前，得到消费者的理解和接受，很大程度上取决于这种定位是否是依照消费者心理而实施的。

在市场细分的基础上，把马铃薯打入新的市场——高档饭店，结合新闻宣传大造声势，提高了高层次消费者群体对马铃薯的认可，扩大了销路。

第五章　市场调查与预测

营销胜利的基础越来越取决于信息，而非销售力量。

——菲利普·科特勒

重点： 掌握市场调研的程序与方法；掌握市场调研的主要技术；掌握市场预测的步骤；熟悉市场预测的基本方法

难点： 市场调研的程序、市场调研的方法、市场调研的主要技术

新点： 网络调研、全自动电话访谈、电脑辅助电话访谈

☞ **学习目标**

■ 了解市场调查的范围
■ 掌握市场调研的程序与方法
■ 掌握市场调研的主要技术
■ 了解市场预测的内容
■ 掌握市场预测的步骤
■ 熟悉市场预测的基本方法

市场调查的范围非常广泛，主要的和常见的市场调查活动包括以下几个方面：市场研究、消费者行为研究、产品研究、价格研究、广告研究、营销环境研究、竞争者研究、企业责任研究、顾客满意度研究。

市场调研有几个基本步骤。首先，调查者和决策者必须对要解决的问题及调研目标有一致的看法。这是非常关键的一步，决定了调研的方向，需要进行充分的沟通和分析。然后调查者根据调研的目的，提出如何收集并分析初级资料的全面调研设计。在收集资料之前，调查者要决定将要采访的群体是概率样本还是非概率样本。在实施的过程中也要全程控制、管理，确保结果的客观、正确。调查者用统计分析的方法分析这些资料。然后准备并向管理层提交带有结论和建议的口头和书面报告。

市场调研的主要方法有访问法、观察法、实验法及定性研究法。访问法分为人员访问、电话访问、邮寄访问和网上访问等，它是研究人员通过询问受访者特定问题，从受访者的回答中获取信息的一类常用方法。观察法则是通过观察特定的活动来获取信息的一类方法，它分为人员观察和机器观察等，在市场调查中经常与访问方法结合使用。实验法是在控制某种行为或环境因素的情况下，考察某些市场变量的变化，以确定有关变量间的因果关系。定性研究法是获取顾客或有关人员的态度、感觉和动机等资料的一类方法，常用的方法有焦点小组访谈、个人深度访谈和投影技术等。每种方法都有它的特点、目的及适用性。调研者根据调研要达成的目的，选择其中的一种或几种的组合，扬长避短、灵活运用。

资料通常分为原始资料和二手资料两类，前者为根据研究目的而直接收集的资料，后者为现存的企业内部和外部的资料。

市场调研的主要技术有问卷设计、态度测量技术及抽样技术。

市场预测内容较为广泛，从不同的角度进行预测会有不同的差异。站在企业开展营销活动的角度，市场预测的主要内容有市场需求预测、公司需求和销售预测、商品的供给预测、产品价格变动趋势预测及市场占有率预测。

市场预测是一项系统性很强的工作，必须按照一定的程序。一般市场预测的全过程，应遵循以下步骤：确定目标、确定影响因素、收集整理资料、进行分析判断、做出预测。

市场预测的基本方法有购买者意向调查法、销售人员预测法、专家预测法、市场实验法、时间序列分析法、直线趋势法及统计需求分析法。

☞ **学习新知**

■ 网络调研
■ 全自动电话访谈（CATS）
■ 电脑辅助电话访谈（CATI）

1. 网络调研

因特网对于市场调研者来说正在逐渐变成一种有力的工具，它在市场调研中的主要应用领域包括：

● 替代图书馆和多种印刷材料作为二手资料的主要来源。
● 数据收集：网络已经被用来从各种应答者那里收集调查数据。
● 项目管理：营销调研的提供者和用户通过因特网发送的电子邮件作为项目管理的工具。
● 报告发送：可以直接向网络发送报告。
● 一般沟通：营销调研公司的团队成员可以通过因特网在彼此之间及与客户之间进行更快速有效的沟通。

2. 全自动电话访谈（CATS）

近年来，在美国利用一种使用内置声音回答技术取代了传统的电话访谈。这种全自动电话访谈方式利用专业调研员的录音来代替访问员逐字逐句地念出问题及答案。回答者可以将封闭式问题的答案通过电话上的拨号盘键入，开放式问题的答案则被逐一录在磁带上。

全自动电话访谈主要有两种类型：向外拨号方式和向内拨号方式。向外拨号方式需要一份准确的电话样本清单，电脑会按照号码进行拨号，播放请求对方参与调研的录音。这种方法的回答率很低，因为人们通常容易挂断电话。而向内拨号方式是由被访者拨叫指定的电话号码进行回答，这些号码通常是邮寄给被访者的。

使用全自动电话访谈的公司发现它们可以在较短的时间、利用较低的费用快速收集到大量信息。该系统的适用性很强，能够适合各种特定调研的需要。它已用于几种不同类型的研究：顾客满意度调查、服务质量跟踪调查、产品（担保）登记、家庭用品测试及选举民意测验等。虽然全自动电话访谈无法代替其他传统的调研方法，但它为调研者们提供了另外一种全新的选择。

　　3. 电脑辅助电话访谈（CATI）

　　电脑辅助电话访谈是中心控制电话访谈的"电脑化"形式，目前在美国十分流行。当利用这种方式进行调研时，每一位访问员都坐在一台计算机终端或个人电脑面前，当被访者电话被接通后，访问员通过一个或几个键启动机器开始提问，问题和多选题的答案便立刻出现在屏幕上。

　　另外，电脑还能帮助整理问卷。例如，在一个长时间访谈的开始，访问员可能会问到被访者所拥有的所有汽车的制造时间、型号和款式。接下来的问题可能与每种汽车有关。屏幕上会显示如下问题，"您说过您有一辆1997年的福特（Ford Taurus）车，在您家里谁最常开这辆车?"，有关其他车辆的问题会以类似的方式继续显示。以前，这类问题是通过一支铅笔和一张问卷来完成的。而现在，通过电脑就可以极其方便地解决了。

　　这一方法省略了数据的编辑及录入的步骤。由于没有实物的问卷，因此不需要编辑。进一步说明，在大多数计算机系统中不可能出现"不可能"的答案。例如，如果一道问题有三个备选答案A、B、C，而访问员键入D，则计算机不接受，它将要求重新键入答案。如果回答的形式或组合不可能时，计算机将不接受这一答案。当访谈完成时，有关问卷问题键入的答案也随之消失，因为数据已输入计算机内。

　　电脑访谈的另外一个优点便是统计工作可以在任何时候进行。无论是在访问了200、400名或是任何多名受访者的时候。这是用纸笔进行统计所无法做到的。以往传统的访谈，都要在全部访谈样本调查完成后的一周甚至更长的时间后才能开始统计工作，而电脑辅助电话访谈在这里面便很有优势。根据电脑列表统计的调研结果，某些问题可能被删掉，以节约以后的调研时间及经费。例如，如果有98%的被访者对某一问题的回答是相同的，基本上就不需要再问这个问题了。统计结果同样也会提出增加某些问题的要求。如果产品的某项用途在先前的调研中未被涉及，则可以在访谈中加上这道问题。总之，管理者会发现，调研结果的提前统计对调研计划及战略的实施是有帮助的。

　　☞　**核心概念**

- 市场调研
- 原始资料、二手资料
- 焦点小组访谈
- 抽样调查、概率抽样、非概率抽样
- 简单随机抽样、系统抽样、分层抽样、整群抽样

　　1. 市场调研

　　市场调研是针对企业特定的营销问题，采用科学的方法，系统地、客观地设计、收集、分析和整理有关市场营销各方面的信息，为营销管理者制定、评估和改进营销决策提供依据。

　　2. 原始资料

　　原始资料是指为解决当前问题而专门收集的新资料。

3. 二手资料

二手资料是指以前已经收集好的现成的资料。

4. 焦点小组访谈

焦点小组访谈是由训练有素的主持人以非结构化的自然方式对一小群调查对象进行的访谈。主要目的是通过听取他们谈论调研人员所感兴趣的话题来得到观点。

5. 抽样调查

抽样调查是按照一定方式，从调查总体中抽取部分样本进行调查，用所得结果说明总体情况的调查方法。抽样方式分为概率抽样和非概率抽样。

6. 概率抽样调查

概率抽样调查是按照随机原则抽取样本，即在总体中抽取单位时，完全排除了人的主观因素的影响，使每一个单位都有同等的可能性被抽中。

7. 非概率抽样

非概率抽样是从方便出发或根据主观选择来抽取样本。

8. 简单随机抽样

按照等概率原则直接从总体中随机抽取调查对象组成样本的抽样方法。

9. 系统抽样

系统抽样，又称等距抽样，是把总体中的单位进行编号排序后，在计算出某种间隔，然后按这一固定的间隔抽取个体的号码组成样本的方法。

10. 分层抽样

先将总体中的所有单位按某种特征划分成若干类型，然后在各个类型中按简单随机抽样或系统抽样抽取子样本，最后，将子样本合起来构成总体的样本的方法。

11. 整群抽样

从总体中随机抽取一些小的群体（而非个体），然后由小群体内的所有元素构成样本的方法。

☞ **学习重点**

■ 市场调研的主要步骤
■ 市场调研的主要方法
■ 描述性调研的 "6W"
■ 市场预测的步骤
■ 市场预测的基本方法
■ 市场预测的内容

1. 市场调研的主要步骤

市场调研的主要步骤如图 5-1 所示。

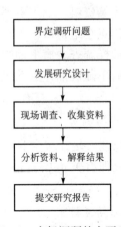

图 5-1 市场调研的主要步骤

界定调研问题

发展研究设计

现场调查、收集资料

分析资料、解释结果

提交研究报告

（1）界定调研问题。界定研究问题是市场调查过程中极为重要的步骤。如果对研究问题的说明含糊不清，或者对所要研究的问题做了错误的界定，则要么研究无法进行，要么研究所得的结果无法帮助企业决策者制定正确的决策。问题的界定不是研究人员自己独立就能完成的，它通常需要企业有关人员的共同参与，包括与企业决策者讨论、向有关专家进行咨询、组织焦点小组座谈以及对二手资料进行分析等。

（2）发展研究设计。研究关于资料收集、样本选择、资料分析、研究预算及时间进度安排等方面的计划方案，是研究过程中非常重要的指导性文件，通常表现为正式的市场调查计划书或合同书。又分为以下几个内容。

① 确定收集资料的种类和来源。列出此次调研所需要的资料的清单，确定哪些必须通过亲自调研获取，哪些可以用二手资料。

② 决定资料收集的方法。原始资料的收集有多种方法，主要有访问法、观察法、实验法和定性研究方法。

③ 准备资料收集的工具。在采用访问法收集资料时，问卷的设计是一项非常重要的工作。使用其他方法，也要准备相应的工具。

④ 确定抽样方案。在一般情况下，市场调查者不可能对研究总体进行全面调查，因此无论采用何种资料收集方法，都要根据研究目的首先确定研究总体，然后决定样本的性质、容量及抽样方法。

⑤ 时间与研究经费。在研究设计阶段，研究人员应对进行研究所需的时间及费用加以估计。

（3）现场调查、收集资料。执行现场调查的人员主要有访问员、督导员和调查部门的主管，在实施现场调查前，上述人员都要接受不同层面的培训，特别是对访问员和督导员的培训。培训分一般技能、技巧的培训和项目培训。为了控制误差和访问员作弊，通常在人员访问完成后，督导人员会根据计划对受访者按一定比例进行回访，以便确认是否真正进行了调查以及调查是否按规划程序进行。

（4）分析资料、解释结果。数据收集完成后，下一步就是进行数据分析和解释。资料分析工作包括资料的编辑、编码、列表分析和其他统计分析等，分析的目的就是解释所收集的大量数据并提出结论和建议。

（5）提交调研报告。数据分析和解释工作完成之后，研究人员还必须准备研究报告，并向管理层沟通结论和建议。一般来讲，研究报告从形式上分为书面报告和口头报告，书面报告又可分为一般报告和技术报告。

2. 市场调研的主要方法

（1）访问法：访问法是用来收集原始资料的基本手段。根据调查访问的形式不同可以有四种主要类型，几种访问法的比较见表5－1。

① 人员访问法。也称面谈调查法，需要调查者直接与被调查者交谈与沟通。

② 电话访问。电话访问可应用于用户调查、回访、访问分销商、服务投诉和质量投诉的应答、价格行情意见征询等

③ 邮寄访问。常见的邮寄访问方式有商业邮寄广告上的调查（如持广告来购买优惠多少）、专门邮寄调查表、产品说明书所附调查页、报纸杂志夹带或印刷的调查表。

④ 网上访问。利用互联网开展市场调查是当今流行的商业调查形式。主要方式有网络自动问卷、E-mail、在线小组讨论、在线调查点击、BBS 讨论版自动统计等。

表 5 - 1　几种访问法的比较

评价标准	调查方式			
	人员访问	电话访问	邮寄访问	网上访问
处理复杂问题能力	很好	差	好	一般
收集大量信息能力	很好	好	一般	很好
敏感问题答案的标准性	一般	一般	很好	很好
对调查者效应的控制	差	一般	很好	很好
样本控制	很好	好	一般	差
收集资料的周期	一般	很好	一般	很好
灵活程度	很好	好	差	一般
调查费用支出	差	好	好	很好
回收率	高	较高	差	一般
收集资料的真实性	好	一般	好	一般

（2）观察法。调查者（或机器）在现场观察，记录行为者过程和行为结果的方法叫观察法，这是市场调查中常采用的方法，主要用来收集原始资料。

观察法的优点是它属于非介入式资料收集行为。比较调查法，它可以避免人际沟通、语言交流、情感摇摆、态度变动、文化差异等障碍；避免交流中出现暗示、人工环境等倾向。因此所获资料真实、具体、客观、可靠。此外，实施起来简单、易行、灵活，便于调查者短时间内掌握基本方法。

它的缺点是仅取得表象信息，无法深入探究原因、态度、心理、动机等深层信息。

观察法常见的应用领域有客流量调查，消费者购买行为调查，花色、品种、规格、数量、质量、服务等选择行为调查，产品使用和消费过程行为的调查等。

（3）实验法。实验方法主要用于判断营销中的因果关系。它主要通过营销来改变、控制环境或条件以达到实验的目的。实验方法在营销研究中正变得越来越重要，但在时间、成本和执行方面存在着较大的局限性。

（4）定性研究法。定性研究法包括焦点小组访谈、个人深度访谈及投影法。

①焦点小组访谈。由训练有素的主持人以非结构化的自然方式对一小群调查对象进行访谈。主要目的是通过听取他们谈论调研人员所感兴趣的话题来得到观点。

通常是根据调查的目的拟订出讨论的主题，由主持人围绕着主题调动被访人员参与讨论，并用录音或录像记录下全过程，在不断地对录音或录像资料进行观察和分析后，得出结论。主要应用于以下方面。

● 理解消费者关于某一产品种类的认知、偏好与行为；

● 得到新产品概念的印象；

● 产生关于旧产品的新观点；

● 为广告提出有创意的概念与方案素材；

● 获得价格印象；

● 得到关于特定营销项目的消费者初步反应。

② 个人深度访谈。一对一执行的非结构化、直接的人员访谈，非常有技巧的访问员对单个的调查对象进行深入的面谈，从而挖掘关于某一主题的潜在的行为动机、信仰、态度及感受。

③ 投影法。非结构化的，以间接方式进行提问，鼓励调查对象反映他们对于所关心的主题的潜在的动机、信仰、态度或者感觉。

3. 描述性调研的"6W"

（1）谁（Who）：访问的对象是谁。

（2）什么（What）：想从他们那里得到什么信息。

（3）为什么（Why）：为什么需要得到这些信息。

（4）何时（When）：什么时候去收集这些信息。

（5）何地（Where）：到什么地方去收集这些信息。

（6）如何（Way/How）：以什么方式收集信息。

4. 市场预测的步骤

市场预测的步骤如图 5 - 2 所示。

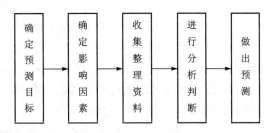

图 5 - 2　市场预测的步骤

（1）确定预测目标，就是确定预测所需要解决的问题，亦即确定预测课题或项目。确定预测目标，使得预测工作获得明确的方向与内容，可据此筹划该项目预测的其他工作。

（2）预测目标确定之后，必须详细分析影响该预测目标的各种因素，并选择若干最主要的影响因素。

（3）收集整理资料是市场预测的基础性工作。依据预测目标确定资料收集的范围与资料处理的方案十分重要。

（4）分析判断是市场预测的关键性环节。这一阶段的任务，是将所收集的历史与现实的资料通过整理后进行系统的综合分析，并对市场未来的发展趋势做出判断。

（5）做出预测。这一阶段的主要内容是：选择预测方法、建立预测模型、估算模型参数、对模型进行检验、确定预测值、分析预测结果、提出预测报告。

5. 市场预测的基本方法

（1）购买者意向调查法。这是通过直接询问潜在购买者的购买意向或计划，据以判断未来某时期市场需求潜量的一种定性预测法。

（2）销售人员预测法。一般是让各地区熟悉业务的销售人员对本地区的需求进行预测，再把他们的结果加起来，就得到整个市场的需求预测。

（3）专家预测法。这是一种以市场分析和预测专家为主体的市场需求预测方法。一般是聘请若干个专家对同一个项目进行预测，并将结果进行加权平均或简单平均。

（4）市场实验法。如果购买者对其购买并没有认真细致的计划，或其意向变化不定，或专家的意见也并不十分可靠，在这些情况下，就需要利用市场试验这种预测方法。特别是在预测一种新产品的销售情况和现有产品在新的地区或通过新的分销渠道的销售情况时，利用这种方法效果最好。

（5）时间序列分析法。时间序列是指时间前后顺序罗列的有关经济变量的一组数据。根据事物发展变化的连贯性原理，通过对时间序列数据的分析，可以找出某种经济变量或市场需求的变化规律。利用分析时间序列数据取得的这些规律进行预测，称为时间序列分析法。

（6）直线趋势分析法。直线趋势是运用最小平方法进行预测，用直线分斜率来表示增长趋势的一种外推预测方法。

（7）统计需求分析法。统计需求分析就是运用一整套统计学方法发现影响企业销售的重要因素以及这些因素影响的相对大小。企业经常分析的因素，主要有价格、收入、人口和促销等。

6. 市场预测的内容

市场预测内容较为广泛，从不同的角度进行预测会有不同的差异，站在企业开展营销活动的角度，市场预测的主要内容有以下几种。

（1）市场需求预测。市场需求是一个产品在一定的地理区域和一定的时期内，一定营销环境和一定的营销方案下，由特定的顾客群体愿意购买的总数量构成。

（2）公司需求和销售预测。公司需求是在一定的时期内，公司在不同的营销努力水平上所估计的市场需求份额。公司的市场需求份额取决于同其竞争者相比，及其自身的营销组合情况。公司销售预测是公司以其选定的营销计划的假设营销环境为基础，所预期的公司销售水平。

（3）商品的供给预测。通常在了解同类产品现有的生产企业数量、生产能力、技术水平及各项经济指标的基础上，预测产品在未来一定时期内的发展状况，进而预测产品供给水平。

（4）产品价格变动趋势预测。对产品价格涨落及其发展趋势预测主要通过现有产品的成本构成要素和供给关系来判断，及时把握价格变化的趋势，有利于获得市场竞争的优势。

（5）市场占有率预测。市场占有率预测主要预测企业市场占有率的发展趋势及其影响因素，充分估计竞争对手的变化，对各种影响本企业市场占有率的因素采取适当的策略加以控制。一个企业的市场占有率与它的营销努力有着密切关系。

☞ **知识链接**

知识链接5

寻找潜在客户的方法

寻找潜在客户可以运用下面的一些方法：

（1）从认识的人群中发掘。在你所认识的人群中，可能有些人在一定程度上需要你的产品或服务，或者他们知道谁需要。这些人包括你现有的客户、过去的客户、亲戚、朋友、熟人、同事、同学、邻居、你所加入的俱乐部或组织的其他成员等。你需要做的是同他们沟通交流。

（2）从商业联系中寻找机会。商业联系比社会联系容易得多。借助于各种交往活动，你可以更快地进行商业联系。许多行业都有自己的协会或俱乐部，在那里你可以发现绝佳的商业机会。

（3）善用各种统计资料。国家相关部门的统计报告，行业、研究机构、咨询机构发表在报刊或期刊等上面刊登的调查资料等。

（4）利用各种名录类资料。如客户名录、同学名录、会员名录、协会名录、职员名录、名人录、电话黄页、公司年鉴、企业年鉴等。

（5）阅读报纸、杂志和有关的专业出版物。事实上，这是一条最有效的寻找潜在客户的途径。把你认为有价值的信息都摘录下来，然后进行简单归档整理，你会发现这些信息为你提供许多重要商业机会。

（6）充分利用互联网络。信息高速公路向你展示的不仅是它惊人的速度，更重要的是信息的数量和广度。在网络世界里，你可以很容易找到大量潜在的客户，同他们建立商业联系，就在网上把你的产品或服务介绍给他们，让他们变成你真正的客户。

除此，还有很多更好的方法去发现潜在的客户，如面对面交谈，通过电话、邮件等方法，重要的是你要敢于尝试并充分利用它们。

（资料来源：企业营销训练教材总集，亚太管理训练网 http：//www.longjk.com。）

☞　**同步练习**

（一）单项选择题（在下列每小题中，选择一个最适合的答案。）

1. 采用科学的方法，系统地、客观地设计、收集、分析和整合有关市场营销各方面的信息，为营销管理者制定、评估和改进营销决策提供依据，我们把它称为（　　）。

A. 营销信息系统　　　B. 市场调研　　　　C. 市场预测　　　　D. 营销调研系统

2. 企业在情况不明时，为找出问题的症结，明确进一步调研的内容和重点，通常要进行（　　）。

A. 临时性调研　　　B. 探测性调研　　　C. 描述性调研　　　D. 因果关系调研

3. 对市场需求规模的分析与预测属于（　　）。

A. 消费者研究行为　　B. 竞争者研究　　　C. 市场研究　　　　D. 顾客满意度研究

4. 在调研分类中，主要用来解决营销中的具体问题、来自企业实际营销工作和任务等，这属于（　　）。

A. 解决问题研究　　　B. 基础性研究　　　C. 定性研究　　　　D. 应用性研究

5. 在已明确所要研究问题的内容与重点后，拟订调研计划，进行实地调查，收集第一手资料，如实地反映情况和问题，这属于（　　）。

A. 定期性调研　　　B. 探测性调研　　　C. 描述性调研　　　D. 因果关系调研

6. 为了弄清市场变量之间的因果关系，收集有关市场变量的数据资料，运用统计分析和逻辑推理等方法，判明变动原因和结果以及它们变动的规律，这属于（　　）。

A. 定期性调研　　　B. 探测性调研　　　C. 描述性调研　　　D. 因果关系调研

7. 下列哪种方法处理复杂能力很好，样本控制能力很好，收集资料的真实性好，但对调查者效应的控制差（　　）。

A. 人员访问　　　　B. 电话访问　　　　C. 邮寄访问　　　　D. 网上访问

8. 将总体分成不重叠的组（如街区组），随机抽取若干组进行调查（　　　）。

　　A. 分层随机抽样　　　B. 分群随机抽样　　　C. 随意抽样　　　D. 估计抽样

9. 用抽样方法从母体中抽出若干样本组组成固定的样本小组，在一段时期内对其进行反复调查以取得资料，这种资料收集方法是（　　　）。

　　A. 固定样本连续调查　　　　　　　　B. 观察调查

　　C. 询问调查　　　　　　　　　　　　D. 类型抽样

10. 由训练有素的主持人以非结构化的自然方式对一小群调查对象进行访谈。主要目的是通过听取他们谈论调研人员所感兴趣的话题来得到观点，这种收集资料的方法是（　　　）。

　　A. 个人深度访谈　　　B. 访问法　　　C. 焦点小组访谈　　　D. 观察法

11. 随着行业营销费用的增加，刺激消费的力度加大，市场需求一般会随之增大，但当营销费用超过一定水平之后，就不能进一步促进需求，市场需求达到极限值，这个极限值被称做（　　　）。

　　A. 市场需求　　　B. 市场潜量　　　C. 市场最低量　　　D. 企业需求

12. 提出问题后给出备选答案的是（　　　）。

　　A. 封闭式问题　　　B. 开放式问题

13. 通过直接询问购买者的购买意向和意见，据以判断销售量，这种购买者意向调查法适用于（　　　）。

　　A. 长期预测　　　B. 短期预测　　　C. 趋势预测　　　D. 中期预测

14. 将某种经济统计指标的数值，按时间先后顺序排列形成序列，再将此序列数值的变化加以延伸，进行推算，预测未来发展趋势，这是（　　　）。

　　A. 直线趋势法　　　B. 时间序列分析法　　　C. 统计需求分析法　　　D. 专家意见法

15. 某产品的销售额时间序列符合加法模型 $Y = T + C + S + E$，此模型中的 T 是指（　　　）。

　　A. 趋势变动　　　B. 周期变动　　　C. 季节变动　　　D. 随机波动

（二）多项选择题（在下列每小题中，选择一个最适合的答案。）

1. 市场营销调研根据调研的目的可分为（　　　）。

　　A. 探测性调研　　　B. 描述性调研　　　C. 经常性调研

　　D. 临时性调研　　　E. 因果关系调研

2. 营销调研计划的内容主要包括（　　　）。

　　A. 资料来源　　　B. 调研方法　　　C. 调研工具

　　D. 抽样计划　　　E. 接触方法

3. 产品销售的时间序列，其变化趋势主要是（　　　）共同作用的结果。

　　A. 趋势因素　　　B. 周期因素　　　C. 季节因素

　　D. 不确定因素　　　E. 复合因素

4. 探测性调研一般使用的方法有（　　　）。

　　A. 二手资料法　　　B. 访问法　　　C. 观察法

　　D. 实验法　　　E. 定性法

5. 描述性调研一般使用的方法有（　　　）。

A. 二手资料法　　　　　B. 访问法　　　　　C. 观察法

D. 实验法　　　　　　　E. 定性法

6. 调研问题的界定不是研究人员自己独立就能完成的，它通常需要企业有关人员的共同参与，其中包括（　　　）等。

A. 二手资料法　　　　　B. 访问法　　　　　C. 观察法

D. 实验法　　　　　　　E. 定性法

7. 确定抽样方案包括（　　　）。

A. 样本模式　　　　　B. 样本单位　　　　C. 样本规模　　　　D. 抽样程序

8. 市场调研中，灵活程度较高的方法有（　　　）。

A. 人员访问　　　　　B. 电话访问　　　　C. 邮寄访问　　　　D. 网上访问

9. 市场试验法预测时，主要适用于下列哪些情况？（　　　）。

A. 新产品投放市场　　　　　　　　B. 老产品开辟新市场

C. 原料　　　　　D. 机器设备　　　　E. 启用新分销渠道

10. 某企业要预测市场需求量，有可能的影响因素有（　　　）。

A. 人口增长与分布　　B. 生产能力　　　C. 收入水平与实际购买力

D. 消费心理与行为　　　　　　　　　E. 生产条件

（三）判断题（判断下列各题是否正确。正确的在题后的括号内打"√"，错误的打"×"。）

1. 只有文字、数据类的信息才能用某种物理介质储存起来。（　　　）

2. 在竞争性的市场中，无数市场营销活动参与者以买者和卖者的身份交替出现，他们即是信息的发布者，也是信息的接受者。（　　　）

3. 因果关系调研是为了对调研情况做个初步了解。（　　　）

4. 探测性调研一般要进行实地的结构化的调研，收集第一手资料。（　　　）

5. 描述性调研主要是收集、整理和分析第二手资料。（　　　）

6. 市场调研通常从收集原始资料开始，必要时辅以二手资料。（　　　）

7. 依照同等可能性原则，在所调研对象的全部单位中抽取一部分作为样本，因此抽样调查调查组的目的是为了掌握样本的情况。（　　　）

8. 即使不支出任何的营销费用，市场对某种产品仍然存在一个基本的需求量。（　　　）

9. 市场需求预测即是凭借预测者的缀合和感觉对未来市场需求量的猜测。（　　　）

10. 德尔菲法的特点是专家互不见面，避免相互影响，且反复征询、归纳、修改，意见趋于一致，结论比较切合实际。（　　　）

（四）问答题

1. 依据调研的目的，如何划分营销调研？

2. 简述实验设计的类型。

3. 比较定性研究与定量研究。

4. 简述问卷设计的措辞要求。

5. 简述市场预测的主要方法。

（五）案例题

凯马特公司（K-mart）曾一度领导了零售行业，但到了 20 世纪 80 年代末 90 年代初，由于沃尔玛、目标商场等公司的侵略性营销策略，其市场份额逐渐被侵蚀。管理层决定转变其经营方式，他们构思了以下策略，以吸引消费者。这其中包括① 设计一种新的商店布局，以让消费者更为方便地购物；② 对于诸如快餐、饮料和纸制品等高利润商品实行高额折扣；③ 把商店的经营方式分成三种消费类型，如快餐，游戏和玩具的儿童世界，家庭时尚系列。如果凯马特推行上述经营方式，则每家商店的改造需要大约40万美元，一年大约可以改造450家商店，所以凯马特需要三年的时间才能完成所有商店的改造。

如你所见，这个策略是昂贵的，而且整个凯马特系统也需要花一定时间来适应这种新的经营方式，凯马特的管理层需要了解相关的信息，以确定这个策略的适用性。

问题：

（1）如果凯马特公司需要经过市场调研来获得相关的信息，请明确指出这次调研的目的。

（2）这次调研需要哪些信息？请列出信息清单。

（3）如果你去执行这次调研，你会选用什么调研方法？为什么？

（4）假设需要进行描述性调研，请分别写出它的"6W"是什么？

（5）您认为这策略可行吗？为什么？

☞ 参考答案

（一）单项选择题

1. B　2. B　3. C　4. D　5. C　6. D　7. A　8. B　9. A　10. C
11. B　12. A　13. B　14. B　15. D

（二）多项选择题

1. ABE　　2. ABCDE　　3. ABCD　　4. AE　　5. ABCE
6. AE　　7. BCD　　8. AB　　9. ABE　　10. ACD

（三）判断题

1. ×　2. √　3. ×　4. ×　5. ×　6. ×　7. ×　8. √　9. ×　10. √

（四）问答题

1. 依据调研的目的，市场调研可以划分为：

（1）探测性调研。当企业情况不明时，为找出问题的症结，或明确进一步调研的内容和重点，需做此类非正式的初步调研。

（2）描述性调研。在已明确所要研究问题的内容与重点后，拟订调研计划，对所需资料进行收集、记录和分析。一般要进行实地调查，收集第一手资料。

（3）因果关系调研。为了弄清市场变量之间的因果关系，收集有关市场变量的数据资料，运用统计分析和逻辑推理等方法，判明何者是自变量（原因），何者是因变量（结果），以及它们变动的规律。

2. 简述实验设计的类型。

实验设计分为以下四种。

（1）无控制组事后设计。即无对照组可供比较，也无事前测量可供参照，此类实验只能算作"探讨测性"实验。

（2）有控制组事后设计。利用实验组和控制组的事后测量值作对比进行判断，其显著优点是突显实验变量的调控效果。这也是最常用的方法之一。

（3）无控制组事前事后设计。事先对正在经营的情况进行测量，改变条件后再测量，两者对比确定条件投放是否有效。

（4）有控制组事前事后设计。先对实验组事前事后做测量值；控制组事先事后做测量值；然后观察实验组事前事后变动值，控制组事前事后变动值；最后对比两组变动值差异，判断条件的影响。目的是有利于分离非实验条件影响，提高实验数据准确性。

3. 比较定性研究与定量研究。

定性研究与定量研究是根据调查的方法和获得数据的性质而划分的。定性研究旨在获得受访者关于感觉、情感、动机和喜好等深层次信息的一类研究，而定量研究的目的是获取样本的定量资料，试图通过样本的某些数字特征推断总体的数字特征。定性研究方法主要包括焦点小组座谈、深度访谈和投影技法等；定量研究方法主要包括各种访问方法、观察方法和实验方法等。当然，有些方法既可以收集定性的数据，也可以收集定量的数据，如观察法等。

4. 简述问卷设计的措辞要求。

问卷设计的措辞要求做到：

（1）提问不能走极端，暗示的极端也应避免。

（2）陈述尽量简洁、清楚，避免模糊信息。

（3）避免提双重或多重含义的问题。

（4）尽量不用反疑问句、否定句。

（5）避免从众和权威附和效应。

（6）用通俗易懂的语言，避免使用专业术语。

5. 简述市场预测的主要方法。

市场预测的主要方法如下：

（1）购买者意向调查法。这是通过直接询问潜在购买者的购买意向或计划，据以判断未来某时期市场需求潜量的一种定性预测法。

（2）销售人员预测法。销售人员预测法是让各地区熟悉业务的销售人员对本地区的需求进行预测，再把他们的结果加起来，就得到了整个市场的需求预测。

（3）专家预测法。这是一种以市场分析和预测专家为主体的市场需求预测方法。

（4）市场实验法。企业收集到的各种意见的价值，不管是购买者、销售人员的意见，还是专家的意见，都取决于获得各种意见成本、意见可得性和可靠性。如果购买者对其购买并没有认真细致的计划，或其意向变化不定，或专家的意见也并不十分可靠，在这些情况下，就需要利用市场试验这种预测方法。

（5）时间序列分析法。利用分析时间序列数据取得的这些规律进行预测，称为时间序列分析法。

（6）直线趋势法。直线趋势是运用最小平方法进行预测，用直线分斜率来表示增长趋势的一种外推预测方法。

（7）统计需求分析法。统计需求分析就是运用一整套统计学方法发现影响企业销售的重要因素以及这些因素影响的相对大小。企业经常分析的因素，主要有价格、收入、人口和促销等。

（五）案例题

（1）这个策略是否可行。

（2）消费者喜欢到凯马特购物的原因；

消费者选择购物地点的决定性因素，及其重要性排序；

消费者对这些策略的反应；

宏观环境方面的影响；

行业环境的影响；

消费者其他消费行为、心理等方面的因素。

（3）二手资料的收集：确定宏观、行业环境中对企业有影响的因素及预测影响的程度及方向。

观察法：用以了解消费者的购买行为、习惯等；了解竞争对手等。

访问法：用以了解消费者对的购买行为、习惯、心理；了解选择购物地点的决定性因素及排序；了解消费者对竞争对手的看法和评价。

焦点小组访谈：用以进一步了解消费者行为、观点；了解对以之策略的反应及其他一些提升企业价值的建议等。

（4）Who：进入凯马特购物的消费者，及从竞争对手那里购物出来的消费者。

What：参见问题（2）的答案。

Why：参见问题（1）的答案。

When：购物时、等待结账时、购物后或其他方便的时间。

Where：商店里、竞争对手的商店外、街上或企业的访谈室。

Way：参见问题（3）答案。

（5）除消费者的因素外，还要充分考虑到宏观环境的因素，如经济紧缩、收入或购买力下降，消费者会更趋向于选择经济型的零售店及主要竞争对手的反应。

第六章　市场竞争战略

> 如果无法获得绝对优势，就必须灵活运用现有的力量，在决定性的地点创造出相对优势。

> ——卡尔·冯·克劳塞维茨

重点：了解行业竞争结构的分析方法、竞争者的主要类型；学会识别企业的竞争者；掌握竞争者分析的基本步骤及内容；掌握处于不同行业地位的竞争策略

难点：竞争者分析、竞争战略

新点：心理份额、情感份额、标杆管理

☞　学习目标

■ 了解竞争者划分的类型
■ 掌握竞争者分析的基本步骤
■ 掌握市场竞争战略

俗话说：知己知彼，百战不殆。仅仅掌握了消费者的需求还不够，企业想要在竞争中获胜，就必须充分了解其竞争对手。竞争者分析包括识别企业的竞争者、识别竞争者的目标和战略、了解竞争者的优势和劣势、判断竞争者的市场反应。公司必须时刻分析竞争者，制定针对竞争者的能获得有效竞争优势的竞争战略。

对公司来说，最合理的竞争性营销战略取决于公司所在的行业，以及它是行业中的领导者、挑战者、追随者，还是补缺者。市场领导者的战略应该致力于扩大整体市场的规模、保护市场份额和扩大市场份额。市场挑战者致力于提高自己的市场份额，主要是通过进攻领导者、其他跟随者或小公司。市场跟随者是不愿意冒风险的跟随性公司，主要是担心在冒风险的过程中损失可能要大于获得。它寻求用特殊的方式获得市场增长。市场补缺者是那些不可能吸引大公司的小公司。它们通常会成为以下方面中某个特定范围的专家，如终端用途、顾客规格、具体顾客、地理区域或服务。

☞　学习新知

■ 心理份额
■ 情感份额
■ 标杆管理

1. 心理份额

心理份额是指当被要求"举出在这个行业中首先想到的公司"时，提名竞争者的顾客

所占的百分比。

2. 情感份额

情感份额是指当被要求"举出你愿意购买其产品的公司"时，提名竞争者的顾客所占的百分比。

3. 标杆管理

标杆管理是一门艺术，其目标是模仿其他公司的最好做法并改进和超过它。日本人在第二次世界大战以后，勤奋不懈地采用了这一做法。他们模仿美国产品和操作方法，最终成功地超越了其竞争对手。日本在汽车行业的成功就是这方面最好的例子。

施乐公司1979年率先在美国执行标杆惯例。该公司想学习日本竞争者生产性能和成本更低的能力。施乐买进日本复印机，并通过"逆向工程"分析它，从而在这方面有了较大的改进。今天，诸如AT&T、IBM、柯达、三星、杜邦及摩托罗拉等许多公司都把标杆管理作为重要的工具。

标杆管理的步骤如下：确定标杆项目、确定衡量关键绩效的变量、确定最佳的竞争者、确定最佳竞争对手的绩效、衡量公司绩效、制定缩小差距的计划和行动、执行和评估结果。

当一个公司决定实施标杆管理时，首先要解决的关键任务是影响客户满意度、公司的成本和在实质上的更好绩效，同时要有时间和成本的紧迫感。

如何寻找最佳的竞争者？可以询问供应商、客户和分销商，让他们把竞争者进行排队；也可以接触咨询公司，他们有最好公司的档案。

☞ **核心概念**

■ 市场竞争策略
■ 市场领先者、市场挑战者、市场追随者、市场补缺者
■ 从容型竞争者、选择型竞争者、凶暴型竞争者、随机型竞争者

1. **市场竞争策略**

市场竞争策略是指企业依据自己在行业中所处的地位，为实现竞争战略和适应竞争形势而采用的各种具体行动方式。

2. **市场领先者**

市场领先者是指在相关产品的市场上占有最大的份额，在价格变化、新产品开发、分销渠道建设和促销战略等方面对本行业其他公司起着领导作用的公司。

3. **市场挑战者**

市场挑战者是指在行业中名列第二、三名等次要地位的企业。

4. **市场追随者**

市场追随者是指追随在领导者之后，自觉维持共处局面，只求维持自己现有的市场份额的企业。

5. **市场补缺者**

市场补缺者是指专注市场上被大企业忽略的某些细小部分，在这些小市场上通过专业化

经营来获取最大限度的收益，在大企业的夹缝中生存和发展的公司。

6. 从容型竞争者

从容型竞争者是指对其他企业的某一攻击行动采取漫不经心的态度。可能是源于对其顾客忠诚的深信不疑；也可能待机行动；还可能缺乏反击能力等。

7. 选择型竞争者

选择型竞争者是指对某些方面的进攻做出反应，而对其他方面的进攻则无反应或反应不强烈。

8. 凶暴型竞争者

凶暴型竞争者是指对向其所拥有的领域所发动的任何进攻都会做出迅速而强烈的反应。这类竞争者多属实力强大的企业。

9. 随机型竞争者

随机型竞争者是指对某一些攻击行动的反应不可预知，它可能采取反击行动，也可能不采取反击行动。

☞　**学习重点**

■ 竞争者的识别
■ 竞争者分析的主要步骤
■ 市场竞争战略

1. 竞争者的识别

对竞争者的界定，按从窄到宽的角度，可划分为四个层次。

（1）品牌竞争者：指在同一行业中，以相似的价格，向相同的顾客提供相同的产品的企业。

（2）行业竞争者：同一行业中，生产相同档次、型号、品种产品的企业。

（3）一般竞争者：为满足相同需求而提供不同产品的企业。

（4）广义竞争者：为争取同一笔资金而提供不同产品的企业。

2. 竞争者分析的主要步骤

首先，识别出企业的竞争者，避免"竞争近视症"，采用一个更宽广的视角来识别自己的竞争者。企业的竞争者可以是品牌竞争者、行业竞争者、一般竞争者及广义竞争者。一个公司更有可能被它的潜在竞争者而不是现有的竞争者所代替。其次，识别竞争的目标和战略，以便对他们的市场行为做出准确的判断及反应。第三，了解竞争者的优势和劣势，找到薄弱环节开展有效进攻。第四，了解竞争者的市场反应，帮助企业正确地做出应对。

3. 市场竞争战略

企业的竞争定位分为四种，它们是市场领导者、市场挑战者、市场追随者和市场补缺者。相应的市场竞争战略有以下四种。

（1）市场领先者战略。占据着市场领导者地位的公司常常成为众矢之的。要保持竞争优势，击退其他对手的进攻，有以下几种战略可供选择。① 扩大总需求：市场领导者占有的市场份额最大，在市场总需求扩大时受益也最多。② 保持现有市场份额：占据市场领导地位的公司在扩大市场总需求的同时，还必须时刻警惕，保护自己已有的业务免遭竞争者入侵。最好的防御就是不断创新，不断提高，掌握主动。③ 扩大市场份额：一般而言，如果单位产品价格不降低且经营成本不增加，企业利润会随着市场份额的扩大而提高。但是，并不是只要市场份额提高就会自动增加利润，还应同时考虑经营成本的控制、营销组合的合理搭配及反垄断法的限制。

（2）市场挑战者战略。市场挑战者如要向市场领导者和其他竞争者挑战时，有如下的进攻策略可供选择。① 正面进攻：集中全力向竞争对手的主要市场发动进攻，即进攻对手的强项而不是弱点。在这种情况下，进攻者必须在产品、广告、价格、促销等主要方面大大超过对手，才有可能成功。发动这种进攻需要大量人力、物力、财力的支持。② 侧翼进攻：集中优势力量进攻对手的弱点，寻找对手的薄弱地区或未进入的子市场，这是一种最有效也是最经济的战略形式，比正面进攻有更多成功的机会。③ 包抄进攻：这是全方位、大规模的进攻战略。挑战者拥有优于对手的资源，并确信围堵计划的完成足以打垮对手时，可采用这种战略。此种战略大多是以产品线的深度和市场的广度围攻竞争对手。包抄进攻的策略意图非常明确：进攻者从多个方面发动攻击，迫使竞争对手同时进行全面防御，分散其力量。④ 迂回进攻：这是最间接的进攻战略，完全避开对手的现有阵地而迂回进攻。⑤ 游击进攻：这是适用于规模较小，力量较弱的企业的一种战略。目的在于以小型的、间断性的进攻干扰对手的士气，以占据长久性的立足点。游击进攻的具体行动几乎是没有固定模式的。它往往是针对特定的竞争对手进行的。

（3）市场追随者战略。跟随者则追随在领导者之后，自觉维持共处局面，只求维持自己现有的市场份额。每个市场跟随者必须懂得如何维持现有的顾客，同时争取一定数量的新顾客，找到一条不至于引起竞争性报复的发展之路。① 紧密跟随：这种战略是在各个子市场和市场营销的全方面，尽可能仿效领导者。② 距离跟随：这种跟随者是在主要方面，如目标市场、产品创新、价格水平和分销渠道等方面都追随领导者，但仍与领导者保持若干差异。③ 选择跟随：这种跟随者在某些方面紧跟领导者，而在另一些方面自行其是。也就是说，它不是盲目跟随，而是择优跟随，在跟随的同时还发挥自己的独创性，但不进行直接的竞争。

（4）市场补缺者战略。在现代市场经济条件下，每个行业几乎都有些小企业，它们专心关注市场上被大企业忽略的某些细小部分，在这些小市场上通过专业化经营来获取最大限度的收益，在大企业的夹缝中生存和发展。有利的市场位置（利基市场）对于小企业的成长发展十分有利，强大的竞争者对该市场没有兴趣，只要小企业具备了服务该市场必须的能力和资源，就有可能成为某一小市场的专家，实施专业化策略。

☞ **知识链接**

知识链接6

瞄准竞争对手缺陷的竞争分析法

竞争对手缺陷分析法是由美国竞争对手情报收集专业人员协会的创建人 F·迈克尔·鲁比于1989年提出的，缺陷分析法涉及对每个竞争对手的六个方面做出优劣势的量化分析。其目的是，第一，找出竞争对手每一方面的弱点；第二，看是否有弱点十分突出，成为主要弱点。如果一公司存在某个重大弱点，那么就可以利用这个缺陷来做文章。

1. 缺陷分析的六个方面

（1）产品性价：从顾客的角度看，竞争对手的产品综合性能特点与本公司相比有多大优势。

（2）生产能力：竞争对手在生产能力、成本等方面的情况如何。

（3）营销实效：竞争对手的销售量、市场定位、销售力量、营销战略、广告策划等所具有的效能如何来测评。

（4）财务现状：企业的财务状况如何，包括企业资金状况和销售利润率、资金周转率等各类财务参数等。

（5）经营管理：以竞争对手过去的经营状况或近期企业的人员与策略变动为参照，看其经营管理是否有效，是否具有竞争性，是否胜任。

（6）企业文化：竞争对手的价值观和经营史是否可能促使它进入或者试图占领本公司的市场，或者推出新产品。

2. 评分的五个标准

对于以上六个方面，使用如下的标准对各个竞争对手逐一进行打分，并填入列出的矩阵中：

5　优秀/极好

4　很强/有竞争力

3　合适/平均水平

2　较弱/不具有竞争力

1　很弱/几乎无竞争威胁

3. 竞争实力矩阵

我们假设有 A、B、C、D、E……竞争者，按照上面的分析结果分别填入表格。

简单地试分析：A 企业除资金比较短缺以外，其他方面都比较强，所以企业有后劲，要关注 A 企业的高层经营人员的调整，不过目前不会有大的营销行动；B 企业虽然其他方面都很强，但生产制造能力比较弱，所以 B 企业极有可能会扩大生产能力，而成为强劲的竞争对手；C、E 两企业相对来说其实力要弱一些，财务状况一般，所以基本不可能进行大的广告宣传活动，可能会继续维持现状；D 企业各方面都比较优秀，所以要争夺 D 企业的市场会比较困难……

根据以上分析，经营者或者营销经理就会对企业的综合竞争状况有个全盘的了解，从而为公司的经营特别是营销决策提供了一个直观的决策依据。

（资料来源：企业营销训练教材总集，亚太管理训练网 http：//www.longjk.com。）

☞　**同步练习**

（一）单项选择题（在下列每小题中，选择一个最适合的答案。）

1. 企业要制定正确的竞争战略和策略，就应深入地了解（　　）。

A. 技术创新　　　　B. 消费需求　　　　　　C. 竞争者　　　　　D. 自己的特长

2. 在相关产品的市场上占有最大的份额，在价格变化、新产品开发、分销渠道建设和促销战略等方面对本行业其他公司起着领导作用的公司被称为（　　）。

A. 市场领导者　　　B. 市场利基者　　　　　C. 强竞争者　　　　D. 近竞争者

3. 市场领导者扩大市场总需求的途径是（　　）。

A. 寻找产品的新用途　B. 以攻为守　　　　　C. 扩大市场份额　　D. 正面进攻

4. 市场领导者保护其市场份额的途径是（　　）。

A. 以攻为守　　　　　B. 增加使用量　　　　C. 转变未使用者　　　D. 寻找新用途

5. 结合盈利考虑，企业的市场份额（　　）。

A. 越大越好

B. 存在最佳限度

C. 以50%市场份额为限

D. 不存在上限

6. 有能力对市场领导者采取攻击行动，有希望夺取市场领导者的地位的公司属于（　　）。

A. 强竞争者　　　　　B. 市场挑战者　　　　C. 市场利基者　　　D. 好竞争者

7. 市场追随者在竞争战略上应当（　　）。

A. 攻击市场领导者

B. 向市场领导者挑战

C. 跟随市场领导者

D. 不做出反应

8. 不属于市场挑战者的主要竞争战略的是（　　）。

A. 攻击市场领导者　　　B. 扩大总需求

C. 攻击经营不佳的公司 D. 攻击资金不足的公司

9. 麦当劳与肯德基是互为（　　）。

A. 品牌竞争者　　　　B. 行业竞争者　　　　C. 一般竞争者　　　D. 广义竞争者

10. 当被要求"列举出在这个行业中首先想到的公司"时，提名竞争者的顾客所占的百分比代表竞争者的（　　）。

A. 市场份额　　　　　B. 情感份额　　　　　C. 消费者满意度　　D. 心理份额

11. 海尔电器对竞争对手的价格战一般不做强烈反应，而是强调它的服务与技术上的优势。对其竞争对手而言，海尔属于（　　）。

A. 从容型竞争者　　　B. 选择型竞争者　　　C. 凶暴型竞争者　　D. 随机型竞争者

12. 市场挑战者在确定了战略目标和对象之后，还要考虑进攻的策略问题。在选择进攻策略时，应该遵循（　　）原则。

A. 顾客至上　　　　　B. 密集　　　　　　　C. 避免正面冲突　　D. 保存实力

13. 集中优势力量进攻对手的弱点，寻找对手的薄弱地区或未进入的子市场的策略是（　　）。

A. 正面进攻策略　　　B. 侧翼进攻策略　　　C. 包抄进攻策略　　D. 游击进攻策略

14. 服务于利基市场的企业，只要拥有服务该市场必须的能力和资源，实施（　　）策略，就有可能成为某一小市场的专家。

A. 紧密跟随　　　　　B. 标准化　　　　　　C. 专业化　　　　　D. 差异化

15. "隐形冠军"一般都是属于市场竞争中的（　　）。

A. 市场领导者　　　　B. 市场补缺者　　　　C. 市场挑战者　　　D. 市场追随者

（二）多项选择题（在下列每小题中，选择最适合的答案。）

1. 在同一行业中，以相似的价格，向相同的顾客提供相同的产品的企业，互为（　　）；为满足相同需求提供不同产品的企业互为（　　）。

A. 品牌竞争者　　　　B. 行业竞争者　　　　C. 一般竞争者　　　D. 广义竞争者

2. 以市场导向为主要依据的测量竞争者优劣势的指标有（　　）。

A. 市场份额　　　　　B. 情感份额　　　　　C. 资金实力

D. 心理份额　　　　　E. 产品创新能力　　　F. 管理能力

3. 在竞争者遇到攻击的时候，（ ）类型竞争者可能采取行动，也可能不采取行动，反应不可预知；（ ）类型竞争者对某些方面的进攻做出反应，而对其他方面的进攻则无反应或反应不强烈。

A. 从容型竞争者　　　B. 选择型竞争者　　　C. 凶暴型竞争者　　　D. 随机型竞争者

4. 扩大总需求的途径有（ ）。

A. 研发新产品　　　B. 开发新用户　　　C. 降价刺激

D. 寻找新用途　　　E. 增加使用量

5. 下列各项属于竞争者分析的是（ ）。

A. 识别竞争者　　　　　　　　　　B. 估计竞争者的优劣势

C. 评估竞争者的反应模式　　　　　D. 判定竞争者的战略和目标

E. 认识市场需求的特征

6. 市场领导者的主要竞争战略包括（ ）。

A. 阻止市场总需求增加　　　　　　B. 保护现有市场份额

C. 扩大市场份额　　　D. 谋求垄断　　　E. 扩大总需求

7. 市场挑战者的主要竞争战略包括（ ）。

A. 攻击市场领导者　　　B. 扩大总需求　　　C. 攻击资金不足、经营不佳的公司

D. 跟随市场领导者　　　E. 降低总需求

8. 市场补缺者的作用是（ ）。

A. 拾遗补缺　　　　　B. 有选择地跟随市场领导者

C. 见缝插针　　　　　D. 攻击市场追随者　　　E. 打破垄断

9. 市场利基者的作用是（ ）。

A. 拾遗补缺　　　　　　　　　　　B. 有选择地跟随市场领导者

C. 见缝插针　　　　　　　　　　　D. 攻击市场追随者

10. 每项业务的内容包括（ ）。

A. 要进入的行业类别　　　　　　　B. 要服务的顾客群

C. 要迎合的顾客需要　　　　　　　D. 满足这些需要的技术

E. 运用这些技术生产出的产品

（三）判断题（判断下列各题是否正确。正确的在题后的括号内打"√"，错误的打"×"。）

1. 产品形式竞争者和品牌竞争者是不同行业的竞争者。　　　　　　　　　（ ）

2. 图书出版业及文化娱乐业为争夺消费者的支出而相互竞争，它们之间是一般竞争者的关系。　　　　　　　　　　　　　　　　　　　　　　　　　　　　　　（ ）

3. 要分析竞争者首先应认识市场需求特征。　　　　　　　　　　　　　（ ）

4. 市场领导者应谋求垄断。　　　　　　　　　　　　　　　　　　　　（ ）

5. 市场补缺者应有选择地跟随市场领导者。　　　　　　　　　　　　　（ ）

6. 市场挑战者应着眼于扩大总需求。　　　　　　　　　　　　　　　　（ ）

7. 业务范围技术导向型企业把所有的使用同一技术生产同类产品的企业视为竞争对手。

（ ）

8. 企业应根据竞争者的变化而调整自己的竞争战略。　　　　　　　　　（ ）

9. 企业想要在竞争中取得一席之地，只要致力于服务好自己的顾客就行了。　（　　）

10. 企业退出一些没有能力防守的领域是为了保持现有的市场份额。　（　　）

（四）问答题

1. 竞争者分析包括哪些内容？

2. 从窄到宽的角度来界定企业的竞争对手，可分为哪几个层次？

3. 从竞争者心理状态的角度来看，有几种反应类型？

4. 市场竞争战略有哪些？

5. 如何成为专业化的市场补缺者？

（五）案例题

雀巢是一个包装类产品的全球性大公司，拥有糖果、咖啡和 Friskies 宠物食品。数年来，雀巢在竞争中超过了竞争者卡夫和通用磨坊。它通过一系列的收购活动来巩固和奠定自己的市场地位。

早在 1908 年，雀巢公司就在上海开设了它在中国的第一家销售办事处。雀巢是最早进入中国的外商之一。20 世纪 80 年代初，雀巢就开始与中国政府商谈在中国投资建厂。

"雀巢"品牌覆盖了一系列产品，包括奶粉、液体奶、酸奶、婴儿配方奶粉、婴儿米/麦粉、甜炼乳、成长奶粉、早餐谷物、速溶咖啡、咖啡伴侣（植脂末）、冰淇淋、巧克力和糖果、瓶装水、饮品、鸡精和调味品。属于雀巢集团的爱尔康公司也在中国内地制造和销售眼科产品。

请访问雀巢公司及其相关竞争对手的网站。回答下列问题：

（1）请按照竞争者类型的划分，分别为雀巢公司的速溶咖啡产品找出一个竞争者，并做简要介绍。

（2）分析雀巢在速溶咖啡市场上主要竞争者，雀巢应该选择什么样的竞争战略？为什么？

（3）在饮品市场上呢？雀巢应该采用相同的战略吗？为什么？请详细说明。

☞ **参考答案**

（一）单项选择题

1. C　2. A　3. A　4. A　5. B　6. B　7. C　8. B　9. A　10. D

11. B　12. B　13. B　14. C　15. B

（二）多项选择题

1. AB　2. ABD　3. BD　4. BDE　5. ABCD

6. BCE　7. AC　8. AC　9. AC　10. BCDE

（三）判断题

1. ×　2. ×　3. ×　4. ×　5. ×　6. ×　7. √　8. √　9. ×　10. √

（四）问答题

1. 竞争者分析包括哪些内容？

首先，识别出企业的竞争者，避免"竞争近视症"，采用一个更宽广的视角来识别自己的竞争者。企业的竞争者可以有品牌竞争者、行业竞争者、一般竞争者及广义竞争者。一个公司更有可能被它的潜在竞争者而不是现有的竞争者所代替。其次，识别竞争的目标和战略，以便对他们的市场行为做出准确的判断及反应。第三，了解竞争者的优势和劣势，找到薄弱环节开展有效进攻。第四，了解竞争者的市场反应，帮助企业正确地做出应对。

2. 从窄到宽的角度来界定企业的竞争对手，可分为哪几个层次？

对竞争者的界定，按从窄到宽的角度，可划分为四个层次。

(1) 品牌竞争者：指在同一行业中，以相似的价格，向相同的顾客提供相同的产品的企业。

(2) 行业竞争者：同一行业中，生产有同档次、型号、品种产品的企业。

(3) 一般竞争者：为满足相同需求而提供不同产品的企业。

(4) 广义竞争者：为争取同一笔资金而提供不同产品的企业。

3. 从竞争者心理状态的角度来看，有几种反应类型？

(1) 从容型竞争者：对其他企业的某一攻击行动采取漫不经心的态度。可能是源于对其顾客忠诚的深信不疑；也可能待机行动；还可能缺乏反击能力等。

(2) 选择型竞争者：对某些方面的进攻做出反应，而对其他方面的进攻则无反应或反应不强烈。

(3) 凶暴型竞争者：对向其所拥有的领域所发动的任何进攻都会做出迅速而强烈的反应。这类竞争者多属实力强大的企业。

(4) 随机型竞争者：对某一些攻击行动的反应不可预知，它可能采取反击行动，也可能不采取反击行动。

4. 市场竞争战略有哪些？

市场竞争战略有以下四种。

(1) 市场领先者战略。占据着市场领导者地位的公司常常成为众矢之的。要保持竞争优势，击退其他对手的进攻，有以下几种战略可供选择。① 扩大总需求：市场领导者占有的市场份额最大，在市场总需求扩大时受益也最多；② 保持现有市场份额：占据市场领导地位的公司在扩大市场总需求的同时，还必须时刻警惕，保护自己已有的业务免遭竞争者入侵。最好的防御就是不断创新，不断提高，掌握主动；③ 扩大市场份额：一般而言，如果单位产品价格不降低且经营成本不增加，企业利润会随着市场份额的扩大而提高。但是，并不是只要市场份额提高就会自动增加利润，还应同时考虑经营成本的控制、营销组合的合理搭配及反垄断法的限制。

(2) 市场挑战者战略。市场挑战者如要向市场领导者和其他竞争者挑战时，有如下的进攻策略可供选择。① 正面进攻：集中全力向竞争对手的主要市场发动进攻，即进攻对手的强项而不是弱点。在这种情况下，进攻者必须在产品、广告、价格、促销等主要方面大大超过对手，才有可能成功。发动这种进攻需要大量人力、物力、财力的支持；② 侧翼进攻：集中优势力量进攻对手的弱点，寻找对手的薄弱地区或未进入的子市场，这是一种最有效也是最经济的战略形式，比正面进攻有更多成功的机会；③ 包抄进攻：这是全方位、大规模的进攻战略。挑战者拥有优于对手的资源，并确信围堵计划的完成足以打垮对手时，可采用这种战略。此种战略大多是以产品线的深度和市场的广度围攻竞争对手。包抄进攻的策略意图非常明确：进攻者从多个方面发动攻击，迫使竞争对手同时进行全面防御，分散其力量；④ 迂回进攻：这是最间接的进攻战略，完全避开对手的现有阵地而迂回进攻；⑤ 游击进攻：这是适用于规模较小，力量较弱的企业的一种战略。目的在于以小型的、间断性的进攻干扰对手的士气，以占据长久性的立足点。游击进攻的具体行动几乎是没有固定模式的。它往往是针对特定的竞争对手进行的。

（3）市场追随者战略。跟随者则追随在领导者之后，自觉维持共处局面，只求维持自己现有的市场份额。每个市场跟随者必须懂得如何维持现有的顾客，同时争取一定数量的新顾客，找到一条不至于引起竞争性报复的发展之路。① 紧密跟随：这种战略是在各个子市场和市场营销的全方面，尽可能仿效领导者；② 距离跟随：这种跟随者是在主要方面，如目标市场、产品创新、价格水平和分销渠道等方面都追随领导者，但仍与领导者保持若干差异；③ 选择跟随：这种跟随者在某些方面紧跟领导者，而在另一些方面自行其是。也就是说，它不是盲目跟随，而是择优跟随，在跟随的同时还发挥自己的独创性，但不进行直接的竞争。

（4）市场补缺者战略。在现代市场经济条件下，每个行业几乎都有些小企业，它们专门关注被大企业忽略的某些细小部分，在这些小市场上通过专业化经营来获取最大限度的收益，在大企业的夹缝中生存和发展。有利的市场位置（利基市场）对于小企业的成长发展十分有利，强大的竞争者对该市场没有兴趣，只要小企业具备了服务该市场必须的能力和资源，就有可能成为某一小市场的专家，实施专业化策略。

5. 如何成为专业化的市场补缺者？

有利的市场位置对于小企业的成长发展十分有利，强大的竞争者对该市场没有兴趣，只要小企业具备了服务该市场必须的能力和资源，就有可能成为某一小市场的专家，实施专业化策略。表6-1中所示的十一个"专家"角色可供市场补缺者选择。

表6-1 专业化的市场补缺者

补缺专长	说　明
最终用户专家	公司专门为某一类型的最终使用顾客服务
纵向专家	公司专长于生产—分销价值链上的一些纵向层次
顾客规模专家	公司集中力量向小型、中型、大型的顾客进行销售
特定顾客专家	公司把销售对象限定在一个或少数几个顾客
地理区域专家	公司把销售只集中在某个地方、地区或世界的某一个区域
产品或产品线专家	公司只拥有或生产一种产品线或产品
产品特色专家	公司专长于生产某一类型的产品或产品特色
定制专家	公司为单个客户定制产品
质量—价格专家	公司选择在低端或高端的市场经营
服务专家	公司提供一种或多种其竞争对手无法提供的服务
渠道专家	公司专门只为一种分销渠道服务

（五）案例题

（1）品牌竞争者：麦斯威尔；行业竞争者：铭咖啡；一般竞争者：统一奶茶；一般竞争者：休闲食品类（品客薯片等）。

（2）雀巢在速溶咖啡市场上处于市场领导者的地位，可选择"市场领导者战略"。

（3）在饮品市场上则处于挑战者地位，可选择"市场挑战者战略"。

第七章　目标市场营销战略

如果你在变化中取得优势，你就能获得利润。

——约瑟夫·熊彼得

重点：了解市场细分的依据、方法与步骤；掌握目标市场选择的标准及战略；了解市场定位的方法；掌握市场定位策略

难点：目标市场的选择、市场定位图

新点：市场定位图/感知图、新定位

☞ **学习目标**

■ 了解市场细分的依据
■ 掌握目标市场选择战略
■ 掌握市场定位的策略

消费者市场的细分依据主要有地理、人口、心理、行为四个方面。地理细分是指企业按照消费者所在的地理位置以及其他地理（包括城市农村、地形气候、交通运输等）来细分消费者市场。人口细分是指企业按照人口统计学变量（包括年龄、性别、收入、职业、教育水平、家庭规模、家庭生命周期阶段、宗教、种族、国籍等）来细分消费者市场。人口变量一直是细分消费者市场的重要变量，主要是因为人口变量比其他变量更容易测量。心理细分是按照消费者的社会阶层、价值观、个性和生活方式等心理变量来细分消费者市场。行为细分是指企业按照消费者购买或使用某种产品的时机、消费者所追求的利益、使用者情况、消费者对某种产品的使用、消费者对品牌的忠诚度、消费者待购阶段和消费者对产品的态度等行为变量来细分市场。

在市场细分的基础上，企业根据各个细分市场的特点和自身的任务目标、资源和特长等，决定进入的那个或那些市场部分，为那个或那些市场部分服务，即为目标市场的选择。共有三种目标市场选择战略：无差异性营销战略、差异性营销战略、集中营销策略。

市场定位的方式有很多，可以从产品、市场竞争、目标消费者的三个方面考虑定位策略。首先，从产品方面考虑，可选择的定位策略有特质定位、使用/应用定位、利益定位、竞争者定位、使用者定位、类别定位、品质/价格定位。其次，从竞争方面考虑，可选择的定位策略有避强定位策略、迎头定位策略、重新定位。最后，从目标消费者方面考虑，可选择的定位策略有第一定位术、强化定位术、集团定位术。

☞ **学习新知**

■ 市场定位图/感知图

■ 新定位

1. 市场定位图/感知图

定位图/感知图是一种直观的、简洁的定位分析工具，一般利用平面二维坐标图的品牌识别、品牌认知等状况作直观比较，以解决有关定位的问题。其坐标轴代表消费者评价品牌的特征因子。图中各点则对应市场上的主要品牌，它们在图中的位置代表消费者对其在各关键特征因子上的表现的评价。

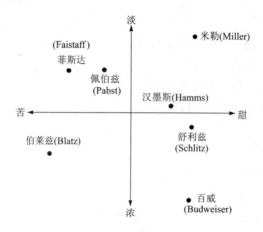

图 7 - 1　啤酒的定位图

通过定位图，可以显示各品牌在消费者心目中的印象及之间的差异，在此基础上作定位决策。定位图应用的范围很广，除有形产品外，它还适用于服务、组织形象甚至个人等几乎所有形式的定位。图 7 - 1 是啤酒品牌的定位图。

2. 新定位

1996 年，J·屈特和 S·瑞维金合作出版了《新定位》一书。这是定位论发展的最新成果。《新定位》的最大特点和突出贡献是对消费者心理的深切把握，提出消费者的五大思考模式。

消费者的五大思考模式分别是：

（1）消费者只能接受有限的信息。突破这一传播屏障、打开消费者的注意之门就是要想方设法使传播的信息贴近消费者的生活，让他们产生亲切感、认同感、信任感，从而接受产品、喜爱产品，最后形成依恋以至购买习惯。

（2）消费者喜简烦杂。突破这道屏障的诀窍，就是定位简明。集中力量于一个重点并将其清楚地打入消费者心中。

（3）消费者缺乏安全感而跟随。为此，通过调查统计资料、权威机构认证、早期试用者的现身说法、悠久的历史传统等都可加强消费者的安全感，从而鼓励购买。

（4）品牌印象不会轻易改变。为此，定位要着眼于长远目标并保持稳定性和持续性，轻易改变定位的结果可能是赔了夫人又折兵，两头踏空。

（5）原有定位容易因为延伸而模糊。品牌延伸容易造成定位模糊，但这并不意味着在任何情况下都不能进行品牌延伸。相反，如果延伸得当，往往会带来出人意料的收获。以下是品牌延伸的几条有用法则：进行准确的品牌定位并界定品牌适用范围，使定位一次涵盖现在与未来；进行品牌延伸的产品应是高品质的，在同类产品中具有相当强的竞争力；将企业原有品牌与单个同类型新产品的名称相结合。

☞ **核心概念**

■ 市场细分
■ 市场定位
■ 目标市场营销战略
■ 独特销售主张
■ 无差异性营销、差异市场营销、集中市场营销
■ AIO 调查法、VAIS 调查法、目标市场

1. 市场细分

市场细分是指企业将一个大的异质性市场，依据需求的不同，分割成几个同质性较高的小市场的过程。市场细分以后所形成的具有相同需求的顾客群体称为细分市场。

2. 市场定位

市场定位就是在目标顾客心目中为企业产品创造一定的特色，赋予一定的形象，以适应顾客一定的需要和偏好。这种特色和形象可以是物质的，也可以是心理的，也可以兼而有之。实际上定位就是要设法建立一种差异优势，确定产品在顾客心目中的适当位置并留下值得购买的印象，以便吸引更多的顾客。

3. 目标市场营销战略

目标市场营销战略，又称 STP 战略。它是制定市场营销组合策略的前提和依据。目标市场营销战略（STP 战略）由市场细分（Segmentation）、目标市场（Targeting）、产品定位（Positioning）三个主要步骤组成。

4. 独特销售主张

独特销售主张（USP，Unique Selling Proposition），通俗的说法叫卖点。美国达彼思广告公司在 20 世纪 60 年代作为自己的经营理念率先提出，后广泛应用于广告界。

USP 具有如下特点：

（1）每个广告都必须向消费者陈述一个主张："购买此产品你会得到这种具体好处。"

（2）这种主张必须是独特的，是竞争者不会或者不能提出的，既可以是品牌的独特性，也可以是在这一特定的广告领域一般不会有的主张。

（3）这一主张一定要强有力地打动千百万人，也就是吸引新的顾客使用你的产品。

5. 无差异性营销

无差异性市场营销是指企业在市场细分后，不考虑各子市场的特性，而只注重子市场的共性，决定只推出单一产品，运用一种市场营销组合，也即忽略细分市场区别的大众营销。

6. 差异市场营销

差异市场营销是指企业决定同时为几个子市场服务，设计不同的营销组合以适应各个子

市场的需要。

7. 集中市场营销

集中市场营销是指企业集中所有力量，以一个或少数几个性质相似的子市场作为目标市场，试图在较小的子市场上占有较大的市场份额。

8. AIO 调查法

AIO 调查法即提供一套关于各种行为活动（Activity）、兴趣（Interest）及观点（Opinion）的描述题，让消费者进行测试，营销人员通过对结果的分析，可以得出有关消费者的生活方式特点的一种调查法。

9. VALS 调查法

VALS 调查法即价值观和生活方式（Values Attitudes and Life Styles）调查法。这种调查法是由 SRI 国际研究和咨询公司开发的，它根据人们对社会问题的观点和相应的购买行为对消费者进行分类，并以此为基础，制定出相应的营销战略。

10. 目标市场

目标市场是企业打算进入的细分市场，或打算满足的具有某一需求的顾客群体。

☞　**学习重点**

- 市场细分的主要依据
- 有效市场细分的条件
- 目标市场评估的标准
- 主要的市场定位策略
- 市场定位的步骤

1. 市场细分的主要依据

消费市场细分的主要依据见表 7-1 所示。

表 7-1　消费市场细分的主要依据

细分标准	具　体　因　素
地理细分	地理区域、自然气候、资源分布、人口密度、城市大小等
人口细分	年龄、性别、家庭人数、生命周期、收入、职业、教育程度、家庭组成、宗教信仰、种族、国籍等
心理细分	社会阶层、价值观、个性、生活方式
行为细分	时机：节假日、庆典等各种特殊的时机 利益：价廉、耐用、象征（身份、地位）等 使用者状况：未使用者、曾使用者、潜在使用者、初次使用者、经常使用者 品牌忠诚度：忠贞不二者、不稳定的忠诚者、见异思迁者、游离分子 使用率：轻度使用者、中度使用者、重度使用者

产业市场细分的主要依据有以下几个。

（1）用户行业。产品最终用户的行业是细分产业市场最为通用的依据。在产业市场，不同行业用户采购同一种产品的使用目的往往不同。比如，同是钢材，有的用户用于生产，有的用于造船，有的用于建筑。不同行业的最终用户通常会在产品的规格、型号、品质、功能、价格等方面提出不同的要求，追求不同的利益。据此来细分产业市场，便于企业开展针对性经营，设计不同的市场营销组合方案，开发不同的变异产品。

（2）用户规模。用户或客户的规模也是细分产业市场的重要依据。在产业市场，大量用户、中量用户、少量用户的区别，要比消费者市场更为明显。大客户的采购量往往占营销者销售额的 30%、50%，有的甚至高达 80% 以上。用户或客户规模不同，企业的营销组合方案也应不同。例如，对大客户，宜于直接联系、直接供应，由销售经理亲自负责；而对于小客户，则宜于由批发商或零售商去组织供应。

（3）用户地点。任何一个国家或地区，由于自然资源、气候条件、社会环境等方面的原因，以及生产的相关性和连续性的不断加深而要求的生产力合理布局，都会形成若干产业地区，如我国西部的有色金属、山西煤炭、江浙丝绸工业等。这就决定了产业市场比消费者市场更为集中。企业按用户的地理位置来细分市场，选择用户较为集中的地区作为自己的目标市场，不仅联系方便，信息反馈快，而且可以更有效地规划运输路线，节省运力与运费，同时，也能更加充分地利用销售力量，降低推销成本。

2. 有效市场细分的条件

有效市场细分的条件如下：

（1）可衡量性：使用的市场细分须易于衡量。

（2）足量性：足量性指市场细分的大小及获利的程度。必须具备有相当市场潜力，有适当营业量及获利空间。

（3）可进入性：可进入性指细分市场必须能被有效地进入和服务的程度。

（4）可行性：可行性指营销方案可有效吸引，并服务该细分市场的程度。即企业对所细分的市场要能提供具体可行的营销计划，公司的执行资源是否足够也须考虑。

（5）差异性：细分市场之间要有显著的差异以便彼此区分。

3. 目标市场评估的标准

企业对市场进行细分之后，就要对这些细分市场进行评估并做出选择。其市场潜力、市场结构的吸引力及商业优势是否符合要求，是企业在确定目标市场之前需要仔细评估的。

表 7-2　评估细分市场的主要项目及内容

项　　目	内　　容
市场潜力	当前销售价值 预计销售增长率 预期的利润
市场结构吸引力	竞争者 替代产品 购买者讨价还价的能力 供应商讨价还价的能力

项　目	内　容
相对商业优势	企业的长远发展目标：环境、政治及社会责任 市场能力：市场占有率、市场增长率、产品独特性、良好的名誉 生产能力：低成本优势、技术优势 企业资源优势：营销技术、管理优势、向前或向后一体化、人力资源优势、资金实力

参照上面的项目，对每个细分市场进行评估、打分。找出市场吸引力与企业优势相结合的最佳细分市场，作为目标市场进行开发。

4. 主要的市场定位策略

市场定位策略可以从产品角度出发，也可以从竞争角度出发，还可以从迎合消费者的角度出发，有多种的策略可供选择。主要的策略见表7－3所示。

表7－3　市场定位策略

从产品角度定位	从竞争角度定位	从迎合消费者角度定位
特质定位	避强定位	第一定位
使用/应用定位	迎头定位	强化定位
利益定位	重新定位	集团定位
竞争者定位		
使用者定位		
类别定位		
品质/价格定位		

5. 市场定位的步骤

企业市场定位的过程通过以下三个步骤完成：

（1）确认本企业的竞争优势。这一步骤的中心任务是要回答以下三个问题。① 竞争对手的产品定位如何？② 目标市场上足够数量的顾客欲望满足程度如何？确实还需要什么？③ 针对竞争者的市场定位和潜在顾客真正需要的利益，要求企业应该怎么样？能够怎么做？

要回答这三个问题，企业市场营销人员必须通过一切调研手段，系统地设计、搜索、分析并报告有关上述问题产生的资料和研究结果。通过回答上述三个问题，企业就可以从中把握和确定自己的潜在竞争优势。

（2）准确地选择相对竞争优势。相对竞争优势表明企业能够胜过竞争者的能力，这种优势可以是现有的，也可以是潜在的。准确地选择相对竞争优势就是一个企业各方面实力与竞争者的实力相比较的过程。比较的几个主要方面在本章第二节中已有所陈述。

（3）显示及传播独特的竞争优势。这一步骤的主要任务是企业要通过一系列的宣传促销活动，使其独特的竞争优势准确地传播给目标顾客，并在顾客心目中留下深刻印象。为此，企业要充分了解目标顾客的偏好与本企业的定位是否一致，并通过一切努力来强化和巩固与市场相一致的形象。如有偏差，则应找到原因，迅速矫正。

☞　知识链接

知识链接7

价值主张

　　消费者通常会选择能带给他们最大价值的产品和服务。因此，营销者要从产品或服务的关键价值上进行定位。一个品牌的完全定位被称为品牌的价值主张——在定位的基本上的利益矩阵，这回答了消费者的问题："为什么我要购买你的品牌？"可能的价值主张如图7-2所示。

　　（1）高质量高价格：高质量高价格定位是指提供高质量的产品或服务的同时，制定高价格来维持高成本。

图7-2　价值主张

　　（2）高质量中档价格：公司可能会通过推出质量高但是价格比较低的品牌来攻击竞争者的高质量高价格定位策略。

　　（3）中档质量低价格：这是一个很强大的价值主张——每个人都喜欢低价格。很多公司企业企图通过发展模仿性能好但价格低的品牌，从市场领导者手中抢夺消费者。

　　（4）低质量低价格：在很多情况下，消费者愿意接受性能并不是最好的产品，或者放弃产品的一些附加性能，来换取低价位。

　　（5）高质量低价格：短期而言，一些公司可以达到这样的定位，但是长期而言，公司会觉得保持如此高的定位很困难。提供更多价值通常会带来更高的成本，很难达到"低价位"的承诺。

　　　　　　　　　　（资料来源：《市场营销学原理》亚洲版，菲利普·科特勒等著，机械工业出版社，2006.7。）

☞　同步练习

（一）单项选择题（在下列每小题中，选择一个最适合的答案。）

1. 同一细分市场的顾客需求具有（　　）。

A. 绝对的共同性　　　B. 较多的共同性　　　　C. 较少的共同性　　　D. 较多的差异性

2. （　　）差异的存在是市场细分的客观依据。

A. 产品　　　　　　　B. 价格　　　　　　　　C. 需求偏好　　　　　D. 细分

3. 市场细分是（　　）年代中期美国市场营销家温德尔·斯密提出的。

A. 20 世纪 30　　　　B. 20 世纪 50　　　　　C. 20 世纪 80　　　　D. 21 世纪初

4. 企业只选择某一细分市场作为目标市场的策略是（　　）策略。

A. 差异化 　　　　B. 本地化 　　　　C. 无差异 　　　　D. 集中化

5. 属于产业市场细分的标准是（　　）。

A. 职业 　　　　B. 生活格调 　　　　C. 收入 　　　　D. 顾客能力

6. 就每一特定市场而言，最佳市场营销组合只能是（　　）的结果。

A. 市场细分 　　B. 统筹兼顾 　　　　C. 精心策划 　　　　D. 动态平衡

7. 细分市场之间要有明显的差异以便彼此区分，这是市场细分（　　）原则。

A. 可衡量性 　　B. 可实现性 　　　　C. 可赢利性 　　　　D. 可区分性

8. 市场定位理论是 20 世纪 70 年代由（　　）提出的。

A. 艾·里斯、杰克·特劳特 　　　　　　B. 大卫·奥格威

C. 劳斯·瑞夫斯 　　　　　　　　　　　D. 温德尔·斯密

9. 采用无差异营销的最大优点是（　　）。

A. 市场占有率高 　　B. 成本的经济性 　　C. 市场适应性强 　　D. 需求满足程度高

10. 集中性市场战略尤其适用于（　　）。

A. 跨国公司 　　B. 大型公司 　　　　C. 中型公司 　　　　D. 小型公司

11. 市场定位是（　　）在细分市场的位置。

A. 塑造一家企业 　　B. 塑造一种产品 　　C. 确定目标市场 　　D. 分析竞争对手

12. 寻求（　　）是产品差别化战略经常使用的手段。

A. 价格优势 　　B. 良好服务 　　　　C. 人才优势 　　　　D. 产品特征

13. 同质性较高的产品，宜采用（　　）。

A. 产品专业化 　　B. 市场专业化 　　　C. 无差异营销 　　　D. 差异性营销

14. 重新定位是对销路少、市场反应差的产品进行（　　）定位。

A. 避强 　　　　B. 对抗性 　　　　C. 竞争性 　　　　D. 二次

15. 市场细分化是根据（　　）的差异对市场进行的划分。

A. 买方 　　　　B. 卖方 　　　　　C. 产品 　　　　　D. 中间商

（二）多项选择题（在下列每小题中，选择多个适合的答案。）

1. 市场细分对企业营销具有以下利益（　　）。

A. 有利于发现市场机会 　　　　　　　B. 有利于掌握目标市场的特点

C. 有利于制定市场营销组合策略 　　　D. 有利于提高企业的竞争能力

E. 有利于节省成本费用

2. 细分消费者市场的标准有（　　）。

A. 地理环境因素 　　B. 人口因素

C. 心理因素 　　　　D. 行业因素 　　　　E. 行为因素

3. 属于产业市场细分变量的有（　　）。

A. 社会阶层 　　　　B. 行业

C. 价值观念 　　　　D. 地理位置 　　　　E. 购买标准

4. 无差异营销战略（　　）。

A. 具有成本的经济性 　　　　　　　　B. 不进行市场细分

C. 适宜于绝大多数产品 　　　　　　　D. 只强调需求共性

E. 适用于小企业

5. 市场定位战略包括（　　　）。

A. 产品差别化战略　B. 人员差别化战略

C. 服务差别化战略　D. 形象差别化战略　E. 价格差别化战略

6. 对细分市场评估可以从以下几个方面进行（　　　）。

A. 市场潜力　　　B. 市场结构吸引力　C. 相对商业优势

D. 消费者的品牌忠诚度　　E. 企业的战略目标

7. 从产品角度出发的定位策略有（　　　）。

A. 避强定位　　　B. 特质定位

C. 利益定位　　　D. 第一定位　　　E. 竞争者定位

8. 企业的资源优势包括（　　　）。

A. 人力资源优势　B. 管理优势

C. 低成本优势　　D. 技术优势　　　E. 良好的声誉

9. 企业在市场定位过程中（　　　）。

A. 要了解竞争产品的市场定位

B. 要研究目标顾客对该产品各种属性的重视程度

C. 要选定本企业产品的特色和独特形象

D. 要避开竞争者的市场定位

E. 要充分强调本企业产品的质量优势

10. 市场定位的主要方式有（　　　）。

A. 避强定位　　　B. 形象定位

C. 产品定位　　　D. 对抗性定位　　E. 重新定位

（三）判断题（判断下列各题是否正确。正确的在题后的括号内打"√"，错误的打"×"。）

1. 在同类产品市场上，不同细分市场的顾客需求具有较多的共同性。　　　（　　　）

2. 产品的差异化营销竞争为导向。　　　　　　　　　　　　　　　　　　（　　　）

3. "反市场细分"就是反对市场细分。　　　　　　　　　　　　　　　　　（　　　）

4. 市场细分标准是稳定不变的。　　　　　　　　　　　　　　　　　　　（　　　）

5. 市场细分对所有企业都非常重要。　　　　　　　　　　　　　　　　　（　　　）

6. 通过细分化过程划分出的每一个细分市场对企业都很重要。　　　　　　（　　　）

7. 市场专业化是一种最简单的目标市场模式。　　　　　　　　　　　　　（　　　）

8. 市场定位、产品定位和竞争性定位分别有不同的含义。　　　　　　　　（　　　）

9. 集中性市场战略适合于资源薄弱的小企业。　　　　　　　　　　　　　（　　　）

10. 企业在市场营销方面的核心能力与优势，会自动地在市场得到表现。　（　　　）

（四）问答题

1. 消费市场细分的依据有哪些？

2. 有效市场细分的标准是什么？

3. 如何进行目标市场的选择？

4. 企业选择目标市场之前，需考虑的因素有哪些？

5. 什么是市场定位？试分析可以采用哪些方法进行市场定位。请分别举例说明。

（五）案例题

1. 1998 年，戴姆勒—克莱斯勒公司在欧盟九国引入一种新轿车、新品牌、新外形。它被命名为"Smart"，有着非常独特的外观。

Smart 轿车长 2.5m，宽 1.51m，高 1.53m。它可容纳两个成人或一个成人加两小孩。该车重 720kg，油箱容积 22kg，每 100 千米油耗 4.8L。外表由框架＋可移动面板组合而成。可移动面板使 Smart 在一小时之间变换颜色，如大红、黄色、黑色、橘黄、蓝色等多种颜色。皮椅是番木瓜色。斯沃琪手表是开发该轿车的最初灵感。在戴姆勒－奔驰集团和 SMH（斯沃琪手表的制造商）合作成立合资公司的早期工程阶段，该轿车被叫"斯沃琪汽车"。斯沃琪手表是 SMH 集团成功开发的低端手表品牌，目标人群锁定于追求时尚、前卫的年轻人（12—24 岁）。斯沃琪的引入，彻底改变了人们对手表的看法：它不仅仅作为指示时间的工具，更是时髦的装饰品，与服装一样成为时尚潮流的风向标。

它的概念是基于 SMH 总裁尼古拉斯·哈耶克的想法：即消费者的情绪和轿车的紧密相连就像他们和手表一样。他对轿车的期望是高度的安全、环保而且有着消费者坐进去感觉很友好的环境。像斯沃琪一样，这款汽车是耐用的、时髦的且大众可以买得起的。他注意到安全是销售最重要的一点"轿车有着梅赛德斯的防碰撞装置"，而且该款轿车几乎不排出污染物。他预计世界市场的销售将达到 100 万辆，其中美国就要占到一半。

不久，戴姆勒收购了 SMH 的股份，合资企业结束。由戴姆勒完全负责 Smart 的开发销售。

至于价格，它原来卖 10 500 美元一辆。经过一段时间在意大利和法国不理想的销售之后，价格降到 9 300 美元。虽然 Smart 轿车买主通常有高收入或者已经拥有两辆轿车，但是他们仍然关心价格—价值的关系。

问题：

（1）Smart 轿车可以用来进行有效市场细分的标准有什么？

（2）Smart 轿车目标市场与斯沃琪手表的目标市场是否一样？为什么？

（3）为 Smart 提供可行的市场定位策略。

2. 在美国的人口统计中，65 岁及以上作为老年消费者，他们成为非常有吸引力的市场。到 2000 年，老年市场有 4 000 万人。老年人财力更富裕，每年花费 2 000 亿美元，平均为 35 岁以下人群的可处置收入的 2 倍。西尔斯公司组织 4 万人参加的"老年俱乐部"，为老人们提供从眼镜到割草机样样都有的 25% 的商品折扣。麦当劳公司雇佣老年人作为餐馆的主人或女主人并出现在其广告上。在马里兰州的飞·蔡斯大旅行社，为老年人带上孙儿孙女用大游艇通过荷兰到肯尼亚和其他国家度假。

问题：

（1）请问美国公司这样做的道理何在？

（2）对我国公司有什么启示？

☞ **参考答案**

（一）单项选择题

| 1. B | 2. C | 3. B | 4. D | 5. D | 6. A | 7. D | 8. A | 9. B | 10. D |

11. B　12. D　13. C　14. D　15. A

（二）多项选择题

1. ABCD　　2. ABCE　　3. BDE　　4. ABD　　5. ABCD

6. ABC　　7. BDE　　8. AB　　9. ABC　　10. ADE

（三）判断题

1. ×　2. ×　3. ×　4. ×　5. √　6. ×　7. ×　8. ×　9. ×　10. ×

（四）问答题

1. 消费市场细分的依据有哪些？

对消费者市场进行市场细分要依据一定的细分变量，消费者市场的细分变量主要有地理、人口、心理、各行为变量四类。

（1）地理细分。地理细分指企业按照消费者所在的地理位置以及其他地理（包括城市农村、地形气候、交通运输等）来细分消费者市场。

（2）人口细分。人口细分是指企业按照人口统计学变量（包括年龄、性别、收入、职业、教育水平、家庭规模、家庭生命周期阶段、宗教、种族、国籍等）来细分消费者市场。人口变量一直是细分消费者市场的重要变量，主要是因为人口变量比其他变量更容易测量。如目前信用卡业者多利用人口统计变量来锁定其目标市场。

（3）心理细分。心理细分，是按照消费者的社会阶层、价值观、个性和生活方式等心理变量来细分消费者市场。包括 AIO 调查法及 VALS 调查法。

（4）行为细分。企业按照消费者购买或使用某种产品的时机、消费者所追求的利益、使用者情况、消费者对某种产品的使用、消费者对品牌的忠诚度、消费者待购阶段和消费者对产品的态度等行为变量来细分市场。包括时机、利益、使用者状况、品牌忠诚度、使用率。

2. 有效市场细分的标准是什么？

（1）可衡量性：使用的市场细分须易于衡量。

（2）足量性：足量性指市场细分的大小及获利的程度。必须具备有相当市场潜力，有适当营业量及获利空间。

（3）可进入性：可进入性指细分市场必须能被有效地进入和服务的程度。

（4）可行性：可行性指营销方案可有效吸引，并服务该细分市场的程度。即企业对所细分的市场要能提供具体可行的营销计划，公司的执行资源是否足够也须考虑。

（5）差异性：细分市场之间要有显著的差异以便彼此区分。

3. 如何进行目标市场的选择？

企业对市场进行细分之后，就要对这些细分市场进行评估并做出选择。其市场潜力、市场结构的吸引力及商业优势是否符合要求，要分别逐项打分，然后选择市场吸引力与企业商业优势都较强的市场。

4. 企业选择目标市场之前，需考虑的因素有哪些？

（1）企业的资源。如果企业在人力、物力、财力及信息各方面资源不足，能力有限，无力把整个市场作为目标市场，可用单市场集中模式，实行密集性营销。实力雄厚的大企业，不仅可以采用差异性市场策略及无差异性市场策略覆盖整个市场，其他各种模式也可根据需要采用。

（2）商品的同质性。商品的同质性是指这一类商品提供了类似的功效。同质性商品本身差异性较小，如石油、大米、食盐、钢铁等，比较适合于无差异性市场营销。如果商品设计变化较多，如服装、食品等，则宜采用差异性市场营销。

（3）市场的同质性。市场的同质性是指所有购买者爱好相似，对市场营销刺激的反应也相同。在这种情况下，企业可采用无差异市场策略；反之，就应选用差异性市场策略、集中性市场策略或市场专门化模式。

（4）商品所处的生命周期阶段。当企业把一种新商品导入市场时，现实的做法是仅强调商品的一种特点，因此无差异市场营销最能奏效。当此商品进入生命周期的成熟阶段时，差异营销则开始能起更大的作用。而采用新技术的新商品，应采用一对一的市场策略。

（5）竞争对手的目标市场策略。一般说来，企业应该同竞争者的策略有所区别，反其道而行之。如果对手是强有力的竞争者，实行的是无差异性营销，则本企业实行差异性营销往往能取得良好的效果；如果对手已经实行差异性营销，本企业仍实行无差异性营销，势必失利，这种情况下可考虑实行更深一层的差异性营销或集中营销。当然，也没有固定不变的公式，还要依竞争双方的力量度对比和市场的具体情况而定。

5. 什么是市场定位？试分析可以采用哪些方法进行市场定位。请分别举例说明。

市场定位是为了造就消费者心目中的某一特定地位而设计公司产品和营销组合的行为。具体说市场定位就是要在目标顾客的心目中为企业的产品创造一定的特色，赋予一定的形象，以适应顾客的一定的需要和偏好。

（1）产品特色定位。企业在具体产品特色上的定位。迪斯尼乐园可以宣称自己是世界上最大的主题游乐场。这也是一种产品特色，它间接地暗示了一种利益，即从中可享受到最多的娱乐。

（2）顾客利益定位。顾客由此获得的利益、解决问题的方法及需求满足的程度，能使顾客感受到它的定位。例如，在汽车市场，德国的"大众"享有"货币的价值"之美誉；日本的"丰田"侧重于"经济可靠"；"梅塞德斯"则是"身价的象征"。

（3）使用者定位。企业常常试图把其产品指引给适当的使用者即某个细分市场，以便根据该市场的看法塑造恰当的形象。如，百事可乐的定位是"12岁到24岁的男孩"，称作为"新一代的选择"。

（4）使用场合定位。小苏打一度被广泛用作家庭的刷牙剂、除臭剂和烘焙配料等，现在却有不少新产品代替了上述一些功能。国外有一家厂商，开始把它们作为冰箱除臭剂、阴沟和垃圾污物的防臭剂出售。另一家企业出售的羹汤，把小苏打作为调味汁和肉卤的配料。还有一家公司，原本把小苏打作为夏令饮料的原料之一介绍给顾客，以后又试图把其定位为冬季流行性感冒患者的饮料。

（5）竞争定位企业。在面对多种竞争优势并存的情况下，要运用一定的方法评估选择，准确地选出对企业最适合的竞争优势加以开发。选择方法可采取将本企业同竞争者在各项目（如技术、成本、质量、服务等）中评分加以比较，选出最适合本企业的优势项目。例如，不含阿司匹林的某种感冒药片、不含铅的某种汽油等，都是新类型的老产品，定位时应突出与其他同档产品的不同特点。在确定了企业的市场地位之后，还必须大力开展宣传，把企业的定位观念准确地传播给潜在购买者，要避免因宣传不当在公众中造成误解：如传播给公众的定位过低，不能显示出自己的特色；或定位过高，不符合企业实际情况，使公众误认为企业只经营高档高价产品；或定位含糊不清，不能在顾客中形成统一明确的认识。例如，对同一产品或同一服务项目，有人认为是高档的，有人认为是低档的。上述种种误解，都是由于定位的信息在传播上的失误所致，营销者应注意防止。

（五）案例题

1.（1）可用人口、心理、行为变量进行细分。

（2）在年龄上的重合度不高，但心理和行为上的重合可能较高。

（3）可用特质定位、利益定位及强化定位。

2.（1）由于老年人有更多的时间和金钱，他们是国外旅游、餐馆、高技术家用娱乐产品、休闲商品与服务、精良设计的家具和时尚品、金融服务，生活与健康护理服务的理想市场。他们感觉自己像年轻人一样，是购买化妆品、个人护理产品、健康食品、家用健身器材和其他否定年龄产品的候选人。

（2）老年人作为细分市场在数量和购买力上表现出成长性，那种认为老年人衰老、贫穷的旧框框所笼罩的形象是不正确的，营销者为这一重要市场制定特定的战略。

第八章 产品策略

你一定以为，竞争产品的行销战必然发生在公开市场吧？事实上，行销战的胜负只发生在一个地方——潜在顾客心中。

——佚名

重点：掌握产品整体概念；掌握产品组合策略；熟悉产品生命周期各阶段特点及营销策略；了解新产品开发管理程序

难点：产品生命周期各阶段的营销策略选择

新点：服务产品、定制营销

☞ **学习目标**

■ 了解企业产品策略的主要内容
■ 掌握产品组合构建及优化的方法
■ 掌握产品生命周期理论的运用
■ 掌握新产品开发管理流程主要内容

产品整体概念是指为留意、获取、使用或消费以满足某种欲望和需要而提供给市场的一切东西。有形物品已不能涵盖现代观念的产品，产品的内涵已从有形物品扩大到服务、人员、地点、组织和观念等；产品的外延也从其核心产品向形式产品、期望产品、附加产品和潜在产品拓展。

产品组合又称产品搭配，是指某一企业所生产和销售的全部产品大类及产品项目的有机组合方式。产品大类（又称产品线）是指产品类别中具有密切关系的一组产品。产品组合由各种各样产品线组成，每条产品线又由许多产品项目构成。产品组合可以用广度、长度、深度和关联性来描述。企业在调整和优化产品组合时，可根据企业自身资源条件、市场状况和竞争态势对产品组合的广度、长度、深度进行不同的组合，可选择的优化策略有扩大产品组合、缩减产品组合、产品延伸、产品线现代化和产品线特色化等。

产品生命周期是指产品从进入市场开始，直到最终退出市场为止所经历的市场生命循环过程。典型的产品生命周期一般分为介绍期（或投入期）、成长期、成熟期和衰退期四个阶段。在产品生命周期不同的阶段，产品营销所面临的环境和市场特点差别很大，产品利润也有高有低，因此，不同阶段产品需要不同的营销、财务、制造、购买和人事策略。

新产品开发是企业营销管理过程中十分重要的环节，开发成败直接影响企业的营销效果，为了提高新产品开发的成功率，必须建立科学的新产品开发管理程序。不同行业的生产条件和产品项目不同，管理程序也有所差异。一般而言，新产品开发管理流程包括创意产生、创意筛选、产品概念的发展和测试、营销战略发展、商业分析、新产品的开发、市场试销、商品化等步骤。

☞ **学习新知**

■ 服务产品
■ 定制营销

1. 服务产品

服务产品是无形产品中的一种，是通过向顾客提供特定服务或解决方案来满足需要的一种产品形式，如美容服务、传播服务等都属于这种产品形式。服务产品近年呈快速发展之势，占比越来越大。

服务产品的生产能力与购买能力之间的矛盾在通常情况下难以暴露，只有在矛盾相当尖锐激化的时候才反映出来。在一般情况下，人们不大注意也不太关心服务市场的供求关系，这表明服务市场的供求弹性大，服务市场运行的自由度高。

对服务产品的评估较之对有形产品的评估复杂而困难，这是由服务产品的不可感知性决定的。服务产品的评价主要依据以下特征：

（1）可寻找特征。可寻找特征指消费者在购买前能够确认的产品特征，比如价格、颜色、款式、硬度和气味等。

（2）经验特征。经验特征指在购买前不能了解或评估，而在购买后才可以体会到的特征，如产品的味道、耐用程度和满意程度等。

（3）可信任特征。可信任特征指消费者购买并享用之后很难评价，只能相信服务人员的介绍，并认为这种服务确实为自己带来期望所获得的技术性、专业性好处的服务特征。

2. 定制营销

定制营销是消费者在生产中居于核心地位，他们能够按自己的意志参与对所需产品的设计或提出意见，企业据此生产出符合顾客需要产品的营销活动。定制营销理论的内容有以下几点：

（1）把每一个顾客都作为一个单独的细分市场。

（2）生产的着眼点是使产品能够体现顾客的意志。

（3）营销活动建立在买卖双方协同一致的基础上。

（4）定制生产以大规模生产为基础。

☞ **核心概念**

■ 产品整体概念
■ 核心产品、形式产品、期望产品、附加产品、潜在产品
■ 产品组合、产品大类、产品组合的广度、长度、深度和关联性
■ 产品线延伸
■ 产品生命周期
■ 新产品
■ 新产品扩散

■ 便利品、选购品、特殊品、非渴求物品

1. 产品整体概念

产品整体概念是指为留意、获取、使用或消费以满足某种欲望和需要而提供给市场的一切东西，包括核心产品、形式产品、期望产品、附加产品和潜在产品五个层次。

2. 核心产品

产品最基本的层次是核心利益，即向消费者提供产品的基本效用和利益，也是消费者真正要购买的利益和服务。

3. 形式产品

产品核心利益需依附一定的实体来实现，产品实体称为形式产品，即产品所展现在消费者面前的基本形式。它主要包括产品的构造、款式、特征、形态等方面。

4. 期望产品

期望产品是消费者购买产品时期望获得的一整套属性和条件。

5. 附加产品

附加产品是产品的第四个层次，即产品包含的附加服务和利益，主要包括运送、安装、调试、维修、产品保证、零配件供应、技术人员培训等。

6. 潜在产品

产品的第五个层次是潜在产品，潜在产品预示着该产品最终可能的所有增加和改变。

7. 产品组合

产品组合又称产品搭配，是指某一企业所生产和销售的全部产品大类及产品项目的有机组合方式，产品组合可以用广度、长度、深度和关联性来描述。

8. 产品大类

产品大类（又称产品线）是指产品类别中具有密切关系的一组产品。

9. 产品组合的广度

产品组合的广度是指一个公司有多少产品大类。

10. 产品组合的长度

产品组合的长度是指一个公司的产品组合中所包含的产品项目的总数。

11. 产品组合的深度

产品组合的深度是指产品大类中每种产品有多少花色、品种、规格。

12. 产品组合的关联性

产品组合的关联性是指一个公司的各个产品大类在最终使用、生产条件、分销渠道等方面的相互关联程度。

13. 产品线延伸

产品线延伸是指一个公司把自己的产品线长度延伸超过现有范围或营销活动。它包括了向下延伸、向上延伸、双向延伸等方式。向下延伸是在高档产品线中增加低档产品项目。向上延伸是在原有的产品线上增加高档产品项目。双向延伸是原定位于中档产品市场的企业掌握了市场优势后，决定向产品线上下两个方向同时进行延伸，一方面增加高档产品，另一方面增加低档产品，扩大市场阵地。

14. 产品生命周期

产品生命周期是指产品从进入市场开始，直到最终退出市场为止所经历的市场生命循环过程。

15. 新产品

从市场营销角度看，只要整体产品中任何一部分的创新、变革以及向市场提供企业过去未生产的产品都可以称为新产品。

16. 新产品扩散

新产品扩散是指新产品上市后随着时间的推移不断地被越来越多的消费者所采用的过程。也就是说，新产品上市后逐渐地扩张到潜在市场的过程。

17. 便利品

消费者通常购买频繁，希望一需要即可买到，并且只花最少精力和最少时间去比较品牌、价格的消费品。

18. 选购品

消费者为了物色适当的物品，在购买前往往要去许多家零售商店了解和比较商品的花色、式样、质量、价格等的消费品。

19. 特殊品

消费者能识别哪些牌子的商品物美价廉，哪些牌子的商品质次价高，而且许多消费者习惯上愿意多花时间和精力去购买的消费品。

20. 非渴求物品

顾客不知道的物品，或者虽然知道却没有兴趣购买的物品。

☞　**学习重点**

- 产品整体概念的内涵及意义
- 产品组合的优化策略
- 产品生命周期各阶段的营销策略
- 新产品开发管理程序
- 新产品扩散过程

1. 产品整体概念的内涵及意义

从市场营销的角度看，产品是指为留意、获取、使用或消费以满足某种欲望和需要而提供给市场的一切东西。有形物品已不能涵盖现代观念的产品，产品的内涵已从有形物品扩大到服务、人员、地点、组织和观念等；产品的外延也从其核心产品向形式产品、期望产品、附加产品和潜在产品拓展。

一般来说，产品包含五个层次：

（1）核心产品。产品最基本的层次是核心利益，即向消费者提供产品的基本效用和利益，也是消费者真正要购买的利益和服务。消费者购买某种产品并非是为了拥有该产品实体，而是为了获得能满足自身某种需要的效用和利益。如洗衣机的核心利益体现在它能让消费者方便、省力、省时地清洗衣物。

（2）形式产品。产品核心利益需依附一定的实体来实现，产品实体称为形式产品，即产品所展现在消费者面前的基本形式。它主要包括产品的构造、款式、特征、形态等方面。一个好的实体产品，能够吸引消费者的注意与兴趣，激发他们的购买欲望，促进他们做出购买决策。

（3）期望产品。期望产品是消费者购买产品时期望获得的一整套属性和条件，如对于购买洗衣机的人来说，期望该机器能省时省力地清洗衣物，同时不损坏衣物，洗衣时噪声小，方便进排水，外型美观，使用安全可靠等。

（4）附加产品。附加产品是产品的第四个层次，即产品包含的附加服务和利益，主要包括运送、安装、调试、维修、产品保证、零配件供应、技术人员培训等。

（5）潜在产品。产品的第五个层次是潜在产品，潜在产品预示着该产品最终可能的所有增加和改变。

产品整体概念的提出，十分清楚地体现了以顾客需求为中心的现代市场营销观念，这一概念的内涵和外延都是以顾客需求为准则，由顾客的需求来决定。

产品整体概念的意义：树立产品整体概念对企业开展卓有成效的竞争具有重要意义。就产品本身而言，企业既可以分层次、分内容、分重点地开展与竞争者的竞争，也可以从整体上突出产品的优势。从目前企业竞争的现状来看，由于受核心技术的发明与应用的限制，核心产品的出现相对较难，竞争多表现在形式产品和延伸产品上。产品整体概念有利于企业避免营销近视症，提高目标消费者满足程度。

2. 产品组合的优化和调整

企业在调整和优化产品组合时，可根据企业自身资源条件、市场状况和竞争态势对产品组合的广度、长度、深度进行不同的组合，可选择的策略如下：

（1）扩大产品组合。扩大产品组合包括拓展产品组合的宽度和增强产品组合的深度。前者是在原产品组合中增加一个或几个产品大类，扩大产品经营范围；后者是在原有产品大类中增加新的产品项目。扩大产品组合有利于综合利用企业资源，扩大生产和经营规模，降低生产经营成本，提高企业竞争力；有利于满足顾客的多种需求，进入和占领多个细分市场。

（2）缩减产品组合。缩减产品组合策略指压缩产品组合的广度或深度，删除一些产品系列或产品项目，集中力量生产经营一个系列的产品或少数产品项目，提高专业化水平，力图从生产经营较少的产品中获得较多的利润。缩减产品组合策略有利于企业集中资源于少数产品，提高产品质量，降低消耗；有利于企业减少资金占用，加速资金周转；有利于广告促销、分销渠道等的针对性、集中性，提高营销效率。

（3）产品延伸。每一个公司的产品线只占所属行业整体范围的　部分，每一产品都有特定的市场定位。当一个公司把自己的产品线长度延伸超过现有范围时，称为产品线延伸。产品线的延伸决策包括了向下延伸、向上延伸、双向延伸等方面的内容。

① 向下延伸。向下延伸是在高档产品线中增加低档产品项目。实行这一策略需要具备

以下市场条件之一：利用高档名牌产品的声誉，吸引购买水平较低的顾客慕名购买此线中的廉价产品；高档产品销售市场增长缓慢，为赢得更多顾客，只得将产品线向下延伸；企业最初进入高档产品市场的目的是建立品牌信誉，然后再进入中、低档市场，以扩大市场占有率和销售增长率；补充企业的产品线空白。

② 向上延伸。向上延伸是在原有的产品线上增加高档产品项目。实行这一策略的主要目的是：高档产品市场具有较大的潜在市场增长率和较高利润率的吸引；企业的技术设备和营销能力已具备加入高档产品市场的条件；企业要重新进行产品线定位。

③ 双向延伸。双向延伸是原定位于中档产品市场的企业掌握了市场优势后，决定向产品线上下两个方向同时进行延伸，一方面增加高档产品，另一方面增加低档产品，扩大市场阵地。

（4）产品线现代化。现代社会科技发展突飞猛进，产品开发也是日新月异，产品的现代化成为一种不可改变的大趋势，产品线也有必要进行现代化改造。产品大类现代化策略分逐步现代化和快速现代化两种。

（5）产品线特色化。产品线经理在产品线中典型地选择一个或少数几个产品品种进行特色化。

3. 产品生命周期各阶段的营销策略

产品生命周期是指产品从进入市场开始，直到最终退出市场为止所经历的市场生命循环过程。与产品的使用寿命周期是两个不同的概念，产品的市场生命周期指的是产品的经济寿命，即产品在市场上销售的时间。其时间的长短由产品的质量、特性、价值、消费者认识与接受的程度、科学技术发展水平以及产品更新换代的速度等各种因素决定。

产品生命周期概念提供了在产品生命周期各个不同阶段发展有效的营销策略的一个有用的框架。在市场营销活动中，对处于不同生命周期的产品应采取不同的市场营销策略，使企业的市场营销策略达到最佳组合，形成企业独特的营销优势（见表8-1）。

表8-1　产品生命周期各阶段的特点、目标和营销策略

项目	介绍期	成长期	成熟期	衰退期
特点				
销售	销售缓慢，批量小	销售迅速上升	销售高峰	销售下降
成本	成本高	成本中等	成本低	成本低
利润	亏损	利润上升	高利润	利润下降
顾客	创新者	早期采用者	中间多数人	落后者
竞争者	极少	数量增多	数量稳定	数量减少
营销目标				
	创造产品知名度，促进试用	市场份额最大化	市场份额最大化，同时保卫市场份额	减少支出，榨取利润
营销策略				
产品	提供基本产品	提供扩展产品、服务和担保	品牌和样式多样化	逐步淘汰产品

续表

项目	介绍期	成长期	成熟期	衰退期
特点				
价格	采用成本加成法	市场渗透价格法	抗衡或击败竞争者的价格	降低价格
分销	选择性分销	密集分销	更密集分销	淘汰无利分销点
广告	在早期采用者和经销商中建立知名度	在大众市场中建立知名度和兴趣	强调品牌的差异和利益	减少到保持坚定忠诚者所需水平
促销	大力促销以吸引试用	适当减少促销，充分利用大量的消费者需求	增加对品牌转换的鼓励	减少到最低水平

4. 新产品开发管理程序

为了提高新产品开发的成功率，必须建立科学的新产品开发管理程序。不同行业的生产条件和产品项目不同，管理程序也有所差异。传统上新产品开发的程序如下：

（1）创意产生。新产品开发过程的第一个阶段是寻找产品创意。所谓创意，就是开发新产品的设想。公司新产品的创意大多来源于顾客、科学家、竞争者、雇员、经销商和最高管理层。

（2）创意筛选。新产品创意筛选是运用一系列评价标准，对各种创意进行比较判断，从中找出最有成功希望的创意的一种"过滤"工程。进行创意筛选的主要目的是权衡各创新项目的费用、潜在效益与风险，选出那些符合本公司发展目标和长远利益，并与公司的资源相协调的产品创意，放弃那些可行性较小的产品创意。

（3）产品概念的发展和测试。经过甄别后保留下来的产品创意还要进一步发展成为产品概念。确定最佳产品概念，进行产品和品牌的市场定位后，就应当对产品概念进行试验。所谓产品概念试验，就是用文字、图画描述或者用实物将产品概念展示于一群目标顾客面前，观察他们的反应。

（4）营销战略发展。公司确定了产品概念方案后，必须制定把这种产品引入市场的初步市场营销战略计划。初拟的营销战略计划包括三个方面：① 描述目标市场的规模、结构、消费者的购买行为、产品的市场定位以及短期（三个月）的销售量、市场占有率、利润率预期等；② 描述产品的预期价格、分配渠道和第一年的营销预算；③ 分别描述较长期的销售额和投资收益率，以及不同时期的市场营销组合等。

（5）商业分析。在这一阶段，公司必须复核销售量、成本和利润预算，以确定它们是否满足公司的目标。如果它们能符合，那么产品概念就能进入产品开发阶段。

（6）新产品的开发。主要是将通过商业分析的新产品概念交送研究开发部门和技术部门试制成为实体产品模型及样品。同时，进行产品的包装研制和品牌的设计。

（7）市场试销。通过市场试销，了解消费者和经销商对处理、使用和再购买该实际产品将产生什么样的反应。市场试销的规模既受投资成本和风险的影响，也会受时间压力和研究成本的影响。

（8）商品化。这一阶段又称为商业性投放。在新产品测试成功后，把新产品批量生产，全面推向市场的过程。新产品投放市场初期往往利润微小，甚至亏损，因此，公司在此阶段应对产品投放市场的时机、区域、目前市场的选择和最初的营销组合等方面做出慎重的决策。

5. 新产品扩散过程

所谓新产品扩散，是指新产品上市后随着时间的推移不断地被越来越多的消费者所采用的过程。也就是说，新产品上市后逐渐地扩张到潜在市场的过程。

在新产品的市场扩散过程中，由于个人性格、文化背景、受教育程度和社会地位等因素的影响，不同的消费者对新产品接受的快慢程度不同。罗杰斯（1983）根据这种接受程度快慢的差异，把采用者划分成五种类型，即创新者、早期采用者、早期大众、晚期大众和落后采用者。

（1）创新者。任何新产品都是由少数创新者率先使用。该类采用者约占全部潜在采用者的2.5%。创新者通常极富冒险精神，收入水平、社会地位和受教育程度较高，一般是年轻人。

（2）早期采用者。早期采用者是第二类采用新产品的群体，占全部潜在采用者的13.5%。他们大多是某个群体中具有很高威信的人，受到周围朋友的拥护和爱戴。这类采用者多在产品的介绍期和成长期采用新产品，并对后面的采用者影响较大。

（3）早期大众。这类采用者采用时间较平均采用时间要早，占全部潜在采用者的34%。这类采用者对舆论领袖的消费行为有较强的模仿心理，他们在购买时往往深思熟虑，态度谨慎。

（4）晚期大众。这类采用者采用时间较平均采用时间稍晚，占全部潜在采用者的34%。他们的信息多来自周围的同事或朋友，很少借助宣传媒体收集所需要的信息，其受教育程度和收入状况相对较差。他们从不主动采用或接受新产品，直到多数人都采用且反映良好时才行动。

（5）落后采用者。这类采用者是采用产品的落伍者，占全部潜在采用者的16%。他们思想保守，拘泥于传统的消费行为模式。他们与其他的落后采用者关系密切，极少借助宣传媒体，其社会地位和收入水平最低。他们在产品进入成熟期后期乃至进入衰退期时才会采用。

☞ **知识链接**

知识链接8

新产品发展趋势

21世纪，传统的经济模式在知识经济浪潮的冲击下面临着巨大改变。未来经济发展呈现出网络化、信息化、数字化、知识化的特征，新经济对人类的影响是全方位的。与新经济发展相适应，企业新产品开发总的发展趋势是：产品更新换代的频率进一步加快，新产品开发的时间周期愈来愈短。具体将呈现以下趋势：

高科技新产品。在当代高科技迅猛发展的影响下，知识和技术在经济发展中的作用日益显著，产品中的知识技术含量也日渐增多，朝着知识密集化和智能化的方向发展，未来新产品的高科技化趋势将日益明显。高科技产品除具有一般产品的特征外，其最大的特点是与高技术密切相关。

绿色产品。"绿色"代表环境，象征生命。进入 20 世纪 90 年代，一些国家纷纷推出以保护环境为主题的"绿色计划"，"绿色浪潮"已经来临。人类对保护环境，维持可持续发展的渴望比以往任何时候都要强烈。"绿色食品"、"绿色产业"、"绿色企业"、"绿色消费"、"绿色营销"……"绿色"系列已成为环境保护运动的代名词，消费者将越来越青睐不包括任何化学添加剂的纯天然食品或天然植物制成的绿色产品，社会发展也迫使企业必须开发对环境无害或危害极小，有利于资源再生和回收利用的绿色产品。

大规模定制模式下的个性化产品。激烈的市场竞争使企业发生的最大变化是将注意力集中到顾客身上，无论企业是否愿意，消费者越来越要求得到他们真正需要的产品，大规模地生产大批量产品已不能满足消费者日趋个性化的需求，个性化需求时代已经来临。企业一方面要满足消费者个性化需求，另一方面又必须控制生产成本，大规模定制开发新产品模式为企业快速开发出大量满足个性化的产品指明了道路。大规模定制模式是指对定制的产品或服务进行个别的大规模生产，它在不牺牲企业经济效益的前提下，了解并满足单个消费者的需求。

多功能产品。将各种产品功能组合，移植成新产品是未来新产品发展的又一趋势。多种产品功能组合的新产品不仅能有效满足消费者多方面的需求，而且企业在开发此类新产品时风险也大大降低。如具有手电筒照明功能的收录机和时钟、通信簿计算器、计算机钢笔、复印电话一体机、多功能数字化彩色复印机、具有上网功能的手机等是目前一些发达国家开发的组合新产品。

（资料来源：新产品发展趋势，中国营销传播网，有改动。）

☞ **同步练习**

（一）单项选择题（在下列每小题中，选择一个最适合的答案。）

1. 随着人类走向知识经济时代，服务业在 GDP 中所占的比重将会（　　）。

A. 持续上升　　　B. 不断下降　　　C. 维持不变　　　D. 变动甚微

2. 下列（　　）不是整体产品概念的范畴。

A. 品牌　　　　　B. 分期付款　　　C. 备件服务　　　D. 社会捐赠

3. 服务是一方向另一方提供的基本上是（　　），并且不导致任何所有权的产生。

A. 有形产品　　　　　　　　　　　B. 无形的任何活动或利益

C. 物质产品　　　　　　　　　　　D. 实体产品

4. 服务是一种无形产品，它向顾客提供的是产品的（　　），并不涉及所有权的转移。

A. 管理权　　　　B. 保护权　　　　C. 所有权　　　　D. 使用权

5. 以下哪项不是描述产品组合的参数（　　）。

A. 广度　　　　　B. 关联性　　　　C. 长度　　　　　D. 颜色

6. 服务的（　　）特征表明，顾客只有而且必须加入到服务的生产过程中，才能享受到服务。

A. 无形性　　　　B. 异质性　　　　C. 同步性　　　　D. 易逝性

7. 收割策略适用于产品生命周期的（　　）。

A. 导入期　　　　B. 成长期　　　　C. 成熟期　　　　D. 衰退期

8. 产品生命周期中，销量上升最快的阶段是（　　）。

A. 导入期　　　　B. 成长期　　　　C. 成熟期　　　　D. 衰退期

9. 下列哪种情况不适合采用快速撇脂策略（　　）。

A. 消费者愿意接受相对高价　　　　B. 市场容量大

C. 消费者对促销不敏感　　　　　　　D. 潜在竞争激烈

10. 成长期营销人员的促销策略主要目标是在消费者心目中建立（　　）争取新的顾客。

A. 产品外观　　　B. 产品质量　　　C. 产品信誉　　　D. 品牌偏好

11. 大多数企业开发新产品是改进现有产品而非创造（　　）。

A. 换代产品　　　B. 全新产品　　　C. 仿制产品　　　D. 最新产品

12. 新产品开发的产品构思阶段，营销部门的主要责任是（　　）、激励及提高新产品构思。

A. 收集　　　　　B. 调查　　　　　C. 寻找　　　　　D. 评价

13. 处于市场不景气或原料、能源供应紧张时期，（　　）产品线反而能使总利润上升。

A. 增加　　　　　B. 扩充　　　　　C. 延伸　　　　　D. 缩减

14. 期望产品是指购买者在购买产品时，期望得到与（　　）密切相关的一整套属性和条件。

A. 服务　　　　　B. 质量　　　　　C. 产品　　　　　D. 用途

15. 非渴求商品指消费者不了解或即便了解也（　　）的产品。

A. 很想购买　　　B. 不想购买　　　C. 渴求购买　　　D. 即刻购买

（二）多项选择题（在下列每小题中，选择适合的答案。）

1. 产品可以根据其耐用性和是否有形进行分类，大致可分为（　　）三类。

A. 高档消费品　　B. 低档消费品　　C. 耐用品

D. 非耐用品　　　E. 劳务

2. 劳务具有（　　）的特点。

A. 无形性　　　　B. 满足感　　　　C. 易变性

D. 不可分离性　　E. 不可储存性

3. 因为农产品具有（　　）特点，所以销售时，需要采取特殊的营销措施。

A. 标准性　　　　B. 易腐性　　　　C. 无形性

D. 季节性　　　　E. 耐用性

4. 产品组合包括的参数是（　　）。

A. 适应度　　　　B. 长度　　　　　C. 相关性　　　　D. 宽度　　　E. 深度

5. 优化产品组合的方法有（　　）。

A. 扩大产品组合　B. 缩减产品组合

C. 产品定位　　　D. 产品延伸　　　E. 产品线现代化

6. 快速渗透策略，即企业以（　　）推出新产品。

A. 高品质　　　　B. 高促销　　　　C. 低促销

D. 高价格　　　　E. 低价格

7. 新产品开发需要优选最佳产品概念，选择的依据是（　　）以及对企业设备、资源的充分利用等。

A. 技术能力　　　B. 未来的市场潜在容量

C. 投资收益率　　D. 生产能力　　　E. 销售成长率

8. 企业针对成熟期的产品所采取的市场营销策略，具体包括的途径是（　　）。

A. 开发新市场　　B. 开发新产品　　C. 寻求新用户

D. 巩固老用户　　E. 改进老产品

9. 对于产品生命周期衰退阶段的产品，可供选择的营销策略是（　　）。

A. 集中策略　　　B. 扩张策略

C. 维持策略　　　D. 竞争策略　　　E. 榨取策略

10. 产品的整体概念包括（　　）。

A. 核心产品　　　B. 形式产品　　　C. 扩大产品

D. 期望产品　　　E. 潜在产品

（三）判断题（判断下列各题是否正确。正确的在题后的括号内打"√"，错误的打"×"。）

1. 运用整体产品概念可以更有利于实现产品的差异化。　　　　　　　（　　）

2. 产品生命周期各阶段中成长期的产品销售量最大。　　　　　　　　（　　）

3. 不是所有产品的生命周期都是有限的。　　　　　　　　　　　　　（　　）

4. 当市场容量较小时，需利用快速渗透策略抢占有限的市场。　　　　（　　）

5. 新产品就是用新材料制成的产品。　　　　　　　　　　　　　　　（　　）

6. 新产品试销后应制定新产品的营销发展战略。　　　　　　　　　　（　　）

7. 新产品试销应选择经济欠发达地区，因为这种地区试销成功，别的市场也不会有问题了。　　　　　　　　　　　　　　　　　　　　　　　　　　　　　　　　（　　）

8. 包装分为运输包装和销售包装。　　　　　　　　　　　　　　　　（　　）

9. 模仿竞争对手的包装是为了节省包装设计成本。　　　　　　　　　（　　）

10. 分期付款也是属于整体产品的范畴。　　　　　　　　　　　　　（　　）

（四）问答题

1. 产品整体概念有何意义？

2. 什么是产品组合？如何描述产品组合？

3. 简述产品生命周期的概念及意义。

4. 在投入期采取快速渗透策略有何作用，这种策略需要什么条件？

5. 产品试销应做哪些决策？

（五）案例题（2 个）

1. 云云服装公司专门生产牛仔服，其产品"云云"牌系列牛仔服结实耐磨，价格低廉，深受中低收入阶层青睐，在 A 市的同类产品市场上长期稳居第一，近年来每年的销售增长率保持在 5% 左右。

从去年起，福建一家著名牛仔服生产商在 A 市的合资厂正式投产，其产品给云云服装公司在 A 市的销售带来了巨大压力。今年上半年，"云云"牌系列的销售量比去年同期有较大幅度的下降，同时失去了市场霸主的地位。有鉴于此，云云服装公司决定进行战略调整，以挽回颓势，主要策略是开发新产品，由主管部门和财务部门抽调一些业务骨干，组成了一个专门机构负责这项工作。经过研究发现，A 市的服装消费需求出现了高档化和休闲化的趋势。云云服装公司决定，终止原有产品的生产，清理存货，集中力量开发出高档、休闲化的新款牛仔服。在销售方式上，公司改变了完全依赖中间商的做法，在 A 市设立了多家专卖店，直接面向顾客。

问题：

云云公司高档化和休闲化的产品路线对公司在哪些方面有新的要求？

2. 香香美是省会城市 A 市的一家餐饮企业，自 1997 年创建以来，一直保持着较高的发展速度，已在省内拥有 12 家连锁店。总经理卫凡是厨师出身，尽管书读得不多，但在长期的餐饮业经营中形成了自己独特的企业文化。

2002 年，香香美第一家省外连锁店在杭州粉墨登场。对于连锁餐饮企业的异地发展，卫凡与下属都没有太多的经验，他们决定一切照搬总部的经营与管理方式。香香美提出的饮食文化是"科学饮食、吃出健康"，在宣传推广上，他们试图让杭州人也接受这一饮食文化。他们还用"平价美食"的经营特色来吸引消费者，力图以物美价廉取胜。

为了保证企业品牌形象的整体性、管理模式的同一性、企业文化的融合性，提供原汁原味的 A 市菜肴，卫凡决定所有的中高层管理人员都从 A 市大本营进行协调分配，包括厨师和服务员都从 A 市当地招募。每天的《A 市晚报》都会固定地放在每一张餐桌上，卫凡希望更多的消费者了解 A 市，了解 A 市的文化，从而更深入地了解香香美。

开张伊始，香香美果然得到了杭州消费者的认可，生意十分火爆，然而好景不常，2 个月后就一落千丈、门可罗雀了。问题出在哪里？经过调查发现，绝大部分消费者都是图新鲜，尝试性消费，回头客少生意当然好不起来。香香美的菜肴口味偏重、偏辣，而杭州人的饮食习惯是清淡、爽脆、咸中有甜，尝个新鲜还可以，要他们经常来香香美就不大可能。另外，杭州人非常讲究饮食的精细与典雅，香香美追求平价实惠，突出菜的分量，粗瓷大碗，与杭州人的细腻也不吻合。

眼见"水土不服"，香香美决定实施本土化经营战略，大部分中高层管理人员与员工换成了杭州本地人，希望借助他们对本地饮食文化与习惯的了解，迎合消费者的需求。接着，淡化原有菜肴的口味，增加本地流行的江浙菜系，菜肴的制作与店内环境、器皿力求精细雅致，就连餐桌上的报纸也换成杭州人更为关注的《钱江晚报》。

这么一番大动作，却没有取得相应的收效，香香美的生意反而更加清淡了。一些冲着 A 市特色菜而来的食客，认为香香美改变口味后失去了原来的特色，不再正宗了；想吃本地菜的消费者更不会相信香香美这个外地品牌能做出地道的杭州口味来。

与此同时，内部管理也出现了不和谐的音符。由于缺乏深入的培训，本地招聘的员工对于香香美的企业文化与管理模式不太适应，常常按照自己的想法来操作，引发了许多矛盾。企业原本制定了连锁经营的规范化操作程序与要求，现在由于实施本地化战略，许多情况都没法按原来的要求操作，这也让员工们无所适从。

卫凡百思不得其解：连锁餐饮企业究竟该怎样在异地发展？

问题：

（1）香香美杭州连锁店为何经营不善？

（2）卫凡该怎样解决本土化经营战略的灵活性与连锁经营的规范化要求之间的矛盾？

☞ 参考答案

（一）单项选择题

1. A　　2. D　　3. B　　4. D　　5. D　　6. C　　7. D　　8. B　　9. C　　10. D
11. B　　12. C　　13. D　　14. C　　15. B

（二）多项选择题

1. CDE　　　2. ACDE　　　3. BD　　　4. BCDE　　　5. ABDE

6. BE　　　7. BCDE　　　8. AC　　　9. ACE　　　10. ABCDE

（三）判断题

1. √　2. ×　3. ×　4. ×　5. ×　6. ×　7. ×　8. √　9. ×　10. √

（四）问答题

1. 产品整体概念有何意义？

产品整体概念的提出，十分清楚地体现了以顾客需求为中心的现代市场营销观念，这一概念的内涵和外延都是以顾客需求为准则，由顾客的需求来决定。树立产品整体概念对企业开展卓有成效的竞争具有重要意义。就产品本身而言，企业既可以分层次、分内容、分重点地开展与竞争者的竞争，也可以从整体上突出产品的优势。从目前企业竞争的现状来看，由于受核心技术的发明与应用的限制，核心产品的出现相对较难，竞争多表现在形式产品和延伸产品上。

2. 什么是产品组合，如何描述产品组合？

产品组合又称产品搭配，是指某一企业所生产和销售的全部产品大类及产品项目的有机组合方式。产品大类（又称产品线）是指产品类别中具有密切关系的一组产品。产品组合由各种各样产品线组成，每条产品线又由许多产品项目构成。产品组合可以用广度、长度、深度和关联性来描述。产品组合的广度，是指一个公司有多少产品大类。产品组合的长度，是指一个公司的产品组合中所包含的产品项目的总数。产品组合的深度，是指产品大类中每种产品有多少花色、品种、规格。而产品组合的关联性，是指一个公司的各个产品大类在最终使用、生产条件、分销渠道等方面的相互关联程度。

3. 简述产品生命周期的概念及意义。

产品生命周期是指产品从进入市场开始，直到最终退出市场为止所经历的市场生命循环过程。

产品生命周期具有如下三个含义。

（1）任何产品都有一个有限的市场生命。

（2）产品销售经过不同的生命周期阶段时都对销售者提出了不同的挑战。

（3）在产品生命周期不同的阶段，产品利润有高有低。

在产品生命周期不同的阶段，产品需要不同的营销、财务、制造、购买和人事战略。

4. 在投入期采取快速渗透策略有何作用，这种策略需要什么条件？

快速渗透策略是以低价格和高促销费用方式推出新产品。这一策略的主要目的在于先发制人，以最快的速度打入市场，尽可能扩大市场占有率，然后再随着销量和产量的扩大，使单位成本降低，取得规模效益。实施这一策略的条件是：该产品市场容量相当大；潜在消费者不了解产品，且对价格十分敏感；潜在竞争较为激烈；产品的单位制造成本可随着生产规模和销售量的扩大而迅速降低。

5. 产品试销应做哪些决策？

在市场试销中，公司要对以下问题做出决策：

（1）试销的地区范围：试销市场应是公司目标市场的缩影。

（2）试销时间：试销时间的长短一般应根据该产品平均重复的购买率决定。

（3）试销中所要取得的资料：一般要了解首次购买率的情况（试用率）和重复购买情

况（再购买）。

（4）试销所要的费用支出。

（5）试销的营销策略以及试销成功后应该采取的战略行动。

（五）案例题

1. 高档化和休闲化的产品路线对公司产品设计和开发能力比过去要求更高了，对市场的反应速度也应该比以前快，以紧跟流行趋势。另外品牌管理在高档和休闲服饰经营中的作用更明显了，专卖店模式要求企业有更好的销售管理能力和资源实力。

2. 香香美失败的主要原因是开始没有处理好本土化的问题，不仅仅体现在菜系上，包括餐饮企业的各种管理和服务都有应具有本土化的特色。这与连锁企业的规范化经营并不矛盾，在公司的管理体制和核心特色产品统一的前提下，本土化会使香香美在各地更具有亲和力，后期的改进有点矫枉过正，没有了自己的特色。

第九章 品牌与包装策略

品牌是一种错综复杂的象征——它是产品属性、名称、包装、价格、历史声誉、广告方式的无形总和，品牌同时也因消费者对其使用的印象以及自身的经验而有所界定。

——大卫·奥格威

重点： 了解品牌的概念、掌握品牌资产的内容、掌握品牌定位及其营销策略
难点： 品牌营销策略
新点： 品牌孵化器、反品牌策略

☞ **学习目标**

- 掌握品牌的概念
- 了解品牌定位的内容
- 掌握品牌营销策略

美国营销学权威菲利普·科特勒（Philip·Kotler）认为：品牌就是一个名字、名词、符号或设计，或是上述的总和，其目的是要使自己的产品或服务有别于其他竞争者。从消费者方面讲，品牌是一种心理上、情绪上的认同。

所谓品牌定位，就是指建立或塑造一个与目标市场有关的品牌形象的过程与结果。品牌的市场定位包括市场分析、选择本品牌的竞争优势、品牌定位设计、品牌定位的实施四个步骤。品牌定位的方式主要有两种：一种是以竞争为基础的品牌定位。即找到一个沟通的位置，是自己产品的强点，是被消费者所想要的，也是竞争者所不及的；另一种是以目标市场的品牌定位。为了维持长期的成功，必须把品牌与消费者的目标联系起来。品牌定位策略有属性定位、利益定位、使用者定位、文化象征定位等多种方法。

品牌营销策略要解决的是企业要不要给产品建立一个品牌的问题，如何确定品牌所有者，如何选择品牌名称，确定品牌战略，以及如何对品牌重新定位。

☞ **学习新知**

- 品牌孵化器
- 反品牌策略

1. 品牌孵化器

品牌孵化器是近年营销领域的一个新名词，意即一企业在长期的经营实践中积累了成熟的品牌运作模式和强大的品牌推广能力，将一个品牌成功模式连续复制到其他新品牌。该企

业往往不具备很强的生产能力，建立和推广品牌是其经营核心，往往被称为品牌孵化器。近年来，橡果国际公司就是一个成功的典型。

2. 反品牌策略

反品牌策略即推出新的品牌，使之在目标受众、产品定价、品牌风格或者其他一些特性上都与母品牌截然不同，在扩展企业品牌组合的同时，有效地截住竞争对手的占位。当然，这种策略与品牌延伸有着很大的不同。常规的品牌延伸是充分利用母品牌已有的品牌特征向外进行延展，因此延伸之后的品牌会体现出一定的母品牌特性；而反品牌策略则需要完全不同的员工，甚至是完全不同的办公环境，从而能够让它们远离母品牌自由地生长。反品牌策略有极大的风险，稍有不慎，这样的一个反品牌很有可能把自己和母品牌一起拖下水。宝马采用反品牌策略推出了 Mini，全球著名的酒店连锁集团 Starwood 推出了 W 酒店，而美国三角洲航空公司则推出了 Song，都属于反品牌策略的运用。

☞ **核心概念**

- 品牌、商标
- 品牌忠诚度
- 品牌知名度、品质认知度
- 品牌定位
- 品牌设计
- 品牌延伸
- 多品牌策略、品牌所有者策略
- 统一品牌、个别品牌、分类品牌
- 包装

1. 品牌

品牌就是一个名字、名词、符号或设计，或是上述的总和，其目的是要使自己的产品或服务有别于其他竞争者。从消费者方面讲，品牌是一种心理上、情绪上的认同。

2. 商标

商标是品牌的法律表现形式，指在政府有关部门依法注册，受到法律保护的整个品牌或品牌中的某一部分，如注册了的图案、符号、字体等。经注册的商标，所有者受法律保护享有该商标的专用权。

3. 品牌忠诚度

品牌忠诚度是指消费者持续购买同一品牌，既使是面对更好的产品特点，更多的选择，更低的价钱，也会如此。一般根据忠诚度的高低分为五层：承诺购买者、情感购买者、满意购买者、习惯购买者、无品牌购买者。

4. 品牌知名度

品牌知名度是指消费者想到某一类别的产品时，脑海中能想到或辨别某一品牌的程度。

5. 品质认知度

品质认知度是指消费者对某一品牌在品质上的整体印象。

6. 品牌定位

品牌定位就是指建立或塑造一个与目标市场有关的品牌形象的过程与结果。

7. 品牌设计

广义的品牌设计包括战略设计、产品设计、形象设计和 CI 设计。狭义的品牌设计是指对产品的文字名称、图案记号或两者结合的一种设计，用以象征产品的特性，是企业形象、特征、信誉、文化的综合与浓缩。

8. 品牌延伸

品牌延伸是指将某一品牌扩展到新的产品领域，也包括通过增加变形产品或同一产品领域的新产品来延伸品牌。

9. 多品牌策略

多品牌策略是指企业同时为一种产品设计两种或两种以上互相竞争的品牌的做法。

10. 品牌所有者策略

品牌所有者策略是指品牌所有权归谁、由谁管理和负责的策略。

11. 统一品牌

企业所有的产品（包括不同种类的产品）都统一使用一个品牌。

12. 个别品牌

个别品牌是指企业对各种不同的产品分别使用不同的品牌。

13. 分类品牌

分类品牌是指企业对所有产品在分类的基础上各类产品使用不同的品牌。

14. 包装

包装是指设计并生产容器和包装物的一系列活动。有两层含义：一是指产品的外部包扎容器，即包装器材；二是指设计、生产容器或包扎物并将产品包裹起来的一系列活动。

☞ **学习重点**

- 品牌的功能
- 品牌资产的内涵
- 品牌定位的步骤
- 制造商品牌策略的选择方式
- 品牌再定位的流程
- 品牌内涵
- 包装策略

1. 品牌的功能

（1）识别功能。品牌可减少消费者在选购商品时所花费的时间和精力。消费者会对品牌产生一种整体感觉，这就是品牌认知。当消费者购买具有某种使用价值的商品时，面对琳琅满目的商品，他们的购买行为首先表现为选择、比较。而品牌在消费者心目中是产品的标志，它代表着产品的品质、特色。同时，品牌是企业的代号。

（2）保护消费者权益的功能。由于品牌具有排他的专用性特征，品牌中的商标通过注册以后受到法律保护，禁止他人使用。如果产品质量有问题，消费者就可以根据品牌溯本求源，追究品牌经营者的责任，依法向其索赔，以保护自己的正当权益不受侵犯。

（3）促销的功能。品牌的促销功能主要表现在两方面：一是由于品牌是产品品质标志，消费者常常按照品牌选择产品，因此品牌有利于引起消费者的注意，满足他们的需求，实现扩大产品销售的目的。二是由于消费者往往依照品牌选择产品，这就促使生产经营者更加关心品牌的声誉，不断开发新产品，加强质量管理，树立良好的企业形象，使品牌经营走上良性循环的轨道。

（4）增值的功能。品牌是一种无形资产，它本身可以作为商品买卖。世界十大著名品牌的品牌价值都是近乎天文数字。品牌资产是一种超越商品有形实体以外的价值部分。

2. 品牌资产的内涵

品牌是一种超越生产、商品、有形资产以外的价值。美国加州大学大卫·艾克教授出版的《经营品牌权益》专著，提出了组成品牌资产（Brand Equity）的五大元素：即品牌忠诚度、品牌知名度、品牌认知度、品牌联想及其他专有品牌资产，如图9-1所示。

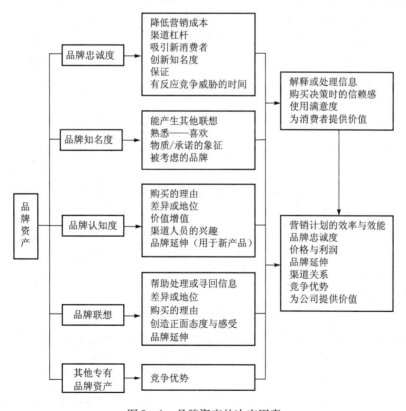

图9-1　品牌资产的决定因素

3. 品牌定位的步骤

（1）市场分析。市场分析要求在为品牌进行定位之前，做详细的市场调查，了解竞争对手的特点，明确自己的竞争优势。

（2）选择本品牌的竞争优势。确定本品牌的优势有哪些；确定本品牌各种优势的大小；确定本品牌可以用来定位的优势。

（3）品牌定位设计。品牌定位设计就是对品牌定位进行初步的规划和筛选。主要包括：根据已确定的品牌优势进行品牌定位；如何表达品牌的定位，可设计多种不同方案，然后从中进行优选；如何把有限的资金用在定位上。

（4）品牌定位的实施。品牌定位设计完成后，要使产品在消费者心目中扎根，建立起该企业产品的形象，必须借助各种方式进行有效的传播。因此品牌定位的实施包括实施有效广告创意及选择合适的广告媒体，因为广告常常是在消费者中传播和建立品牌形象的重要手段。除此之外，也要有效地利用公关、营业推广等其他必要的市场促销活动。

4. 制造商品牌策略的选择方式

对制造商而言，全部产品都使用一个品牌，还是各种产品分别使用不同的品牌，关系着品牌运营的成败。制造商的品牌名称选择有以下几种方式：

（1）统一品牌。企业所有的产品（包括不同种类的产品）都统一使用一个品牌。其好处是：① 能够降低新产品宣传费用；② 在企业的品牌已赢得良好市场信誉的情况下，可实现顺利推出新产品的愿望；③ 有助于显示企业实力，塑造企业形象。其缺点是：若某一种产品因某种原因（如质量）出现问题，就可能牵连、影响全部产品和整个企业的信誉。当然，统一品牌策略也存在着容易相互混淆、难以区分产品质量档次等令消费者不便的缺憾。

（2）个别品牌。个别品牌是指企业对各种不同的产品分别使用不同的品牌。该品牌策略有下列特点：

① 有利于企业全面占领一个大市场，满足不同偏好消费者的需要。多种不同的品牌代表了不同的产品特色，便于消费者识别不同质量、档次的商品。多品牌可吸引多种不同需求的顾客，提高市场占有率。

② 有利于企业提高抗风险的能力。企业每一品牌之间是相互独立的，个别品牌的失败不会影响其他品牌及企业的整体形象。

③ 适合零售商按品牌安排货架的行为特性。在产品分销过程中，本企业品牌占有更大的货架空间，进而压缩或挤占竞争者产品的货架面积，为获得较高的市场占有率奠定了基础。

④ 有利于企业的新产品向多个目标市场渗透。

⑤ 促销费用较高也是不可忽视的，对企业实力、管理能力要求较高。

（3）分类品牌。分类品牌是指企业对所有产品在分类的基础上各类产品使用不同的品牌。如企业可以对自己生产经营的产品分为器具类产品、妇女服装类产品、家庭设备类产品，并分别赋予其不同的品牌名称及品牌标志。

（4）企业名称加个别品牌。这种做法是企业对其各种不同的产品分别使用不同的品牌，但需在各种产品的品牌前面冠以企业名称。在各不同产品的品牌名称前冠以企业名称的做法，可以使新产品与老产品统一化，进而享受企业的整体信誉。与此同时，各种不同的新产品分别使用不同的品牌名称，又可以使不同的新产品各具特色。对企业而言，全部产品都使用一个品牌，还是各种产品分别使用不同的品牌，关系着品牌运营的成败。

5. 品牌再定位的流程

如图 9-2 所示，重新定位一个品牌需要改变目标市场，或改变品牌的价值取向。为了改变价值取向，可以通过改变核心价值（产品、技术、质量、消费者购买和使用时的感受）来实现。

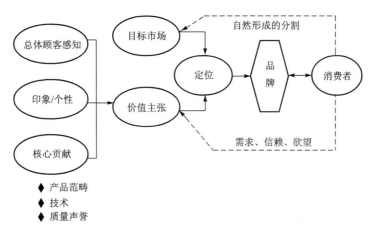

图 9-2 品牌定位框架

企业在制定品牌重新定位策略时，要全面考虑两方面的因素：一方面，要全面考虑把自己的品牌从一个市场部分转移到另一个市场部分的成本费用。一般来讲，重新定位距离越远，其成本费用就越高。另一方面，还要考虑把自己的品牌定在新的位置上能获得多少收入。

6. 品牌内涵

一个品牌能表达出六层意思。

（1）属性。一个品牌首先给人带来特定的属性。例如，梅塞德斯·奔驰（Mercedes-Benz）表现出昂贵、制造优良、工艺精湛、耐用、高声誉。

（2）利益。属性需要转换成功能和情感利益。例如，属性"耐用"可以转化为功能利益："我可以几年不买车了"。属性"昂贵"可以转换成情感利益："这车使我令人羡慕，帮助我体现了重要性。"

（3）价值。品牌还体现了该制造商的某些价值感。梅塞德斯·奔驰体现了高性能、安全和威信。

（4）文化。品牌可能象征了一定的文化。梅塞德斯·奔驰意味着德国文化：有组织、有效率、高品质。

（5）个性。品牌代表了一定的个性。梅塞德斯·奔驰可以使人想起一位不会无聊的老板（人）、一头有权势的狮子（动物）、一座质朴的宫殿（标的物）。

（6）使用者。品牌还体现了购买或使用这种产品的是哪一种消费者。

7. 品牌化策略模式

通常品牌化策略的应用是根据企业的资源情况、市场竞争空间和竞争的需要而采用（见表 9-1）。

表 9-1 品牌化策略模式

品牌化策略模式	主要表现形式	典 型 案 例
1. 统一家族品牌战略	一牌多品	海尔、索尼旗下的所有品牌都用统一的海尔、索尼品牌；康师傅、统一的所有食品饮料都用康师傅、统一品牌；雀巢的咖啡、奶粉、矿泉水、牛奶、冰淇淋都共用雀巢这一品牌
2. 产品品牌战略	一品一牌 一品多牌	丝宝集团有风影、舒蕾、丽涛等多个洗发水品牌；花王卫生巾用乐尔雅，护肤品用碧柔，洗发水有花王、诗芬等品牌
3. 分类品牌战略	不同类产品用 不同类品牌	上海家化的六仙、美家净、清妃是针对不同需求而设立的品牌
4. 来源品牌战略	一牌多品 企业 + 产品	雀巢——包路薄荷糖、雀巢——美极酱、花王——飞逸洗发水、花王——乐尔雅卫生巾
5. 担保品牌战略（背书品牌战略）	产品品牌—— 企业品牌	别克——来自上海通用汽车、舒蕾——丝宝公司优质产品，海飞丝、飘柔——宝洁公司的品质
6. 主副品牌战略	主品牌/ 副品牌	五粮液——金六福、浏阳河、京酒，乐百氏——健康快车、衡水——老白干桃花醉……

8. 包装策略

包装作为整体产品的一部分，企业在包装设计上采取了各种各样的措施，形成了不同的包装策略，主要有：

（1）类似包装策略。企业生产的各种产品在包装上采用相同的图案、色彩或其他相似的特征，使顾客注意到这些是同一家企业的产品。类似包装策略具有与统一商标策略相同的好处，如节约包装设计费用与制作费用，增强企业声势，有利于介绍新产品。但是不能滥用这一策略，它只适用于同样质量水平的产品。如果质量相差悬殊，则优质产品将蒙受不利的影响。

（2）多种包装策略。把使用相互关联的多种商品，纳入一个包装容器中，同时出售，满足多种选择的需求。如现在市场上广泛出现的化妆品套盒、家用药箱、高档礼品盒、套装餐具等，既便于使用，又扩大了销路。

（3）再利用包装策略。这种策略亦称双重用途包装策略，即在原包装的商品用完后，包装容器可以做其他用途。例如，糖果、饼干的包装盒，也可当文具盒；药品的包装可考虑作为饭盒、食品盒等。这种包装往往能引起集团购买，其优点还在于把包装容器当作流动的广告使用。但要注意包装材料的附加值不能过高。

（4）附赠品包装策略。这是目前国内外市场上较流行的包装策略。如儿童玩具和食品中附赠连环画或识字卡；化妆品包装中附带赠券，积累一定量可以得到另外的赠品；有些商品采取包装上附带奖券，中奖后可以得到奖品。

（5）改变包装策略。商品包装的改进，如同产品本身的改进一样对销售有着重大意义。如果与同类竞争产品内在质量近似，而销路不畅，就应注意改进包装设计。一种产品的包装已采用了较长时间也应考虑推出新包装，达到刺激消费的目的。采取这种策略的前提条件是商品的内在质量达到了使用要求并具有较强的竞争力，否则，单单靠包装改头换面也无助于销售的扩大。

☞ 知识链接

知识链接9

宝洁品牌创新成功的法宝：让消费者决定创新

宝洁 CEO 雷富利 2000 年上任之前，像大多数企业一样，宝洁一直坚持传统的创新模式，即在四面高墙之内，以实实在在的研发基础设施为中心，埋头苦干。但当公司规模发展到 700 亿美元时，宝洁发现，越来越多的研发费用带来的是越来越少的回报，创新成功率在 35% 这个水平停滞不前。过去"自己制造"的模式使得宝洁丢掉了超过一半的市场占有份额，2000 年宝洁的股票下跌得厉害，投资者回报率下降了 35%，宝洁面临从未有过的压力。

新任 CEO 雷富利上任后，提出了重新建立公司的创新模式。在雷富利的创新变革中，其中一项重要举措就是，从过去依赖高能研发团队转变到深入市场，了解消费者需求，让研究人员走出实验室。

梅莉莎·克罗伊泽尔是宝洁研究中心的研发人员。每个月，她都要离开实验室几天，深入生活拜访消费者。她的拜访主要是到消费者家里实际观察，观察他们洗衣服、擦地板、给婴儿换尿布等生活细节，了解他们生活中遇到的麻烦和实际需要。

宝洁公司还要求营销人员加强与消费者的沟通。2000 年宝洁每名营销员平均每月与消费者沟通的时间不足 4 小时，现在已超过 12 小时。营销员经常深入消费者的实际生活了解情况。

不仅研究人员和营销人员，就连雷富利也会经常化名到消费者家中"微服私访"，掌握消费者的第一手资料。

宝洁的产品创新不胜枚举，而每一个创新项目的设立，归根到底都是建立在充分了解消费者需求的基础上的。宝洁的经验是，发现消费者巨大的需求，然后投入巨大的资源进行研发创新，从而产生出具有巨大市场影响力的产品。宝洁在做出决策之前，会投入数十亿的资金进行消费者调查，是巨大的消费者数据帮助宝洁做出决定，因此不是宝洁决定要做什么，而是消费者决定要什么。比如，消费者调查显示，消费者希望洗衣粉洗出来的衣服要透亮，调查部门就要把"透亮"这个诉求转换为技术语言，并通过一定技术指标实现，是否加漂白剂、是否加酶等。

宝洁婴儿护理产品部总裁德布·亨莱塔的办公室楼下的大厅里，设立了一个尿布测试中心。经常会有一些年轻妈妈光顾，宝洁让母亲们试用宝洁开发的婴儿纸尿裤，从中了解年轻妈妈对产品的反映和新需求。宝洁推出的系列"帮宝适"高级纸尿裤，就是在这样的环境下开发出来的。

宝洁在俄罗斯市场了解到，大多数俄罗斯妇女不喜欢用 Alaways 超薄卫生巾。一方面是价格上的考虑，另一方面也因为超薄卫生巾让她们觉得不太安全。于是，宝洁推出了加厚型卫生巾，从而使 Alaways 在俄罗斯的市场份额上升了 8%。

宝洁认为了解消费者必须关注消费者体验的方方面面，因此提出了"360 度创新"的概念，即围绕消费者体验进行全方位创新，包括达到所需要求的产品技术、价格、外观和包装等。以前，宝洁往往把研发创新工作的评估重点放在技术性能、专利数量等指标上，现在，它更关注消费者的感知价值。比如"帮宝适"就是先了解消费者的需要，可承受的价位等，然后据此设计产品的功能，除去可能会增加产品价格的不必要的功能。

CEO 雷富利在掌管宝洁的六年中，重新唤起了宝洁的勃勃生机。

公司 2000 年股票崩溃五年后，股票市价翻了一番，品牌组合价值达到 220 亿美元。

"对宝洁来说，创新就是生命的血液。"创新使一个曾经被认为在传统行业里暮气沉沉的宝洁，如今成为一个生机勃勃的品牌巨人。

（资料来源：宝洁品牌创新成功的法宝：让消费者决定创新，中国营销传播网，有改动。）

☞ **同步练习**

（一）单项选择题（在下列每小题中，选择一个最适合的答案。）

1. 关于统一品牌策略说法正确的有（   ）。

A. 企业产品不会出现一荣俱荣，一损俱损的现象

B. 有助于质量水平不同的新产品迅速进入目标市场

C. 由于宣传企业形象，所以品牌设计费用和促销费用都较高

D. 产品间相互声援，促销效果较好

2. 美国通用汽车公司所生产的轿车，分别为"别克"、"雪佛兰"、"麦迪莱克"等品牌。该企业采用了（   ）策略。

A. 群体品牌　　　　　　　　　　　B. 个别品牌

C. 统一品牌　　　　　　　　　　　D. 企业名称与个别品牌并用

3. 使用等级包装策略优点是（   ）。

A. 突出优等品价值　　　　　　　　B. 引导消费者购买优等品

C. 降低成本　　　　　　　　　　　D. 突出产品包装新颖性

4. 高档产品经常用金色包装是属于（   ）。

A. 统一包装　　　B. 错觉包装　　　C. 创新包装　　　D. 便携包装

5. 受法律保护的商标，只能是（   ）的商标。

A. 经过注册　　　B. 自行设计　　　C. 社会工人　　　D. 名牌产品

6. 注册后的品牌有利于保护（   ）的合法权益。

A. 商品所有者　　B. 资产所有者　　C. 品牌所有者　　D. 产品所有者

7. 品牌资产是通过为消费者和企业提供（   ）来体现其价值。

A. 产品　　　　　B. 服务　　　　　C. 附加利益　　　D. 附加功能

8. 康佳电视中的"康佳"二字是（   ）。

A. 招牌　　　　　B. 品牌名称　　　C. 品牌标志　　　D. 都不是

9. 品牌资产是一种特殊的（   ）。

A. 有形资产　　　B. 无形资产　　　C. 附加资产　　　D. 潜在资产

10. 只要运用得当，品牌资产常常在（   ）中增值。

A. 投资　　　　　B. 管理　　　　　C. 运作　　　　　D. 利用

11. 企业在开拓和挤占国际市场的营销实践中，常常选用（   ）。

A. 生产者品牌　　B. 企业品牌　　　C. 中间商品牌　　D. 自己的品牌

12. 多品牌策略，即是指企业同时为（   ）产品设计两种或两种以上互相竞争的品牌的做法。

A. 一种　　　　　B. 二种　　　　　C. 三种　　　　　D. 多种

13. 域名作为互联网的单位名称，发达国家的企业都争注国际域名，属于（ ）。

A. 一级域名 B. 二级域名 C. 国家域名 D. 企业域名

14. 包装有几个主要构成要素，其中（ ）是最具有刺激销售作用的要素。

A. 商标 B. 品牌 C. 图案 D. 颜色

15. 对于拥有良好声誉且生产质量水平相近产品的企业，宜采用的包装策略应是（ ）策略。

A. 等级包装 B. 类似包装 C. 分类包装 D. 配套包装

（二）多项选择题（在下列每小题中，选择适合的答案。）

1. 品牌具有（ ）功能。

A. 识别功能 B. 保护消费者权益功能

C. 促销功能 D. 增值功能 E. 市场调查功能

2. 国际上对商标权的认定，有两个并行的原则，即（ ）。

A. 注册优先 B. 抢先注册

C. 注册在先 D. 生产优先 E. 使用在先

3. 企业采用统一品牌策略，（ ）。

A. 能够降低新产品的宣传费用 B. 有助于塑造企业形象

C. 易于区分产品质量档次 D. 促销费用较低

E. 适合于企业所有产品质量水平大体相当的情况

4. 品牌统分策略包括（ ）。

A. 统一品牌策略 B. 销售者品牌 C. 个别品牌策略

D. 分类品牌 E. 企业名称加个别品牌策略

5. 商品包装的构成要素是（ ）。

A. 材料 B. 颜色 C. 商标或品牌 D. 形状 E. 图案

6. 包装标志主要有（ ）标志。

A. 运输 B. 商品 C. 指示性

D. 品质 E. 警告性

7. 产品包装按其在流通过程中作用的不同，可以分为（ ）。

A. 统一包装 B. 运输包装

C. 分类包装 D. 销售包装 E. 等级包装

8. 配套包装不是配套搭配，企业采用配套包装策略时，应着重考虑的因素是（ ）。

A. 购买者年龄 B. 市场需求特点 C. 便于消费者识别

D. 消费者购买能力 E. 产品的关联性

9. 再使用包装策略的突出作用是（ ）。

A. 增加包装的用途 B. 刺激购买欲望 D. 增加产品销售

D. 起到营业推广的效果 E. 延伸宣传

10. 以下属于品牌资产元素的有（ ）。

A. 品牌忠诚度 B. 品牌知名度

C. 品牌认知度 D. 品牌联想 E. 其他专有品牌资产

（三）判断题（判断下列各题是否正确。正确的在题后的括号内打"√"，错误的打"×"。）

1. 包装在很大程度上能起到吸引消费者购买的作用，但不应误导消费者购买。（　　）

2. 个别品牌策略促销成本高。（　　）

3. 个别品牌最大的好处就是能从不同领域或角度传递企业精神，树立企业形象。

（　　）

4. 统一品牌策略适用于各种产品具有相同质量水平的情况下。（　　）

5. 电信企业要创立名牌首先要提高市场占有率。（　　）

6. 包装有促进销售的作用。（　　）

7. 在中国，品牌等同于商标。（　　）

8. 足够多的广告投入可以在短时期内创造名牌。（　　）

9. 品牌价值属于企业的无形资产。（　　）

10. 包装不会提高商品的价值，只是方便运输和销售。（　　）

（四）问答题

1. 从市场营销角度，品牌应具备哪些要素？

2. 什么是品牌资产？

3. 简述品牌定位的步骤。

4. 多品牌策略有哪些优缺点？

5. 包装有哪些作用？

（五）案例题

1. 美国强生父子公司是一家销售额达 30 多亿美元的著名跨国公司，以经营药品起家，随后发展了医疗器械、消费品两大类产品。化妆品只是其消费品大类中的一部分。

1989 年盛夏，该公司的代表乘飞机抵达上海，欲与中国上海家用化学品厂（后更名为上海家用化学品联合公司）合资。当时的上海家化是中国规模最大、效益最好、品牌最著名的化妆品生产企业，是具有 90 年历史的化妆品民族企业，年销售额达 4.5 亿元，利税 1 亿多元，拥有"美加净"和"露美"两个著名品牌，中国第一瓶摩丝，第一瓶二合一洗发香波，第一款混合香水，第一种磨面膏和护手的价格。将上海家化厂全部合并到合资企业中，而上海家化厂则提出将大部分职工和资产拿出去合资，原厂和小部分职工及资产保留。

1991 年初，上海家化厂以 2/3 的固定资产、大部分骨干职工及"美加净"、"露美"两个著名品牌与美国强生父子公司合资组建了上海强生公司。上海家化厂的厂长葛文耀担任合资公司的中方副总经理，是上海强生公司决策层中唯一的中国人。

根据协议，"美加净"、"露美"两个品牌归合资企业独家使用 30 年，30 年后中方如要收回，需交至少 1 000 万元人民币的"赎金"。合资企业每年给"留守"的上海家化厂 1 500 万元的"利益保底费"，以补偿因合资给该厂带来的利润损失。

合资后，失去两品牌的上海家化母体的销售额锐减 5%。上海强生公司对"美加净"、"露美"两品牌既不增加产品投入，也不增加广告投入，仅仅是维持原状而已。合资公司的产品用的是强生的系列品牌，对"美加净"、"露美"两个著名品牌丝毫不重视，这究竟是什么原因呢？回到上海家化厂母体的葛文耀在分析了两个著名品牌的潜力及中国化妆品市场的发展速度后，于 1995 年秋，将两品牌从合资企业赎回。赎回的代价是：上海家化买下合资企业的一些原材料和不适用的设备，估计要损失600万元，另外还要接受200名员工，取消合资企业给上海家化每年1 500万元的返利。两个著名品牌的合资与赎回引起人们的思索。

问题：

（1）强生公司合资企业为什么要收购"美加净"和"露美"？

（2）为什么不继续培育这两个品牌？

2. 在格力集团内部商标之争落幕不久，美的集团也开始酝酿品牌准入制度。近日，美的集团品牌总监董小华在全国巡回路演上向本报记者透露，为加强监管，美的旗下各大产品线对"美的"品牌的使用，美的正酝酿品牌准入制度，防止不达标产品使用美的品牌。

"美的品牌产品线很长，为了不让产品对品牌造成任何负面影响，我们必须加强监管各种产品对品牌的使用。"董小华告诉记者，"我们目前正酝酿品牌准入制度，将对使用'美的'品牌的产品设定门槛。"

董小华解释，目前"美的"包括企业品牌和产品品牌。企业品牌由集团总部做形象推广，包括品牌定位——"原来生活可以更美的"，决定了产品品牌的调性、核心和方向，"只要定位做好了，产品线就可以往外拉。"而产品品牌主要由下属各事业部根据各自需要推广，以提高消费者对产品的认知度。不过，由于美的产品线过长，各事业部又有自己的推广方案，难免会出现企业品牌和产品品牌步调不一致的问题。

据悉，今后各项产品要使用"美的"品牌，都需通过审核。新项目或新品类产品如果在产品类别、产品质量、售后服务、研发能力上不满足相关条件，便不能使用美的品牌进行销售。有关企业宏观管理专家则指出，根据目前世界上各跨国企业已实施的品牌准入制度和格力出现的商标之争来看，一个成功的品牌准入机制应包括品牌退出机制。也就是说，产品如果连续出现事故，可能影响品牌并难以改善的时候，可考虑退出使用该品牌。

问题：

（1）美的电器为什么考虑实行品牌准入制？

（2）品牌延伸注意什么问题？

☞ 参考答案

（一）单项选择题

1. D　2. B　3. A　4. B　5. A　6. C　7. C　8. B　9. B　10. D
11. C　12. A　13. A　14. D　15. B

（二）多项选择题

1. ABCD　　2. CE　　　3. ABD　　4. ACDE　　5. ABCDE
6. ACE　　　7. BD　　　8. BDE　　9. ABCE　　10. ABCDE

（三）判断题

1. √　2. √　3. √　4. √　5. ×　6. √　7. ×　8. ×　9. √　10. ×

（四）问答题

1. 从市场营销角度，品牌应具备哪些要素？

第一，经申请、核准注册、受法律保护的商标。

第二，有自己的产品（生产或代理）。

第三，产品能与竞争对手的产品区别开来。

第四，产品与消费者产生联系。

2. 什么是品牌资产？

品牌是一种超越生产、商品、有形资产以外的价值。根据美国加州大学大卫·艾克教授出版的《经营品牌权益》专著，提出了组成品牌资产（Brand Equity）的五大元素：即品牌忠诚度、品牌知名度、品牌认知度、品牌联想及其他专有品牌资产。

3. 简述品牌定位的步骤。

品牌定位的步骤如下：

（1）市场分析。市场分析要求在为品牌进行定位之前，做详细的市场调查，了解竞争对手的特点，明确自己的竞争优势。调查包括：该产品的目标消费者群、消费者购买该品牌产品的理由、市场上同类竞争者产品情况、竞争者品牌是如何定位的。

（2）选择本品牌的竞争优势。确定本品牌的优势有哪些；确定本品牌各种优势的大小；确定本品牌可以用来定位的优势。

（3）品牌定位设计。品牌定位设计就是对品牌定位进行初步的规划和筛选。主要包括：根据已确定的品牌优势进行品牌定位；如何表达品牌的定位，可设计多种不同方案，然后从中进行优选；如何把有限的资金用在定位上。

（4）品牌定位的实施。品牌定位设计完成后，要使产品在消费者心目中扎根，建立起该企业产品的形象，必须借助各种方式进行有效的传播。因此品牌定位的实施包括实施有效广告创意及选择合适的广告媒体，因为广告常常是在消费者中传播和建立品牌形象的重要手段。除此之外，也要有效地利用公关、营业推广等其他必要的市场促销活动。

4. 多品牌策略有哪些优缺点？

多品牌策略的优点是：不同品牌的同一产品在市场上开展竞争，有时会导致两者销售量之和大于原单一品牌的先期产品销售量之和。采用此策略的目的是扩大市场份额。

多品牌策略也存在不足，由于多种不同的品牌同时并存，必然使企业的促销费用升高且存在自身竞争的风险，所以在运用多品牌策略时，要注意各品牌市场份额的大小及变化趋势，适时撤销市场占有率过低的品牌，以免造成自身品牌过度竞争。

5. 包装有哪些作用？

包装作用如下：

（1）保护商品，方便运输。这是商品包装的基本作用。商品在从生产领域向消费领域转移的过程中，要经过运输、装卸、储存、销售等环节，良好的包装可以起到使商品在空间转移和时间转移过程中避免因震动碰撞、风吹日晒而受损，保护商品完好。包装还为商品的销售和购买提供了方便。

（2）美化商品，区别商品。消费者在选购商品的时候，首先看到的是商品的包装，精美的包装会对消费者产生极大的吸引力，精美的包装本身就是一件艺术品。同时，不同的包装也使产品之间有了档次差异，使不同企业的产品有了区别，消费者可以根据包装辨别商品。如"柯达"胶卷以黄色为主色调的包装。

（3）促进销售，增加利润。一件好的包装本身就是一幅宣传广告，人们往往是根据包装来选择商品的，尤其在自选商场更是如此。因此。包装被誉为"无声的推销员"，它默默地起着宣传商品、介绍商品、激发消费者购买欲望的作用。

（五）案例题

1. 上海强生公司之所以这样做，是因为合资时，中外双方协定：30 年后，中方有权赎回两品牌。也就是说，上海强生公司没有通过购买，获得两品牌的完全所有权，仅拥有 30 年内的占有、使用和收益等权利。对于不属于自己的品牌不会有动力去增加品牌资产。

可以预见，随着市场需求的逐渐升级，人们消费水平的不断提高，两品牌的产品将变为老产品、低档产品。随着老产品、低档产品被淘汰，两个著名品牌也会在市场中消失。

联想许多引起社会广泛关注的外商购牌行为，其购买目标大多都是国产名牌，且多为横向购牌，加之国内企业对被购品牌所有权有所保留（如若干年内有权无偿收回或有偿赎回），因此，外商通过合资购牌，除获得一定的规模经济效应，减少进入新市场壁垒外，消融目标品牌，消灭竞争对手成为一个主要的购牌动机。这一切应引起我们企业领导层的高度重视，需要认真思索，并做出有利于企业长远发展的合理选择。

2. 为保护核心品牌价值，品牌延伸到的新产品就与品牌代表的核心产品的质量和定位一致，防止出现企业品牌因产品品牌而受到损害。

第十章 价格策略

定价是极其重要的——整个市场营销的聚焦点就在于定价决策。

——雷曼德·考利

重点：了解影响产品价格的因素；掌握定价的三种方法；掌握产品的定价策略；熟练运用价格调整策略

难点：产品的定价策略与技巧

新点：竞争三角定价策略、价格听证、价格倾销、价格歧视

☞ 学习目标

- 了解影响产品价格的因素
- 掌握定价的三种方法
- 掌握产品的定价策略
- 熟练运用价格调整策略

价格策略是4P策略中最活跃、最关键的因素，是市场竞争的重要手段，也是唯一产生收入的因素。一个企业的价格决策，既受到企业内部因素的影响，也受到企业外部环境因素的影响。内部因素包括企业的营销目标、营销组合策略、成本和定价组织。影响价格决策的外部因素包括市场需求因素、竞争因素以及其他环境因素。

企业的定价方法是为了实现其定价目标所采用的具体方法。通常考虑成本费用、市场需求和竞争状况等三方面的因素，归纳起来有三种类型：成本导向定价方法、需求导向定价方法和竞争导向定价方法。

在运用适当的定价方法确定了基本价格以后，针对不同的消费心理、销售条件，采用灵活的定价策略对基本价格进行修正，是保证价格策略取得成功的重要手段。定价策略主要包括新产品定价策略、产品组合定价策略、心理定价策略、折扣与折让定价策略、地区定价策略等。

企业处在一个动态变化的环境中，产品定价不可能一劳永逸。随着市场环境的变化，企业对价格也要不断进行调整。在竞争的市场上，企业的价格调整有两种情况：一是根据市场条件的变化主动进行调价；二是当竞争对手价格变动以后进行的应变调价。

☞ 学习新知

- 竞争三角定价策略
- 价格听证
- 价格倾销
- 价格歧视

1. 竞争三角定价策略

价格竞争只是同类产品竞争的一个方面。实际上，同类产品竞争体现在产品的开发、研制直至销售的全过程，包含了以产品为核心的价格、渠道及促销的全面竞争。价格竞争的实质，是通过价格调整，改变产品的质量价格比或效用价格比，促使消费者对商品重新做出评价。因此，企业定价时不仅要关注竞争者的价格策略，对其产品策略、渠道策略及促销策略也不能忽视，如图 10 – 1 所示。

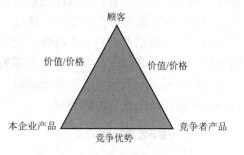

图 10 – 1 竞争三角定价策略

2. 价格听证

根据《价格法》和《政府价格决策听证暂行办法》的规定，国家制定了国家价格听证目录，规定居民生活用电价格、铁路旅客运输基准票价率（软席除外）、民航旅客运输公布票价水平、电信基本业务资费中的固定电话通话费、月租费，移动电话费、月租费这四项商品和服务在制定和调整价格时，由政府相关部门主持听证。其中，在一定区域范围内执行的商品和服务价格，可委托当地省级价格主管部门组织听证。

3. 价格倾销

所谓倾销，英文原文为 dumping。根据一般解释，倾销的原意为"不负责任的抛弃"，引申至经济学，其含义为"以低于市场价格的方式大量地抛售商品"。根据《1947 年关税与贸易总协定》第 6 条《反倾销税与反补贴税》的规定，倾销指的是一国的产品以低于其正常价值的价格进入了另一国的商业市场。这一概念的核心内容在于同一产品在进口国和出口国之间的价格差异，如果出口产品的销售价格低于出口国的国内市场价格或低于生产成本即构成倾销。

4. 价格歧视

价格歧视实质上是一种价格差异，通常指商品或服务的提供者在向不同的接受者提供相同等级、相同质量的商品或服务时，在接受者之间实行不同的销售价格或收费标准。经营者没有正当理由，就同一种商品或者服务，对条件相同的若干买主实行不同的售价，则构成价格歧视行为。价格歧视是一种重要的垄断定价行为，是垄断企业通过差别价格来获取超额利润的一种定价策略。它不仅有利于垄断企业获取更多垄断利润，而且使条件相同的若干买主处于不公平的地位，妨碍了它们之间的正当竞争，具有限制竞争的危害。因而，世界各国的反垄断法规基本上都对它做出了限制。西方经济学中将价格歧视定义为：在同一时间对同一种商品向不同的购买者索取不同的价格。实行价格歧视是厂商为了获取超额利润的手段，要使价格歧视得以实行，一般要具备三个条件。第一，市场存在不完善性。当市场不存在竞争，信息不畅通，或者由于种种原因被分割时，垄断者就可以利用这一点实行价格歧视。第二，各个市场对同种商品的需求弹性不同。这时垄断者可以对需求弹性小的市场实行高价格，以获得垄断利润。第三，有效地把不同市场之间或市场的各部分之间分开。地区封锁和限制贸易自由的各种障碍往往有利于垄断者实行价格歧视，因此，反垄断限制价格歧视应该尽力消除其实现的环境条件。

根据价格差别的程度，可把价格歧视区分为三个等级：一级价格歧视，又称完全价格歧视，就是每一单位产品都有不同的价格，即假定垄断者知道每一个消费者对任何数量的产品所要支付的最大货币量，并以此决定其价格，所确定的价正好等于对产品的需求价格，因而获得每个消费者的全部消费剩余。这是一种极端的情况，现实中很少发生。二级价格歧视，即垄断厂商了解消费者的需求曲线，把这种需求曲线分为不同段，根据不同购买量，确定不同价格，垄断者获得一部分而不是全部买主的消费剩余。公用事业中的差别价格就是典型的二级价格歧视。三级价格歧视是指垄断厂商对不同市场的不同消费者实行不同的价格，在实行高价格的市场上获得超额利润。

☞ 核心概念

- 撇脂定价
- 渗透定价
- 产品线定价
- 声望定价
- 尾数定价
- 招徕定价
- 现金折让定价
- FOB 原产地定价
- 基点定价

1. 撇脂定价

撇脂定价策略是针对部分购买者追求时髦、猎奇的求新心理，把价格适当定得尽可能高些，像撇取牛奶中的脂肪层那样，以尽快取得最大利润。

2. 渗透定价

渗透定价就是利用购买者的求廉心理，以较低价格出售产品，其目的是为了扩大本企业产品的市场份额。渗透定价策略的思路与撇脂定价相反，以低价位进入市场，当建立声望、打开市场后，再逐步提高价格。

3. 产品线定价

产品线定价是指当企业生产的系列产品存在需求和成本的内在关联性时，为了充分发挥这种内在关联性的积极效应，可采用产品线定价策略。在定价时，首先确定某种产品的最低价格，它在产品线中充当领袖价格，吸引消费者购买产品线中的其他产品；其次，确定产品线中某种商品的最高价格，它在产品线中充当品牌质量和收回投资的角色；再者，产品线中的其他产品也分别依据其在产品线中的角色不同而制定不同的价格。

4. 声望定价

声望定价是指企业利用消费者仰慕名牌商品或名店的声望所产生的某种心理来制定商品的价格，故意把价格定成整数或高价。质量不易鉴别的商品的定价最适宜采用此法。

5. 尾数定价

尾数定价又称奇数定价，即利用消费者以数字认识的某种心理制定尾数价格，使消费者产生价格比较低廉的感觉，还能使消费者产生定价认真，有尾数的价格是经过认真的成本核算才产生的感觉，使消费者对定价产生信任感。

6. 招徕定价

招徕定价是利用部分顾客求廉的心理，特意将某几种商品的价格定得较低以吸引顾客。某些商店随机推出降价商品，每天、每时都有一至二种商品降价出售，吸引顾客经常来采购廉价商品，同时也选购了其他正常价格的商品。

7. 现金折让定价

现金折让定价策略就是当顾客按约定日期付清购买产品的款项时，供货方给予顾客的一种折让。现金折让一般在生产厂家与批发商或批发商与零售商之间进行。

8. FOB 原产地定价

FOB 原产地定价就是顾客（买方）按照厂价购买某种产品，企业（卖方）只负责将这种产品运到产地某种运输工具（如卡车、火车、船舶、飞机等）上。交货后，从产地到目的地的一切风险和费用概由顾客承担。

9. 基点定价

基点定价是企业选定某些城市作为基点，然后按一定的出厂价加从基点城市到顾客所在地的运费来定价（不管货实际上是从哪个城市起运的）。有些公司为了提高灵活性，选定多个基点城市，按照顾客最近的基点计算运费。

☞　　**学习重点**

- 影响价格决策的外部因素
- 需求的价格弹性
- 成本导向定价法、需求导向定价法、竞争导向定价法
- 定价步骤
- 定价策略
- 价格调整策略
- 谈判报价

1. 影响价格决策的外部因素

企业的价格决策，既受到企业内部因素的影响，也受到企业外部环境因素的影响。

内部因素包括企业的营销目标、营销组合策略、成本和定价组织。

（1）企业营销目标。企业的营销目标是影响企业定价的一个首要因素。不同企业的营销目标，或同一企业不同时间的营销目标是多种多样极其不同的，但归结起来，最通常的目标有下列几种：①生存目标；②投资收益率目标；③市场占有率目标；④质量领先地位目标；⑤竞争优势目标。

（2）营销组合策略。价格是企业用以达到营销目标的营销组合因素之一，各个营销组合因素之间则是相互联系、相互制约的，当其中任何一个因素发生变化时，常常会影响其他因素。因此在制定价格时，必须与产品设计、分销和促销协调一致，形成有影响力的市场营

销计划。

（3）产品成本。某产品的最高价格取决于市场的需求，最低价取决于这种产品的成本费用。从长远看，任何产品的销售价格都必须高于成本费用，只有这样，企业才能经营。因此企业在制定价格时必须估算成本。① 产品成本一般由两部分构成：一部分是固定成本（FC），另一部分是变动成本（VC）；② 边际成本；③ 机会成本。

（4）组织方面的考虑。管理部门必须决定组织内部谁来决定价格。公司定价的方式有多种。小公司里，定价是由公司领导来做的，而不是由市场部或销售部来做。大公司里，定价工作一般是由生产经理或生产线经理来做的。在工业市场上，推销员被获准在一定范围内和客户还价。其他对定价工作有影响的人是销售经理、生产经理、财务经理和会计。

影响价格决策外部因素包括市场需求因素、竞争因素、其他环境因素。

（1）市场需求因素。市场需求是影响定价的一个重要因素。不同商品的需求特点不同，消费者对价格会有不同的反应。① 需求的价格弹性指因价格变动而引起的需求相应的变动率，反映需求变动对价格变动的敏感程度。需求价格弹性的强弱主要取决于以下影响因素：商品的需要程度。需求价格弹性与商品需要程度成反比，生活必需品的需要程度高于一般商品，因而价格变化对其需求数量的影响小；反之，一般商品需求量与价格的相关程度则较大。商品的替代性。需求价格弹性与商品替代性成正比。如果一种商品替代性强，其价格增高会引起消费需求向其他替代商品转移，反之亦然。这种需求转移加强了价格变动对该种商品需求量的影响。如果一种商品难以被替代，消费者只能提高对价格变动的承受能力，使需求量对价格的敏感程度下降。② 需求的收入弹性指因收入变动而引起的需求量的相应变动率。反映需求量的变动对收入变动的敏感程度。③ 需求的交叉弹性指因一种商品价格变动引起其他相关商品需求量的相应变动率。

（2）竞争因素。竞争因素对定价的影响主要表现为竞争价格对产品价格水平的约束。可以这样说，在竞争激烈的市场上，价格的最低限受成本约束，最高限受需求约束，介于两者之间的价格水平确定则以竞争价格为依据。

（3）其他环境因素。公司在制定价格时还要考虑其他一些外部环境因素。首先是社会经济状况，如通货膨胀、经济繁荣与否、利率变化等因素，其次是国家有关物价的法律法规，如《中华人民共和国价格法》和《中华人民共和国反不正当竞争法》等是企业定价的重要依据。此外是对经销商做出的定价策略，应有足够的利润空间，以赢得他们的支持，因为他们要进行销售和促销活动。高质量产品的市场定位，意味着销售商必须制定较高的价格，用来补偿较高的成本。

2. 需求的价格弹性

用 E_p 表示需求价格弹性，则

$$E_p = \frac{需求量变动百分比}{价格变动百分比}$$

为比较需求价格弹性的大小，这里仅考虑 E_p 的绝对值。事实上，需求与价格的变动有方向问题，因而 E_p 有正负之分，并且大多数产品的正常 $E_p < 0$。

定价时考虑商品的需求价格弹性有着重要的意义，需求价格弹性反映需求变动对价格变动的敏感程度。

影响需求弹性大小的基本因素有：① 人们对这种商品需求程度的大小；② 这种商品本身的可替代程度；③ 商品的用途是否广泛；④ 商品使用时间的长短；⑤ 是否应急商品；⑥ 商品是成品还是部件；⑦ 商品是垄断商品还是非垄断商品。

3. 成本导向定价法

成本导向定价法包括以下几种。

（1）成本加成定价法：即在某具体产品大类中的所有产品成本上加一个固定的百分比，但这个百分比是以销售价格为基础计算的。

（2）目标利润定价法：指在既定的固定成本、单位变动成本和价格条件下，确定能够保证企业收支平衡的产（销）量，在此价格下实现的销售量，使企业刚好保本，因此，该价格实际是保本价格。

（3）可变成本定价法：即以单位变动成本为定价基本依据，加入单位产品贡献，形成产品售价。

4. 需求导向定价法

需求导向定价法包括以下几种。

（1）感受价值定价法：又称直觉价值定价、理解价值定价，是以消费者对商品价值的感受及理解作为定价的基本依据，根据顾客对产品价值的理解来定价。

（2）需求差别定价法：就是以不同的时间、地点、产品和不同的消费者的需求强度为定价的基本依据。这里的价格差异不是由于商品成本因素所引起的，也不是附加价值不同所引起的，而是由于消费者不同的需求特征所引起的。

5. 竞争导向定价法

竞争导向定价法是以供求关系为基础，以市场上相互竞争的同类产品的价格为定价的依据并随竞争状况的变化进行调整。

（1）随行就市价格定价法：即本企业产品与同行业竞争产品的平均价格（即现行市场价格水平）保持一致，这是一种最简单、最常见的方法。

（2）竞争价格定价法：与上述"随大流"相反，这是一种主动竞争的定价方法。一般为实力雄厚或产品独具特色的企业所采用。

（3）密封投标定价法：这种定价方法适用于投标交易方式（大型成套设备订货、承包公共事业工程等）。

6. 定价步骤

定价步骤如下：

（1）选择定价目标。选择定价目标是整个定价步骤的第一步，它为产品的价格确定了基调。企业确定定价目标，必须做到具体情况具体分析。如：当企业的技术水平不高时，就不应立即以争取产品质量领先作为定价目标；当低价有可能引发一场价格战，而自己的实力又不够强时，就不能以扩大市场占有率为定价目标。

（2）估计市场需求。所谓估计市场需求，是指估计某种商品在不同价格下的需求量，或者说，估计需求量与价格之间的函数关系。在此基础上，再进一步分析价格的上限，也就是价格定多高也能被购买者所接受，或者说，能使企业获得最大利润。

（3）测算成本。测算成本的目的是为了确定产品价格的下限。与估计需求量相比，测算成本比较容易，结果也较为准确。因为测算成本只需企业内部的资料。

（4）分析竞争者的产品成本、价格和质量。当企业推出的产品与市场上竞争者的产品类似时，了解一下竞争者的产品价格是十分必要的。

（5）选择定价方法。定价方法与定价目标是密切相关的，但定价方法更为具体。定价方法确定后，产品的价格就基本确定了。

（6）确定最后售价。最后售价是面向顾客的价格。在确定了产品的基本价格后，有时需使用一些定价策略和技巧来使产品的价格更有吸引力。

7. 定价策略

定价策略主要包括新产品定价策略、产品组合定价策略、心理定价策略、折扣与折让定价策略、地区定价策略等。

8. 价格调整策略

价格调整策略有以下几种。

（1）商品降价策略。商品降价，应注意降价的幅度、频率和降价时机的选择。

（2）商品提价策略。无论什么原因造成的提价对消费者利益总是不利的。因此，必须注意消费者的心理反应，采取合适的提价策略。对于因成本上升而造成的提价，要尽量降低提价幅度，同时努力改善经营管理，减少费用开支。对于供不应求而造成的提价，要在充分考虑消费者承受能力的前提下，适当提价，切忌哄抬物价招致消费者抱怨。属国家政策调整而提高商品价格，要多做宣传解释，以消除消费者的不满，并积极开发替代品以更好满足需求。属经营者为获利而提高价格，要搞好销售服务，改善销售环境，增加服务项目，靠良好的声誉适量提价。

9. 谈判报价

（1）报价技巧：报价应以商品的使用价值为依据，报价应注意启迪购买者的购买欲望，所报价格应清楚明了，应注意报价的时间（先使用价值，后价格）。

（2）让价技巧：应科学地设计让价的幅度，合理安排让价的步骤，掌握价格谈判的主动权，尽量消除价格歧视。

（3）抬价技巧：抬高价格可以阻止、封锁刁钻的购买者额外的要求，有时对一般购买者也会使其对自己估价的正确性产生怀疑，从而愿意接受企业报出的价格。

（4）价格坚持技巧：首先必须了解"出价贵了"的心理原因：① 购买者的财务状况；② 购买者对出价的预期看法；③ 购买者对购买商品的资金预算；④ 竞争对手提供的相同商品的价格；⑤ 同类商品和替代品的价格；⑥ 购买者以前购买的价格；⑦ 购买者认为销售者在利用卖方市场的有利地位强迫自己购买。

其次，针对不同原因具体采用相应的价格坚持策略：① 企业可以改变支付方式；② 企业可以利用具体事例解释说明；③ 企业应实事求是地宣传自己产品的优点；④ 企业应耐心帮助购买者分析产品差异；⑤ 企业应通过比较两类产品的差异，阐明报价的理由和合理性；⑥ 企业应着重从目前的销售条件，商品的品质、价格等对比中来说服购买者接受；⑦ 企业应尽可能站在购买者的角度，营造平等、和谐的气氛。

☞ **知识链接**

知识链接10

神奇的珠宝定价

位于深圳的异彩珠宝店，专门经营由手工制成的少数民族珠宝首饰。位于游客众多，风景秀丽的华侨城（周围有著名的旅游景点：世界之窗、民族文化村、欢乐谷等），生意一直比较稳定。客户主要来自两部分：游客和华侨城社区居民（华侨城社区在深圳属于高档社区，生活水平较高）。

几个月前，珠宝店店主易麦克特（维吾尔族）进了一批由珍珠质宝石和银制成的手镯、耳环和项链的精选品。与典型的绿松石造型中的青绿色调不同的是，珍珠质宝石是粉红色略带大理石花纹的颜色。就大小和样式而言，这一系列珠宝中包括了很多种类。有的珠宝小而圆，式样很简单，而别的珠宝则要大一些，式样别致、大胆。不仅如此，该系列还包括了各种传统样式的由珠宝点缀的丝制领带。

与以前的进货相比，易麦克特认为这批珍珠质宝石制成的首饰的进价还是比较合理的。他对这批货十分满意，因为它比较独特，可能会比较好销。在进价的基础上，加上其他相关的费用和平均水平的利润，他定了一个价格，觉得这个价格应该十分合理，肯定能让顾客觉得物超所值。

这些珠宝在店中摆了一个月之后，销售统计报表显示其销售状况很不好，易麦克特十分失望，不过他认为问题原因并不是在首饰本身，而是在营销的某个环节没有做好。于是，他决定试试在中国营销传播网上学到的几种销售策略。比如，令店中某种商品的位置有形化往往可使顾客产生更浓厚的兴趣。因此，他把这些珍珠质宝石装入玻璃展示箱，并将其摆放在该店入口的右手侧。可是，当他发现位置改变之后，这些珠宝的销售情况仍然没有什么起色。

他认为应该在一周一次的见面会上与员工好好谈谈了。他建议销售小姐花更多的精力来推销这一独特的产品系列，并安排了一个销售小姐专门促销这批首饰。他不仅给员工们详尽描述了珍珠质宝石，还给他们发了一篇简短的介绍性文章以便他们能记住并讲给顾客。不幸的是，这个方法也失败了。

就在此时，易麦克特正准备外出选购产品。因对珍珠质宝石首饰销售下降感到十分失望，他急于减少库存以便给更新的首饰腾出地方。他决心采取一项重大行动，选择将这一系列珠宝半价出售。临走时，他给副经理匆忙地留下了一张字条。告诉她："调整一下那些珍珠质宝石首饰的价格，所有都×1/2"。

当他回来的时候，易麦克特惊喜地发现该系列所有的珠宝已销售一空。"我真不明白，这是为什么"，他对副经理说，"看来这批首饰并不合顾客的胃口。下次我在新添宝石品种的时候一定要慎之又慎。"而副经理对易麦克特说，她虽然不懂为什么要对滞销商品进行提价，但她惊诧于提价后商品出售速度惊人。易麦克特不解地问："什么提价？我留的字条上是说价格减半啊。""减半？"副经理吃惊地问，"我认为你的字条上写的是这一系列的所有商品的价格一律按双倍计。"结果，副经理将价格增加了一倍而不是减半。

评析：

珠宝类产品是一种特殊的选购产品，采用常规的定价方式不一定是一种有效的定价方法，如何根据产品特点和消费者的心理相结合，是一个重要因素。

☞ **同步练习**

（一）单项选择题（在下列每小题中，选择一个最适合的答案。）

1. 准确地计算产品所提供的全部市场认知价值是（　　）的关键。

A. 认知价值定价法　　B. 反向定价法　　C. 需求差异定价法　　D. 成本导向定价法

2. 为鼓励顾客购买更多物品，企业给那些大量购买产品的顾客的一种减价称为（　　）。

A. 功能折扣　　　　B. 数量折扣　　　　C. 季节折扣　　　　D. 现金折扣

3. 企业利用消费者具有仰慕名牌商品或名店声望所产生的某种心理，对质量不易鉴别的商品的定价最适宜用（　　）法。

A. 尾数定价　　　　B. 招徕定价　　　　C. 声望定价　　　　D. 反向定价

4. 当产品市场需求富有弹性且生产成本和经营费用随着生产经营经验的增加而下降时，企业便具备了（　　）的可能性。

A. 撇脂定价　　　　B. 渗透定价　　　　C. 尾数定价　　　　D. 招徕定价

5. 按照单位成本加上一定百分比的加成来制定产品销售价格的定价方法称为（　　）定价法。

A. 成本加成　　　　B. 目标　　　　C. 认知价值　　　　D. 诊断

6. 企业因竞争对手率先降价而作出跟随竞争对手相应降价的策略主要适用于（　　）市场。

A. 同质产品市场　　B. 差别产品市场　　C. 完全竞争　　　　D. 寡头

7. 非整数定价一般适用于（　　）的产品。

A. 价值较高　　　　B. 高档　　　　C. 价值较低　　　　D. 奢侈

8. 在商业企业，很多商品的定价都不进位成整数，而保留零头，这种心理定价策略称为（　　）策略。

A. 尾数定价　　　　B. 招徕定价　　　　C. 声望定价　　　　D. 习惯定价

9. 在（　　）条件下，个别企业无力影响整个市场的产品价格，因而不存在企业制定最优价格的问题。

A. 寡头竞争　　　　B. 完全竞争　　　　C. 垄断竞争　　　　D. 不完全竞争

10. 在投标定价中，应以（　　）时的价格为最佳报价。

A. 成本最低　　　　B. 目标利润最高　　C. 中标概率最大　　D. 预期利润最大

11. 如果企业按 FOB 价出售产品，那么产品从产地到目的地发生的一切短损都将由（　　）承担。

A. 企业　　　　　　B. 顾客　　　　　　C. 承运人　　　　　D. 保险公司

12. "中国国际青年旅行社"的海南双飞六日游旅游项目在暑假定价为 1 050 元/人，春节期间定价为 1 850 元/人，这种定价方法属于（　　）。

A. 季节折扣　　　　B. 数量折扣　　　　C. 功能折扣　　　　D. 现金折扣

13. 下列定价方法中允许将价格定在成本以下的是（　　）。

A. 成本加成定价法　　　　　　　　　　B. 目标收益定价法

C. 边际贡献定价法　　　　　　　　　　D. 声望定价法满意

14. 价格是（　　）的产物。

A. 社会生产力发展　B. 竞争　　　　　　C. 商品经济发展　　D. 计划经济发展

15. 在商品价格构成中，最基本、最主要的因素是（　　）。

A. 利润　　　　　　B. 成本　　　　　　C. 剩余价值　　　　D. 新价值

（二）多项选择题（在下列每小题中，选择适合的答案。）

1. 影响企业定价的主要因素有（　　）等。

A. 定价目标　　　　　　B. 产品成本　　　　　C. 市场需求

D. 经营者意志　　　　　E. 竞争者的产品和价格

2. 企业定价目标主要有（　　）等。

A. 维持生存　　　　　　B. 当期利润最大化　　C. 市场占有率最大化

D. 产品质量最优化　　　E. 成本最小化

3. 当出现（　　）情况时，商品需求可能缺乏弹性。

A. 市场上出现竞争者或替代品

B. 市场上没有竞争者或者没有替代品

C. 购买者改变购买习惯较慢，也不积极寻找较便宜的东西

D. 购买者对较高价格不在意

E. 购买者认为产品质量有所提高，或者认为存在通货膨胀等，价格较高是应该的。

4. 价格折扣主要有（　　）等类型。

A. 现金折扣　　　　　　B. 数量折扣　　　　　C. 功能折扣

D. 季节折扣　　　　　　E. 价格折让

5. 引起企业提价主要有（　　）等原因。

A. 通货膨胀，物价上涨　　　　　　　　B. 企业市场占有率下降

C. 产品供不应求　　　　　　　　　　　D. 企业成本费用比竞争者低

E. 产品生产能力过剩

6. 心理定价的策略主要有（　　）。

A. 声望定价　　　　　　B. 分区定价　　　　　C. 尾数定价

D. 基点定价　　　　　　E. 招徕定价

7. 只要具备了（　　）这一条件时，企业就可以考虑通过低价来实现市场占有率的提高。

A. 市场对价格反应迟钝

B. 生产与分销的单位成本会随生产经验的积累而下降

C. 市场对价格高度敏感

D. 低价能吓退现有的和潜在的竞争者

E. 产品质量优良

8. 下列定价方法中允许将价格定在成本以下的是（　　）

A. 成本加成定价法　　　　　　　　　　B. 目标收益定价法

C. 边际贡献定价法　　　　　　　　　　D. 招徕定价法

9. 某企业欲运用需求价格弹性理论，通过降低产品价格提高销售量，一般情况下，这种策略对下列（　　）类产品效果明显。

A. 产品需求缺乏弹性　　　　　　　　　B. 产品需求富有弹性

C. 生活必需品　　　　　　　　　　　　D. 名牌产品

10. 折价优惠的缺点有（　　）。

A. 对处于衰退期的商品来讲，只能短暂地使其销售回升，却无法扭转其衰退的趋势

B. 只能暂时增加市场占有率

C. 很难让新加入的消费者产生品牌忠诚度

D. 不易吸引初次购买者

（三）判断题（判断下列各题是否正确。正确的在题后的括号内打"√"，错误的打"×"。）

1. 因为价格是商品价值的表现形式，因此决定商品价格的唯一因素是价值。　（　　）

2. 根据成本加成定价法可知，如果某品牌的价格弹性高，最适加成也应相对较高；反之亦然。　（　　）

3. 当采取认知定价法时，如果企业过高地估计认知价值，便会定出偏低的价格。　（　　）

4. 随行就市定价法适用于同质产品。　（　　）

5. 产品差异化使购买者对价格差异的存在不甚敏感。因此，在异质产品市场上企业有较大的自由度决定其价格。　（　　）

6. 销售中的折价无一例外地遵循单位价格随订购数量的上升而下降这一规律。（　　）

7. 从市场营销的实践看，当市场有足够的购买者，且对商品的需求缺乏弹性时，企业往往能成功地实施撇脂定价。　（　　）

8. 采用运费免收定价会使产品成本增加，不但给企业市场渗透带来困难，甚至难以在激烈的市场竞争中站住脚。　（　　）

9. 在产品组合定价策略中，根据补充产品定价原理，制造商经常为主要产品制定较低的价格，而对附属产品制定较高的加成。　（　　）

10. 提价会引起消费者、经销商和企业推销人员的不满，因此提价不仅不会使企业的利润增加，反而导致利润的下降。　（　　）

（四）问答题

1. 简述影响折扣策略的主要因素。

2. 简述差别定价的适用条件。

3. 简述企业在哪些情况下可能需要采取降价策略？

4. 对付通货膨胀的价格策略有哪些？

5. 试述新产品定价的方法。

（五）案例题

1. 一个炎热的夏天，美国的一家日用杂货品商店购进了一批单人凉席，定价每张 1 元。本来，这样炎热的天气，凉席会很快销售一空的，但结果购买并不踊跃。商店只得降价销售，但由于进价过高，每张凉席只能降价 2 美分。奇怪的是，顾客纷至沓来，凉席再也不愁销不出去了。这位老板在有了这个惊喜的发现后，马上照葫芦画瓢，大量进货，居然屡试不爽。美国西部有一家商店特别引人注目，店门前挂着一块醒目的招牌："本店各式服装一律每件 6 美元。"店内陈列的商品品种繁多，从内衣到外套应有尽有。因此，自开业以来，该店的生意十分红火。

美国的波士顿市中心有一家"法林联合百货公司"，在其商场上的地下室门口挂着"法林地下自动降价商店"的招牌。走进之后，你会发现货架上的每一件商品除了标明售价以外，还标着该件商品第一次上架的时间，旁边的告示栏里说明，该件商品按上架陈列时间自动降价，陈列时间越长，价格越低。比如某种商品陈列了 13 天还没有售出，就自动降低 20%，又过 6 天，降价 50%，再过 6 天，降价 75%。如果该件产品标价为 500 元，到第 13 天只能卖 400 元，到第 19 天只能卖 250 元，到第 25 天时只能卖 125 元。到第 25 天后，再过 6 天仍无人购买，就把该件商品从货架上取下来送到慈善机构去了。

问题：

(1) 价格与销售之间是一个什么样的关系？

(2) 如何使降价取得最好的促销效果？

2. 目前，白酒行业形成了明显的区域性产品和全国性产品竞争的局面，许多地产品牌正在不断构建壁垒，以增强竞争力。但遗憾的是，由于历史因素，许多区域性白酒企业多以低端产品为主，在向中高档产品转型的过程当中，成功者并不多。桂林三花酒厂的高端品牌老桂林的成功无疑为区域性产品进入中高档市场提供了极有价值的示范。

广西地方消费的白酒主要以米香型的三花为主，但三花价位太低，三花股份在推出老桂林酒以前主要以 20 元以下的低端产品为主，消费者长期以来甚至形成了地方没有好酒的观念。因此许多当地消费者招待外来宾客时碍于情面，经常选择价位较高的外地品牌。当地许多部门经常因没有地方的好酒招待客人而抱怨——自己的地方能不能也来瓶贵点的酒啊？

酒类消费的地产情结也正是许多区域品牌的优势所在。同时通过不断以各种措施强调老桂林是地产最好的酒，是招待客人最好的地方产品，不断增强用地方产品招待宾客的自豪感，因此引起了消费者的共鸣和认可，赢得了包括政府机关等核心消费人群的认可和支持。

老桂林酒不是一般白酒品牌，而是"三花"品牌的延伸。老桂林主要三款酒（将产品依酒精度分成 39 度、45 度和 52 度三个品种）。52 度金蓝之樽老桂林酒——承古酒奇方精酿，选精粮米，古朴独特的酿造工艺，得天独厚山水精华造化，纳象鼻山千年古窖之灵气而藏，酿极品天物，品质及第。45 度老桂林酒——以糯米、大米为原料，采用传统古方酿造，经象山岩洞多年窖藏而成。酒体微黄透明，蜜香幽雅，绵甜柔和，回味悠长。39 度老桂林酒——以糯米、大米为原料，采用传统古方酿造，经象山岩洞多年窖藏而成。2004 年老桂林酒被评为"国家优质酒"，并被桂林市政府选定为"桂林市政府接待指定用酒"。

老桂林的市场定位：

- 消费市场为招待外来宾客和商务招待时饮用的白酒，以及馈赠之礼品。
- 产品零售价分别为 45 元，60 元，168 元。
- "老桂林"的品牌取名得到了广泛的认可和接受。
- 产品包装与泸州老窖、全兴酒等中档白酒档次相当，并有更大的地方特色。
- 产品组合以 500 ml 标准盒包装为主，并配合两瓶装的老桂林礼品盒包装。

老桂林酒借助极具文化内涵的产品定位、符合大众需求的价格定位。到目前为止，区域市场的销售已和在广西主要竞争对手——全国性强势品牌泸州老窖销售额旗鼓相当。冲破了国内白酒"同质化竞争"困扰的格局，树立了一个区域中高档新品牌战胜全国性强势品牌的经典案例。

问题：

请用价格理论知识分析老桂林酒案例。

☞ **参考答案**

（一）单项选择题

1. A　　2. B　　3. C　　4. B　　5. A　　6. A　　7. C　·8. A　　9. B　　10. D

11. B　　12. A　　13. C　　14. C　　15. B

（二）多项选择题

1. ABCE	2. ABCD	3. BCD	4. ABCDE	5. AC
6. ACE	7. BCD	8. CD	9. BD	10. ABCD

（三）判断题

1. ×　　2. ×　　3. ×　　4. √　　5. √　　6. ×　　7. √　　8. ×　　9. √　　10. ×

（四）问答题

1. 简述影响折扣策略的主要因素。

折扣被用于战术上和策略发展上会表现出不同特点，其原因主要有以下三个方面：① 竞争对手以及联合竞争的实力。市场中同行业竞争对手的实力强弱会威胁到折扣的成效，一旦竞相折价，要么两败俱伤，要么被迫退出竞争市场。② 折扣的成本均衡性。销售中的折价并不是简单地遵循单位价格随订购数量的上升而下降这一规律。对生产厂家来说有两种例外情况：一是订单量大，难以看出连续订购的必然性；另一种是订单达不到企业开机指标。③ 市场总体价格水平下降。由于折扣策略有较稳定的长期性，当消费者利用折扣超额购买后，再转手将超额的那部分以低于折扣价卖给第三者，这样就会扰乱市场，导致市场总体价格水平下降，给采用折价策略的企业带来损失。此外，还应该考虑流动资金的成本、金融市场汇率变化以及消费者对折扣的疑虑等因素。

2. 简述差别定价的适用条件。

企业采取差别定价策略必须具备以下条件：① 市场必须是可以细分的，而且各个市场部分须表现出不同的需求程度；② 以较低价格购买某种产品的顾客没有可能以较高价格把这种产品倒卖给别人；③ 竞争者没有可能在企业以较高价格销售产品的市场上以低价竞销；④ 细分市场和控制市场的成本费用不得超过因实行价格歧视而得到的额外收入；⑤ 价格歧视不会引起顾客反感；⑥ 不能违法。

3. 简述企业在哪些情况下可能需要采取降价策略？

当面临以下几种情况时，企业可能需要降价：① 企业的生产能力过剩，需要扩大销售，但企业又不能通过产品改进和加强销售工作等来扩大销售；② 在强大竞争者的压力之下，企业的市场占有率下降；③ 企业的成本费用比竞争者低，企图通过降价来掌握市场或提高市场占有率，从而扩大生产和销售量，降低成本费用。

4. 对付通货膨胀的价格策略有哪些？

在通货膨胀时期企业为维护自身经济利益，可采取如下措施：① 延期报价，即在订货合同中不明确价格，而是在产品制成以后或者交货时才进行定价；② 在合同中规定调整条款，即在订货合同中加进价格调整条款，规定在交货时把合同确定的价格按某个物价指数的提高而自动提高；③ 把产品和服务项目分开定价，即把以前属于免费提供的零配件、免费的服务项目进行定价，在随产品出售时收取一部分费用以抵偿通货膨胀造成的损失。

5. 试述新产品定价的方法。

（1）撇脂定价法。撇脂定价法是指在新产品刚刚进入市场的阶段采取高价策略，价格远高于成本，以尽快提取新产品效益的精华，就像在牛奶中撇取奶油一样。西方企业经常采用这种办法。但撇脂定价法不宜任意采用，而需要一些基本条件：第一，该产品是新产品，无类似替代品；第二，新技术尚未公开，竞争对手难以进入市场，企业是独家生产；第三，购买者属于非价格敏感型，需求相对无弹性，制定高价仍有大量购买者；第四，高价能给人以高质量的印象，能刺激顾客购买而不致引起顾客反感；第五，企业生产能力一时难以扩大，如定价过低市场需求量过大，企业难以保证供应；第六，制定高价将减少市场需求和企业产量，从而提高单位产品成本，但单位产品成本的提高将不会抵消高价所带来的高额利润。

（2）渗透定价法。渗透定价法与撇脂定价法相反，是指在新产品刚进入市场时采取低价投放的策略，以扩大市场占有率。采用渗透定价策略的原因是：第一，新技术易于掌握和采用，竞争者易于加入。第二，消费者购买力水平低，属于价格敏感型，产品需求弹性大，低价可以吸引购买，迅速扩大市场。第三，企业生产能力大，能够随着产量和销量的增加而降低成本、提高利润。

（3）满意定价法。撇脂定价法和渗透定价法是新产品定价策略的两种极端形式，各有利弊。满意定价法是介于两者之间的一种定价策略，所制定的价格既可使企业获得相当利润，又使顾客感到合理。总之，是企业满意，顾客也满意。有的企业在竞争中处于优势地位，有条件采用撇脂定价法以获得尽可能大的利润。但为了使各方满意，从长计议，还是采用满意定价策略，制定一个各方面均可接受的"温和价格"，故也称为"君子定价"策略。

（五）案例题

1. 价格是决定产品市场占有率的重要因素。在质量等其他因素不变的情况下，降价能够扩大市场份额，增加产品销售。案例中所列出的商家正是基于这样的认识，不仅降价，而且降价幅度大，策略多样化，加上配合其他促销攻势，取得了显著的降价效果，使企业产品销售不断扩大。

2.（1）品牌个性化作风的集中体现。老桂林酒借助极具文化内涵的产品定位已经完成了传统向现代的嬗变。有人绘制品牌成功图以营销力为头颈指向，以科技力、品牌形象力为两翼，如果给老桂林酒定格的话，则恰恰相反，它是以营销力为尾翼展翅腾飞的。

（2）差异化构筑攻防最高壁垒。其差异优势体现在两个方面：① 极具文化内涵的品牌差异；② 符合大众需求的价格定位。

（3）目标市场更加明确。公款招待、名流交际、礼品消费，老桂林酒对目标市场的定位更加明晰。

第十一章　分销渠道策略

> 中间商不属于由制造商所铸成的锁链中被雇用的一个环节，而是一个独立的市场，并成了为一大群客户购买的焦点。

——菲利普·麦克威

重点：了解分销渠道的功能与流程；掌握分销渠道设计、分销渠道的选择标准；了解中间商与零售商；掌握物流管理的内容

难点：分销渠道设计

新点：深度分销、终端拦截、供应链管理、第三方物流

☞　**学习目标**

- ■ 了解分销渠道的类型与结构
- ■ 掌握分销渠道的选择与设计
- ■ 了解中间商与零售商
- ■ 掌握物流管理的内容

分销策略是4P中第三个可控制的营销要素。企业所拥有的渠道资源已经成为参与市场竞争，获取竞争优势的关键资源。分销渠道是指某种货物和劳务从制造商向消费者移动时取得这种货物和劳务的所有权或帮助转移其所有权的所有企业和个人。

按流通环节的多少，可以将分销渠道划分为直接渠道和间接渠道。一般从渠道的长度、宽度和渠道网络几个方面来描述分销渠道结构。常见的渠道系统包括了传统渠道系统、垂直渠道系统、水平营销系统、多渠道营销系统。

合适的分销渠道是提升公司销售力的重要基础。一个公司渠道系统是在适应当地市场机会和条件的过程中逐步形成的。设计一个渠道系统要分析服务产出水平，建立渠道目标，选择渠道方案，并对其做出评价。

批发商和零售商是中间商的两大组成成员。批发商可以分为三种类型：商业批发商、经纪人或代理商、制造商和零售商的分部和营业所等。零售是指将商品或服务直接销售给最终消费者供其个人非商业性使用的过程中所涉及的一切活动。零售商则是指它的销售量主要来自零售的公司或店铺。

物流管理是分销渠道管理中的一项重要内容，它就是通过计划、执行和控制，使原材料和制成品在适当的时间和地点到达用户手中。物流管理涉及的主要决策内容包括订单处理、仓储决策、存货决策、运输决策。

☞　**学习新知**

- 深度分销
- 终端拦截
- 供应链管理
- 第三方物流

1. 深度分销

营销界对深度分销原本的定义是：由厂方组建分销队伍，对经销商覆盖不到或不愿意覆盖的区域或终端进行分销覆盖，以取得更高铺市率的营销模式。其中包括以下几个关键点。

（1）深度分销工作是由厂方来完成的，是制造商的责任。

（2）深度分销的对象是广阔市场，是经销商、分销商无法覆盖或不愿意覆盖的区域或终端。

（3）深度分销的目的是为了弥补经销商或分销商的"渠道缺陷"。而广义的深度分销就是渠道成员职能的转变，通过变革使企业掌控的渠道深达终端，从而使通路扁平化，全面掌控营销渠道价值链的各个环节，并且把自己的影响渗透至零售网络，形成通路成本最小，效率最高的分销通路模式。

深度分销就是为了让自己的产品充盈渠道的所有环节和所有不同类型的终端，并让产品在渠道各环节快速流动，在终端让产品快速销售。换句话说，深度分销就是要对渠道和终端的各个环节进行调研、规划；拜访、沟通；促通、压货；管控、利用、顾问、服务等工作。

2. 终端拦截

顾客选购的过程就是一个不断思考、反复比较分析的过程，终端拦截就是整合终端所有的广告、促销、产品、渠道等资源，用这些资源来影响顾客选购意向的手段和方式，通俗点来说就是"引、抢、围、逼"，即引导顾客的思路、从竞争对手那里抢顾客、以更多的产品信息来对顾客心理进行包围式的诱导，来强化顾客的选购意向、用各种手段"诱逼"促成顾客迅速成交。本来是短期营销行为的促销已经演变成为企业常规的、连续进行的战术，甚至涵盖了整个销售过程的始终，很多企业陷入了不促不卖的被动局面，难以收场。于是作为应对产品促销战术之一的终端拦截便应运而生，从终端打击对手、推销自己的产品为最直接目标。此方法在很多领域初步实施后，效果明显。这种方法被迅速地复制与传播，在更大范围上得到了推广和推崇。

派员促销与推广是终端拦截最基本的也是最主要的方式，但是随着竞争的迅速升级，现阶段终端拦截的实际应用已经发生了质的变化，外延与内涵都有着不同程度的扩张，衍生出许多新的形式和方法，为企业提供了新的选择。归纳起来，主要有以下四种方式。

（1）人员拦截。所谓人员拦截就是通过促销员的导购来引导和强化消费者的购买意向，这是终端拦截的最基本的形式，促销人员的素质与能力成为人员拦截效果好坏的最基本因素。

（2）地面拦截。厂家应将产品尽可能摆放在商场入口处，并使顾客能够轻易地看到，从而形成先入为主的直观印象并激发购买欲望，地面拦截充分贯彻了终端拦截理论中的

"易见、易拿"原则。

（3）高空拦截。利用电视、报纸等媒体在相应区域发布终端促销广告，使促销信息先一步传输给更多的消费者。高空拦截可以起到先入为主效应，在消费者未到终端之前进行消费诱导和品牌灌输，在一定程度上能够使消费者更清晰地记住该品牌的相关信息，并且还能借媒体的辐射力在更广的范围内吸引更多的目标消费群。

（4）整合拦截。整合终端所有的广告、促销、产品、渠道等资源，综合实施人员拦截、地面拦截、高空拦截等手段，用来影响顾客选购意向。

3. 供应链管理

供应链管理是围绕核心企业，通过对信息流、物流、资金流的控制，从采购原材料开始，制成中间产品以及最终产品，最后又通过销售网络把产品送到消费者手中。将供应商、制造商、分销商、零售商，直到最终用户连成一个整体的功能网链结构模式，它是一个范围更广的企业结构模式，它包含所有加盟的节点企业，它不仅是一条连接供应商到用户的物料链、信息链、资金链，而且是一条增值链，物料在供应链上因加工包装、运输等过程而增加其价值，给相关企业都带来收益。供应链管理的主要管理方法有联合库存管理、供应商管理库存（VMI）、连续补充货物（CRP）、准时化技术和快速、有效的响应系统（QR）。

4. 第三方物流

第三方物流是一个提供全部或部分企业物流功能的外部服务提供者，或者以商品交易为参照系。第三方物流是除商品买卖双方之外的第三方的物流服务提供方，又称为合同物流集成物流和供需之外的第三方物流。国际"门到门"的物流过程一般需要海陆空联运的方式进行，第三方物流企业的角色就是为客户给出恰如其分的物流解决方案，并且通过整合各种运输方式最终实现客户所要求的零库存。第三方物流目前提供的物流服务主要有运输类业务、仓储/配送类业务、增值服务、信息服务。

☞ **核心概念**

- 分销渠道、营销渠道
- 批发、批发商
- 零售、零售商
- 特许经营组织
- 物流
- 渠道的长度、渠道的宽度
- 垂直渠道系统
- 独家分销、选择性分销、密集性分销

1. 分销渠道

分销渠道是指某种货物和劳务从制造商向消费者移动时取得这种货物和劳务的所有权或帮助转移其所有权的所有企业和个人。

2. 营销渠道

营销渠道是指配合起来生产、分销和消费某一生产者的产品和服务的所有企业和个人。

市场营销渠道包括产品供产销过程中的所有有关企业和个人，如供应商、生产者、商人中间商、代理中间商、辅助商以及最终消费者或用户等。

3. 批发

批发是指将商品或者服务销售给那些为了转卖或商业用途而进行购买的个人或组织所发生的一切活动。

4. 批发商

批发商则是指从事批发活动的组织或个人经营者。批发商可以分为三种类型：商业批发商、经纪人或代理商、制造商和零售商的分部和营业所等。

5. 零售

零售是指将商品或服务直接销售给最终消费者供其个人非商业性使用的过程中所涉及的一切活动。

6. 零售商

零售商则是指它的销售量主要来自零售的公司或店铺。国内学者通常将零售商分为商店零售商、无商店零售商和合作零售组织三大类进行研究。

7. 特许经营组织

特许经营组织指特许人（一家制造商、批发商或服务组织）和特许经营人（在特许经营系统中，购买拥有或者经营其中的一个或几个单元的独立的生意人）之间的一种契约性联合。

8. 物流

物流的概念有狭义物流和广义物流之分。广义物流包括原材料的"采购物流"、加工场所内半成品的"生产物流"和制成品的"销售物流"，形成整体的供应链管理。从市场营销的角度看，物流管理只涉及制成品从生产者到消费者这一流通过程中的时间、空间转移。或者说，市场营销研究的是发生在分销渠道内的产品实体转移与经营管理问题。

9. 渠道的长度

渠道的长度是按其包含的中间商购销环节即渠道层次的多少来表述的。

10. 渠道的宽度

渠道的宽度是指在渠道的同一层次上利用同种类型中间商的数目。

11. 垂直渠道系统

垂直渠道系统是由制造商、批发商和零售商组成的一种统一的联合体，某个渠道成员拥有其他成员的产权，或者是一种特约代营的关系，或者这个渠道成员拥有相当的实力，其他成员愿意合作。垂直渠道系统可以由生产商来支配，也可以由批发商或者零售商来支配。

12. 独家分销

独家分销是严格地限制经营公司产品或者服务的中间商个数。它适用于制造商想对经销商执行大量的服务水平和服务售点的控制。

13. 选择性分销

选择性分销利用有限几家中间机构来经营某一种特定产品。选择性分销商能使制造商获得足够的市场覆盖面，与密集性分销商相比有较大的控制力和较低的成本。

14. 密集性分销

密集性分销是尽可能多地使用商店销售商品或劳务。该策略一般适用于日用消费品，如香烟、汽油、肥皂、口香糖等。

☞ **学习重点**

■ 分销渠道管理
■ 分销渠道的选择与设计
■ 渠道冲突的类型
■ 渠道冲突的管理
■ 伙伴型渠道关系
■ 评估渠道方案的标准
■ 物流管理
■ 零售商类型

1. 分销渠道管理

（1）选择渠道成员。选择中间商首先要确定其能力的标准。对于不同类型的中间商以及它们与企业的关系，应确定不同的评价标准。这些标准包括四个基本方面：① 销售能力：要了解该中间商是否有训练有素的销售队伍？其市场渗透力有多强？销售地区有多广？曾经营哪些其他产品？能为顾客提供哪些服务？等等。② 支付能力：为确保销售商的财务实力，要了解该中间商是否有足够的支付能力？③ 经营管理能力：要了解包括中间商的管理人员是否有足够的才干、知识水平和业务经验等。④ 信誉：要了解包括中间商在社会上是否得到信任和尊敬？是否愿意和生产厂商真诚合作？等等。

（2）激励渠道成员。生产厂商必须不断地激励中间商，促使其做好工作。尽管生产企业和中间商签订的合同里面已经规定了中间商的责任和义务，这些义务还必须通过生产企业的经常监督和鼓励才能更好地实施。激励中间商的方法主要有：① 做必要的让步；② 提供优质产品；③ 给予各种权利；④ 共同进行广告宣传；⑤ 进行人员培训。

（3）控制渠道成员。要控制渠道，首先要让各个中间商了解企业的营销目标。其次要确定评价中间商工作绩效的各项标准，包括销售目标、市场份额、平均存货水平、向顾客交货时间、市场成长目标、广告宣传效果等。标准越具体，评价起来越容易。

（4）调整渠道。生产企业的任务不能仅限于设计一个良好的分销渠道，并推动其运转。随着市场的变化，对分销渠道系统还要定期进行调整，适应市场的新动态。

2. 分销渠道的选择与设计

选择与设计合适的分销渠道是提升公司销售力的重要基础。一个公司渠道系统是在适应当地市场机会和条件的过程中逐步形成的。设计一个渠道系统要分析服务产出水平，建立渠道目标，选择渠道方案，并对其做出评价。

（1）分析服务产出水平。了解公司所选择的目标市场中消费者购买什么商品、在什么地方购买、为何购买、何时购买和如何购买是设计分销渠道的第一步。营销人员必须了解目标顾客需要的服务产出水平，即人们在购买一个产品时，想要和所期望的服务类型和水平。分销渠道可以提供的服务水平包括批量大小、等候时间、便利、产品品种和服务支持等。

（2）建立分销渠道目标。渠道目标决定了公司所要求的渠道类型。有效的渠道计划工作要决定达到什么目标、进入哪些市场。目标包括预期要达到的顾客服务水平和中间机构应该发挥的功能等。

（3）选择渠道方案。一个渠道选择方案由三个方面的要素确定：中间机构的类型，中间机构的数目，每个渠道成员的条件及其相互的责任。

（4）评估渠道方案。制造商在初步识别了几种可行的渠道方案后，就要确定哪一个渠道最能满足公司长期目标。其选择要以经济性、可控性和适应性三个标准来进行评估。

（5）选择渠道成员。选择中间商首先要确定其能力的标准。对于不同类型的中间商以及它们与企业的关系，应确定不同的评价标准。这些标准包括四个基本方面，即销售能力、支付能力、经营管理能力、信誉。

3. 渠道冲突的类型

渠道冲突的类型可以分为三种：垂直渠道冲突、水平渠道冲突、多渠道冲突。

（1）垂直渠道冲突。垂直渠道冲突（也称为纵向冲突）是指同一条渠道中不同层次的成员之间的冲突。例如，当一家公司要求其分销商执行其制定的价格、服务、广告策略时；当折扣店以低于公司建议的零售价格出售商品时；当制造商缩小批发商的区域范围时都可能发生冲突。

（2）水平渠道冲突。水平渠道冲突（也称为横向冲突）是指同一条渠道中同层次的成员之间的冲突。例如，如果一家公司的特许分销商太多，距离又近，就有可能发生价格竞争，导致他们的利润减少。这就容易发生水平渠道冲突。

（3）多渠道冲突。多渠道冲突产生于在制造商已经建立了两个或更多的渠道，并且它们互相在推销给同一市场时产生竞争。

4. 渠道冲突的管理

一定的渠道冲突能够产生建设性的作用。它能导致适应变化着的环境的更多的动力。当然，更多的冲突是失调的。问题不在于是否消除这种冲突，而在于如何更好地管理它。为管理渠道冲突的方法主要有如下几种。

（1）确立共同目标。渠道成员有时会以某种方式签订一个他们共同寻找的基本目标协议，其内容包括生存、市场份额、高品质和顾客满意等。当渠道面临外部威胁时，如更有效的竞争渠道、法律的不利规定或者消费者要求的改变等，他们联合起来排除威胁，紧密地合作。它可以教育各部门为追求共同目标的长远价值而工作。

（2）互换人员。另一个有用的管理是在两个或两个以上的渠道层次上互换人员。例如，本田公司的经理可以在其经销商那里工作一段时间，而经销商也会在本田的经销商管理部门工作一段时间。这样，当他们回到自己的工作岗位上之后，彼此之间就有了更好的了解，更容易从对方的角度考虑问题。

（3）合作。这里的合作指的是一个组织为赢得另一个组织的领导者的支持所做的努力，包括邀请他们参加咨询委员会、董事会等，使他们感到他们的建议被倾听，受到重视。

（4）建立成员关系。鼓励在行业协会之间建立成员关系，这样可使双方从更高的高度上相互理解，有助于冲突的减少和解决。

5. 伙伴型渠道关系

伙伴型渠道关系是一种渠道系统内的成员在相互信任和共同长远目标的基础上，致力于共同发展的长期、紧密的合作关系。这种渠道关系本质上是渠道成员之间的一种合作或联盟，由于这种关系没有达到一体化程度的长期联合，所以制造商无须花费太大的成本，即可获得如同一体化一样的渠道优势。

伙伴型渠道是在相互信任和共同长远目标的基础上，由不同层次的伙伴关系构成的一个分销网络系统。在这样的系统中，以往的客户和交易对象变为合作伙伴，通过特定的关系投资将双方结成一个利益共同体，共同致力于长期发展。

伙伴型渠道关系的构成要素：

（1）共同的远景目标。作为长期的合作关系，伙伴型渠道关系需要一个有吸引力、为渠道成员所意欲追求的目标远景，使渠道成员着眼于未来和大局，竭诚合作，为实现共同的目标而努力。一般而言，长期目标则能分散大家的短期利益纷争，使目标趋向一致。

（2）相互信任。合作伙伴之间的相互信任是发展长期稳定合作的基础，它既是合作关系发生的前提，又是合作成功的重要推动力，而另一方面合作失败的原因往往就是缺乏信任。

（3）行动互相配合。渠道成员间的合作不同于企业内部的分工协作，后者可以依据企业内部的管理机制来展开协作，而前者由于没有权威的调整系统。合作依据的是信息、契约等平台以及良好的信任、理解，从而自动地调整企业的行为，在共同目标实现过程中相互配合，整体行动。

（4）信息与利益的共享。伙伴型渠道关系要达到彼此行动上的完美配合，在信息平台上充分地共享信息是十分关键的。只有实现了信息的及时、准确的双向流动，才能使双方的配合协调、高效率。同时，共同远景目标使渠道合作伙伴在行动上相互配合，其分配模式也必然是利益共享。这种共享必须是阶段性的共享，以不断地激励合作伙伴为共同的目标而努力，这正是所谓的"双赢"。

6. 评估渠道方案的标准

制造商在初步识别了几种可行的渠道方案后，就要确定哪一个渠道最能满足公司长期目标。其选择要以经济性、可控性和适应性三个标准来进行评估。

（1）经济性标准。评价一个渠道方案的优劣首先要从经济的角度来考察其运行成本和对销售的贡献大小，从而计算出每个渠道方案的经济效益。

（2）可控性标准。评价必须进一步考虑渠道的可控性问题。

（3）适应性标准。生产商需要寻求能获得最大控制的渠道结构和政策，以适应不断变化的营销战略。

7. 物流管理

企业在确定了物流服务目标以后，就要对物流系统进行规划与设计，并开展具体的物流作业活动。物流管理涉及的主要决策内容包括以下几点。

（1）订单处理。商品实体的分销是从订单处理开始的，对订单的处理，要求做到迅速而准确。为提高订单处理的效率，许多企业都采用了计算机处理系统。

（2）仓储决策。仓储决策包括仓库数目决策、仓库选址决策及仓库类型决策。

（3）存货决策。存货决策主要包括进货时间决策及进货数量决策两方面。适当的进货时间和进货仅可以保证商品的及时供应，提高服务质量，降低经营风险还可以减少不必要的费用。

（4）运输决策。运输决策主要涉及选择合理运输路线和最佳运输方式两方面。

8. 零售商类型

国内学者通常将零售商分为商店零售商、无商店零售商和合作零售组织三大类进行研究（见表 11 –1）。

表 11 –1　零售商类型

商店零售商	专业商店、百货商店、超级市场、便利商店、折扣商店、廉价零售商、工厂门市部、仓库俱乐部、超级商店、样品陈列室
无商店零售商	直销公司、直复营销、自动售货、购物服务
合作零售组织	公司连锁、自愿连锁店、零售商合作组织、消费者合作社、特许经营组织、商业联合大公司

☞　知识链接

知识链接 11

选择经销商的原则

许多成功企业的经验说明了这样一个基本道理，明确选择经销商的目标和原则，并且做好深入细致的调查研究工作，全面了解每一个将被选择的经销商的情况，是选择经销商的起点和前提条件。明确目标是选择经销商的前提之一。这里有两个层次的目标要加以区分：第一个层次为基本目标，即选择中间商，建立分销渠道要达到什么分销效果；第二个层次为手段目标，即要建立怎样的分销渠道，它在实现第一层次目标的过程中应当发挥什么作用。建立分销渠道的目标明确之后，这些目标就被转换成选择经销商的原则，成为指导经销商选择工作的纲领。一般来说，应遵循的原则包括以下几个方面。

（1）把分销渠道延伸至目标市场原则。这是建立分销渠道的基本目标，也是选择经销商的基本原则。企业选择经销商，建立分销渠道，就是要把自己的产品打入目标市场，让那些需要企业产品的最终用户或消费者能够就近、方便地购买，随意消费。根据这个原则，分销管理人员应当注意所选择的经销商是否在目标市场拥有其分销通路（如是否有分店、子公司、会员单位或忠诚的二级经销商）。是否在那里拥有销售场所（如店铺、营业机构）。

（2）分工合作原则。即所选择的中间商应当在经营方向和专业能力方面符合所建立的分销渠道功能的要求。尤其在建立短分销渠道时，需要对中间商的经营特点及其能够承担的分销功能严格掌握。一般来说，专业性的连锁销售公司对于那些价值高、技术性强、品牌吸引力大、售后服务较多的商品，具有较强的分销能力。各种中小百货商店、杂货商店在经营便利品、中低档次的选购品方面力量很强。只有那些在经营方向和专业能力方面符合所建分销渠道要求的经销商，才能承担相应的分销功能，组成一条完整的分销通路。

（3）树立形象的原则。在一个具体的局部市场上，显然应当选择那些目标消费者或二级经销商愿意光顾甚至愿意在那里出较高价格购买商品的经销商。这样的经销商在消费者的心目中具有较好的形象，能够烘托并帮助建立品牌形象。

（4）共同愿望和共同抱负原则。联合经销商进行商品分销，不单是对生产厂商、对消费者有利，对经销商也有利。分销渠道作为一个整体，每个成员的利益来自于成员之间的彼此合作和共同的利益创造活动。从这个角度上讲，联合分销进行商品分销就是把彼此之间的利益"捆绑"在一起。只有所有成员具有共同愿望、共同抱负，具有合作精神，才有可能真正建立一个有效运转的分销渠道。在选择经销商时，要注意分析有关经销商分销合作的意愿、与其他渠道成员的合作关系，以便选择到良好的合作者。

（资料来源：企业营销训练教材总集，亚太管理训练网 http://www.longjk.com。）

☞ **同步练习**

（一）单项选择题（在下列每小题中，选择一个最适合的答案。）

1. 消费品中的便利品的企业通常采取（   ）的策略。

A. 密集分销　　　　B. 独家分销　　　　C. 选择分销　　　　D. 直销

2. 在评估渠道方案时，最重要的标准是（   ）。

A. 控制性　　　　B. 经济性　　　　C. 适应性　　　　D. 可行性

3. 某种产品和服务从生产者向消费者转移过程中，取得这种产品和服务的所有权或帮助所有权转移的所有企业和个人，被称为（   ）。

A. 中间商　　　　B. 分销渠道　　　　C. 营销渠道　　　　D. 中介机构

4. 产业用品渠道一般不包括（   ）。

A. 批发商　　　　B. 代理商　　　　C. 制造商　　　　D. 零售商

5. 产品价格低，其营销渠道就应（   ）。

A. 长而窄　　　　B. 长而宽　　　　C. 短而窄　　　　D. 短而宽

6. 生产者在某一地区仅通过少数几个精心挑选的中间商来分销产品，这是（   ）分销策略。

A. 广泛　　　　B. 密集　　　　C. 强力　　　　D. 选择性

7. 在评估渠道方案时，最重要的标准是（   ）。

A. 控制性　　　　B. 经济性　　　　C. 适应性　　　　D. 可行性

8. 一般而言，方便商店所售商品比超级市场所售商品的价格（   ）。

A. 高　　　　B. 低　　　　C. 相同　　　　D. 晚上高、白天低

9. 非标准化产品或单位价值高的产品一般采取（   ）。

A. 直销　　　　B. 广泛分销　　　　C. 密集分销　　　　D. 自动售货

10. 20 世纪零售业最重要的发展是（   ）。

A. 特许专卖组织　　B. 折扣商店　　　　C. 连锁店组　　　　D. 超级市场

11. 通过有效地安排商品的仓储、管理和转移，使商品在需要的时间到达需要的地点的经营活动，叫做（   ）。

A. 商流　　　　B. 物流　　　　C. 信息流　　　　D. 车流

12. 物流的职能，就是将产品由其生产地转移到消费地，从而创造（   ）。

A. 时间效用　　　　B. 渠道效用　　　　C. 地点效用　　　　D. 消费效用

13. POS 系统被称为（   ）。

A. 电子收款机系统　　　　　　　　　B. 管理信息系统

C. 战略信息系统　　　　　　　　　　D. 销售点管理系统

14. 消费品中的便利品的企业通常采取（　　）的策略。

A. 密集分销　　　　B. 独家分销　　　　C. 选择分销　　　　D. 直销

15. 珠宝、金器等贵重物品多采用（　　）。

A. 选择性分销　　　　B. 专营性分销　　　　C. 密集性分销　　　　D. 集中性市场营销

（二）多项选择题（在下列每小题中，选择适合的答案。）

1. 营销中间商主要指协助企业促销、销售和经销其产品给最终购买者的机构，包括（　　）。

A. 中间商　　　　　　　　B. 实体分配公司　　　　　　C. 营销服务机构

D. 财务中介机构　　　　　E. 证券交易机构

2. 分销渠道的评价标准有（　　）。

A. 经济性标准　　　　　　B. 控制性标准　　　　　　　C. 战略性标准

D. 适应性标准　　　　　　E. 互动性标准

3. 批发商类型主要有（　　）。

A. 商人批发商　　　　　　B. 经销商　　　　　　　　　C. 经纪人或代理商

D. 制造商销售办事处　　　E. 仓储商店

4. 分销渠道成员包括（　　）。

A. 生产者　　　　　　　　B. 商人中间商　　　　　　　C. 代理商

D. 供应商　　　　　　　　E. 消费者

5. 影响分销渠道设计的因素有（　　）。

A. 顾客特性　　　　　　　B. 产品特性　　　　　　　　C. 竞争特性

D. 企业特性　　　　　　　E. 环境特性

6. 运输决策主要涉及（　　）两个方面的问题。

A. 运输里程　　　　　　　B. 运输方式　　　　　　　　C. 运输安全

D. 运输路线　　　　　　　E. 运输费用

7. 零售业一般分为有门市的销售形式和无门市的销售形式，属于有门市的销售形式有（　　）。

A. 百货商店　　　　　　　B. 邮寄　　　　　　　　　　C. 连锁店

D. 访问销售　　　　　　　E. 超级市场

8. 中间商包括（　　）。

A. 批发商　　　　　　　　B. 企业代理商　　　　　　　C. 经纪商

D. 采购商　　　　　　　　E. 零售商

9. 厂商对销售代理商进行的正面的物质激励有（　　）。

A. 较高的佣金　　　　　　B. 将多家代理转为独家代理

C. 奖金　　　　　　　　　D. 销售竞赛

10. 一个真正的折扣商店的特点是（　　）。

A. 商店经常以低价销售商品

B. 商店突出销售全国性品牌，因此价格低廉并不说明商品的质量低下

C. 商店在自助式、设备较少的基础上经营

D. 店址趋向于在租金低的地区，要能吸引较远处的顾客

E. 商店赢利少

（三）判断题（判断下列各题是否正确。正确的在题后的括号内打"√"，错误的打"×"。）

1. 中间商倾向于跟供应商签订短期合同。 （　　）

2. 经纪人是从事购买或销售或二者兼备的洽商工作，并取得产品所有权的商业单位。
（　　）

3. 在物流过程中搞好运输工作，开展合理运输，是物流成为"第三方利润源"的基础。
（　　）

4. 广泛性分销指零售商经营某一行业的多系列、多品种产品。 （　　）

5. 中间商的购买行为也受环境因素、组织因素、个人因素的影响。 （　　）

6. 代理商对生产者委托销售的物品没有所有权，但有定价权。 （　　）

7. 代理商是指从事商品交易业务，在商品买卖过程中拥有产品所有权的中间商。
（　　）

8. 长渠道是指生产者利用一个中间环节来销售产品。 （　　）

9. 不同国家分销渠道差异很大，这种差异首先体现在零售商的规模和数量上。 （　　）

10. 分销渠道是由一系列的中间商所组成的。 （　　）

（四）问答题

1. 简述企业选择直接渠道的优势。

2. 企业有哪些分销渠道宽度选择策略？

3. 经纪人或代理商与商人批发商有何异同？

4. 选择中间商的标准有哪些？

5. 市场营销渠道与分销渠道有何区别？

（五）案例题

1. 近年来，A 市鲜奶市场一直是"群龙无首"。进入 2007 年，一个名叫"壮乐"的本地乳品上市了。市场调查显示，送奶到户已经成为一种时尚，国内一些城市送奶到户的奶量已达到总需求量的 50%，而本市此项工作并没形成气候——这正是壮乐乳品的契机。

既然要做送奶到户，产品就要讲求"纯"、"鲜"，"消毒"。营销通路方面，壮乐选择了两条：公司—经销商—零售商—大中型卖场—终端消费者；公司—奶站—终端消费者。

营业推广：在鲜奶产品上市的第一个月，开展"买三赠一"活动，激励更多的人来购买，然后通过产品的品质留住顾客；在产品上市"买三赠一"促销结束后，采取过渡性的促销措施"买奶中超值大奖"，奖品为彩电，由用户通过抽奖获得，让"小产品，大奖项"震动城区。

硬性广告：选择市内发行量较大的《晚报》发布市区内送奶服务站地址、电话、产品信息、服务项目、服务承诺等信息。

软性广告：在《晚报》上刊发软性文章，各篇既系列化，具有连续性，同时又独立成篇。主题分别为《壮乐开展送奶到户，方便千万家》，《如何选择送奶公司》等。

公关活动：①"寻找受害者"活动。根据调查，以前某些公司在开展送奶到户工作中

出现了很多损害消费者利益的问题。鉴于此，壮乐在报纸上征集受害者 100 名，邀请他们参观公司奶牛基地、加工厂，免费赠送一个月送奶服务，同时聘请他们来当送奶服务队的质量监督员。②"为了孩子的明天"征文活动。评选一等奖五名，赠饮半年鲜牛奶；二等奖 10 名，赠饮三个月的鲜奶；三等奖 30 名，赠饮一个月的鲜牛奶，征文结果在报纸上公布。

终端用户管理：① 建立客户档案，并使其具有录入、查询、检索、修改、汇总等较为全面的功能；② 对订奶客户实行分类管理，其中每天订三袋以上者为关键客户，每天订两袋者为重点客户，每天订一袋者为一般客户，对不同级别的客户采取不同的回馈措施。事实证明，壮乐乳品通过送奶到户，这场硬仗打得及时，打得到位，打得成功。

问题：

（1）由文中可知壮乐乳品所采用的长的销售渠道属于（　　　）。

A. 二层渠道　　　　B. 三层渠道　　　　C. 四层渠道　　　　D. 五层渠道

（2）壮乐乳品在营业推广阶段采用了（　　　）等销售促进手段。

A. 优待券　　　　B. 折价优待　　　　C. 抽奖　　　　D. 退费优待

（3）壮乐乳品发布软、硬性广告的目标是（　　　）。

A. 创牌广告目标　　B. 保牌广告目标　　C. 竞争广告目标　　D. 渗透广告目标

（4）壮乐乳品采取了大量的公共关系活动。在这一系列活动中涉及的首要公众有（　　　）。

A. 其他公司送奶服务中的利益受侵害者

B. 参加征文活动的孩子

C. 参加送奶宣传的高校学生

D. 对活动予以报道的媒体

（5）壮乐乳品进行客户分类的标准依据的是（　　　）。

A. 客户的性质　　　B. 交易过程　　　C. 时间序列　　　D. 交易数量和市场地位

2. 沃尔玛公司是美国最大也是最成功的零售帝国。专家认为，沃尔玛的成功可归功于以下五方面。

● 将顾客和公司员工视作上帝。在沃尔玛不仅尊重顾客，而且把员工称为"合伙人"，而不是简单的雇员。公司强调由上而下的思想沟通，创造一种让员工感到自己是公司一员的氛围。

● 小城镇发展战略。沃尔玛不仅是一家从偏远地区小城镇发展起来的巨型零售企业，而且在其发展过程中一直遵循避开大城市的战略。在其高速发展的 20 世纪 70 年代和 80 年代，几乎所有的沃尔玛分店都开在人口几千到 2.5 万以内的小镇。一般折扣百货业公司都认为，这么少人口的小镇难以支持折扣店低价竞争所需要的销售规模。但沃尔玛公司却认为，只要价格确实低，品种确实多，就能吸引周围几十英里范围内的居民。

● 利用新技术。沃尔玛所以能够扩展到全国，相当程度上得益于技术上的不断投资，特别是在建立计算机通信和配送系统上投资，使之成为领先于竞争对手的最大优势。

● 公司在全美有 20 个配送中心，所供应的分店都在一天车程或 350 英里范围内，各店 85% 的商品由配送中心直接供应，而一般竞争对手的这个比例大约只有 50% ~ 60%。

● 成本控制。沃尔玛的低价策略建立在严格的成本控制基础上。其主要做法是：① 严格控制进货成本，一靠大量订货，要求供应商尽可能压低价格；二是越过中间商直接向制造商订货。② 严格控制配销成本。沃尔玛有自己的配送中心，自己的送货车队、计算机通信网。沃尔玛分店提出订货要求后，两天内货即可送到，而一般公司要 5 天时间，这大大加快了公司的资金周转。为此，沃尔玛的配销成本只有总销售额的 3%，费用率仅为大多数连锁商店的一半。③ 较低的广告促销费，一般折价百货公司将销售额的 2%～3% 用于广告促销，而沃尔玛在这方面的开支却低于销售额的 1%。④ 人员精简的组织结构和公司崇尚节俭的作风。

问题：

（1）你认为沃尔玛在今后的发展中会遇到什么问题？作为世界第一大零售公司，它今后如何发展？

（2）如果你是一家小五金店或小服装店的店主，你将怎样在小城镇中与沃尔玛竞争？

（3）沃尔玛的哪些经验值得中国零售商学习？

☞ **参考答案**

（一）单项选择题

1. A　　2. B　　3. B　　4. D　　5. B　　6. D　　7. B　　8. A　　9. A　　10. C

11. B　　12. C　　13. D　　14. A　　15. A

（二）多项选择题

1. ABCD　　2. ABD　　　3. ACD　　　　4. ABCE　　　　5. ABCDE

6. BD　　　7. ACE　　　8. AE　　　　　9. BC　　　　　10. ACD

（三）判断题

1. ×　　2. ×　　3. √　　4. ×　　5. √　　6. ×　　7. ×　　8. ×　　9. ×　　10. ×

（四）问答题

1. 简述企业选择直接渠道的优势。

企业选择直接渠道的优势有：① 生产者直接和消费者接触，有利于生产者及时、迅速、全面地了解消费者的需要，从而及时地调整企业的营销策略。② 能够高质量为消费者提供售前、售中和售后服务，当好消费者的参谋。③ 产品可以迅速送到消费者手中，节约流通时间，降低流通成本。④ 销售款回笼迅速，加快了企业的资金周转速度。

2. 企业有哪些分销渠道宽度选择策略？

分销渠道的宽度选择策略有：① 密集性分销。指生产者通过尽可能多的批发商、零售商推销产品。② 选择性分销。生产者在某一地区仅选择少数几个严格挑选的同类中间商推销其产品。③ 独家分销。生产者在某一地区、一定时间内仅选择一家批发商或零售商经销其产品。

3. 经纪人或代理商与商人批发商有何异同？

经纪人或代理商和商人批发商都属于批发商，经纪人或代理商是从事购买或销售或二者兼备的洽商工作，他们对其经营的产品没有所有权，只是在促成产品交易后，以赚取佣金作为报酬。而商人批发商是自己进货，并取得产品所有权后再批发出售。两者相似之处是他们都专注于某些产品种类或某些顾客群。

4. 选择中间商的标准有哪些？

选择中间商的标准有：① 经营历史、信誉、销售能力和管理能力；② 经营者素质、人品及性格；③ 业务人员的素质和合作态度；④ 储存、运输等设备条件；⑤ 市场覆盖面；⑥ 地理位置；⑦ 顾客类型和购买力。

5. 市场营销渠道与分销渠道有何区别？

市场营销渠道是指配合起来生产、分销和消费某一生产者的产品和服务的所有企业和个人，而分销渠道是指某种产品和服务在从生产者向消费者转移过程中，取得这种产品和服务的所有权或帮助所有权转移的企业和个人。市场营销渠道包括产品供产销过程中的所有有关企业和个人，如供应商、生产者、商人中间商、代理中间商、辅助商以及最终消费者或用户等，而分销渠道不包括供应商和辅助商。

（五）案例题

1.（1）B　　（2）AC　　（3）AD　　（4）ABC　　（5）D

2.（1）销售规模和经营品种进行分析，连锁超市是趋势。

（2）从便利性上进行分析。

（3）将顾客和公司员工视作上帝，利用新技术，严格控制成本等。

第十二章　促销策略

有效的广告和促销依靠的是特定的信息，而不是预感和愿望。

——大卫·邦斯

> **重点**：了解促销组合的概念；掌握广告的概念、类型和广告活动的步骤；掌握营业推广的概念和主要方式；掌握公共关系的概念和主要活动形式。
>
> **难点**：影响促销方式选择的因素。
>
> **新点**：整合营销传播、网络广告、危机公关。

☞ **学习目标**

- 掌握促销与促销组合的概念
- 掌握人员推销的概念和技巧
- 掌握广告的概念、类型和广告活动的步骤
- 掌握营业推广的概念和主要方式
- 掌握公共关系的概念和主要活动形式

促销策略是 4P 组合策略之一，也是市场营销组合中的一项重要内容。促销是企业通过人员和非人员的方式，沟通企业与消费者之间的信息，引发、刺激消费者的消费欲望和兴趣，使其产生购买行为的综合性策略活动。人员促销是企业通过人员沟通方式说服消费者购买，其针对性较强但影响面较窄。非人员促销是企业通过一定的媒介传递产品或服务的信息，从而促使消费者产生购买行为，其影响面较宽而针对性较差。非人员促销的主要形式有广告、营业推广和公共关系。

促销组合是指企业根据产品的特点和营销目标，综合各种影响因素，对各种促销方式的选择、编配和运用。促销组合手段一般包括广告、人员销售、营业推广和公共关系四个要素。企业在设计促销组合时应考虑到所销售的产品市场类型，采用推动还是拉引策略，产品在其生命周期中所处的阶段等。影响促销组合策略选择的主要因素涉及营销目标、产品类型、促销对象、产品生命周期、市场状况、竞争状况、促销预算、营销组合等。

人员推销是指企业的销售人员通过语言沟通的方式向可能购买的顾客作口头宣传，以达到推销产品，满足消费者的需求，实现企业营销目标的一种直接销售方法。人员推销是一种对象各异、环境多变的促销手段，随机性很强，因此推销人员的推销技巧对推销活动的成败有很大影响。

广告是指广告主借助传播媒介进行的有偿的、非人员的、有组织的一种劝服性信息传播活动。广告主不仅包括商业性公司，还包括向目标公众通告其宗旨的慈善机构、各类社会组织、专业团体、政府部门及个人。广告是一种成本与效率都很高的信息传播方式，不管它是

用来建立品牌声誉，还是用来教育公众。

营业推广又称为销售促进，是指除人员推销、广告和公共关系之外的其他促销形式，是在短期内刺激顾客或中间商迅速和大量地购买某种特定产品或服务的促销活动。营业推广工具涉及对消费者、对中间商和对推销人员的营业推广工具。不同的促销对象，各有适用的营业推广工具。

公共关系是指组织为改善与社会公众的关系，增进公众对企业的认识、理解和支持，树立良好的组织形象，采用非付费方式而进行的一系列信息传播活动。公共关系要达到的目标是树立企业良好的社会形象，创造良好的社会关系环境。公共关系的工作对象是各种公众，包括企业内部和外部公众两大方面。公共关系传播信息，并不是直接介绍和推销商品，而是通过积极地参与各种社会活动，宣传企业宗旨、联络感情、扩大知名度，从而加深社会各界对企业的了解和信任，达到间接促进销售的目的。

☞ **学习新知**

■ 整合营销传播
■ 网络广告
■ 危机公关

1. 整合营销传播

1992 年，美国西北大学教授唐·舒尔茨首先提出整合营销传播概念（Integrated Marketing Communications，简称 IMC）。整合营销传播的开展，是 20 世纪 90 年代市场营销界最为重要的发展之一，整合营销传播理论也得到了企业界和营销理论界的广泛认同。整合营销传播理论作为一种实战性极强的操作性理论，兴起于美国。近几年来，整合营销传播理论也在中国得到了广泛的传播。

整合营销传播一方面把广告、促销、公关、直销、CI、包装、新闻媒体等一切传播活动都涵盖到营销活动的范围之内；另一方面则使企业能够将统一的传播资讯传达给消费者。所以，整合营销传播也被称为 Speak With One Voice（用一个声音说话），即营销传播的一元化策略。

整合营销传播的六种方法分别是建立消费者资料库、研究消费者、接触管理、发展传播沟通策略、营销工具的创新和传播手段的组合。

舒尔茨早期对整合营销传播的定义是："整合营销传播是一个业务战略过程，它是指制定、优化、执行并评价协调的、可测度的、有说服力的品牌传播计划，这些活动的受众包括消费者、顾客、潜在顾客、内部和外部受众及其他目标。"强调整合营销是"以消费者为核心重组企业行为和市场行为，综合协调地使用各种形式的传播方式，以统一的目标和统一的传播形象，传递一致的产品信息，实现与消费者的双向沟通，迅速树立产品品牌在消费者心目中的地位，建立产品品牌与消费者长期密切的关系，更有效地达到广告传播和产品行销的目的。"

在早期对整合营销传播界定的基础上，近年来，舒尔茨又对整合营销的含义做了进一步的完善和发展，提出"整合营销就是一种适合于所有企业中信息传播及内部沟通的管理体制，而这种传播与沟通就是尽可能与其潜在的客户和其他一些公共群体（如雇员、立法者、媒体和金融团体）保持一种良好的、积极的关系。"即整合营销既是一种营销手段、理念和营销模式，更是一种沟通手段和管理体制。对外具有整合各种信息综合传播企业信息和品牌的功能，对内则有通过各种沟通渠道和方式实现有效管理的作用。因此，在整合营销被广泛应用于企业的营销的基础上，舒尔茨又重点强调企业内部管理信息的整合和对外传播信息及渠道的整合，并认为这才是整合营销战略的发展趋势和基本的发展方向。

以此为基础可以发现，整合营销战略应该是以由外而内的战略为基础，以整合企业内外部所有资源为手段，以消费者为核心而重组企业的管理行为和市场行为。它不仅要求企业要变单一分散传播手段为多种综合式的传播手段；坚持"一个观点，一种声音"的原则，要求与消费者及客户建立持久良好的关系，尤其是建立顾客品牌关系；同时要求企业每一位员工都参与到营销传播中来，并致力于价值链的建设，要求提高传播的效率，必须将传播信息转化为具体概念、影响和声音。只有以整合营销为基础重整企业的营销和整体管理战略，才能使企业每个部门的每个成员和每个职能都负起沟通的责任，使企业发出的所有信息都起到加强企业形象的作用，并最终实现塑造独特的企业形象，创造最大的品牌价值这一整合营销的终极目标。

2. 网络广告

当前，网络和网络广告已取得与传统媒体和传统媒体广告相抗衡的地位。

网络媒体和网络广告与传统媒体和传统媒体广告相比，其最大优势不在技术上，而在心理上。对网民的研究表明，消费者所以点击广告，心理因素是主要动因。网络广告是一种以消费者为导向，个性化的广告形式。消费者拥有比传统媒体面前更大的自由。他们可根据自己的个性特点，根据自己的喜好，选择是否接收，接收哪些广告信息。一旦消费者做出选择点击广告条，其心理上已经首先认同，在随后的广告双向交流中，广告信息可以毫无阻碍地进入到消费者的心理中，实现对消费者的100%的劝导。（当然，如果消费者选择不点击，就是100%的无效传播！）

网络上一个小小的广告条后面，广告主可以把自己的公司以及公司的所有产品和服务，包括产品的性能、价格、型号、外观形态等看来有必要向自己的受众说明的一切详尽的信息在内制作成网页放在自己的网站中。可以说，费用一定的情况下（为在别的网站上存放广告条而支付），广告主能够不加限制地增加广告信息。这在传统媒体上是无法想象的。

网络广告的准确性包括两个方面。一方面是广告主投放广告的目标市场的准确性。网络实际是由一个一个的团体组成的，这些组织成员往往具有共同爱好和兴趣，无形中形成了市场细分后的目标顾客群。广告主可以将特定的商品广告投放到有相应消费者的站点上去，目标市场明确，从而做到有的放矢。而信息受众也会因广告信息与自己专业相关而更加关注此类信息。另一方面体现在广告受众的准确性上。上网是需要付费的，消费者浏览站点的时候，只会选择真正感兴趣的广告信息，所以网络广告信息到达受众方的准确性高。

3. 危机公关

由于企业的管理不善、同行竞争甚至遭遇恶意破坏或者是外界特殊事件的影响，而给企业或品牌带来危机，企业针对危机所采取的一系列自救行动，包括消除影响、恢复形象，就是危机公关。危机公关属于危机管理系统的危机处理部分。

危机公关的5S原则分别是：

（1）承担责任原则（Shouldering the matter）

（2）真诚沟通原则（Sincerity）

（3）速度第一原则（Speed）

（4）系统运行原则（System）

（5）权威证实原则（Standard）

根据危机问题发展的周期，危机公关主要包含以下流程和内容。

（1）问题管理。对可能对组织产生影响的问题进行系统化监控和评估。

（2）危机规划与预防。针对可能发生的危机情景进行预案研究与处理，建立危机管理机构。

（3）危机应对。面对爆发的危机实施全面管理方案，掌握危机管理的主动权。

（4）善后事宜。判断危机的损害程度、评估危机预案的效果，做出调整和修订。

此外还要强调指出，危机公关的效果直接取决于是否得到企业高管层的重视和支持；是否有制度化、系统化的问题管理项目与危机公关项目；以及危机沟通系统是否高效通畅。

☞ **核心概念**

■ 促销、促销组合

■ 广告

■ 人员推销

■ 营业推广

■ 公共关系

■ 推式策略

■ 拉式策略

■ 广告媒体

■ 社会组织

■ 公众

1. 促销

促销是企业通过人员和非人员的方式，沟通企业与消费者之间的信息，引发、刺激消费者的消费欲望和兴趣，使其产生购买行为的综合性策略活动。

2. 促销组合

促销组合是指企业根据产品的特点和营销目标，综合各种影响因素，对各种促销方式的选择、编配和运用。促销组合手段一般包括广告、人员销售、营业推广和公共关系四个要素。

3. 广告

广告是一种通过大众媒体与有选择的受众进行付费的、非人员的信息沟通。

4. 人员推销

人员推销是一种推销人员与一个或一个以上的顾客进行面对面交谈，旨在通知和说服消费者购买企业产品的沟通方式。

5. 营业推广

营业推广通常是指企业运用各种短期诱因来刺激需求，鼓励消费者和中间商购买、经销或代销企业产品和服务，使需求能立即增加的一种短期工具。

6. 公共关系

公共关系是指组织为改善与社会公众的关系，增进公众对企业的认识、理解和支持，树立良好的组织形象，采用非付费方式而进行的一系列信息传播活动。

7. 推式策略

推式策略是企业通过促销努力，将产品由制造商销售给批发商、批发商转而销售给零售商、零售商转而销售给消费者的一种有方向的链式系统。

8. 拉式策略

拉式策略是企业通过树立良好的企业形象、品牌形象与产品形象，使消费者产生需求，并向零售商购买，零售商转而向批发商订货，批发商转而向制造商订货的这样一种与推式逆方向的链式系统。

9. 广告媒体

广告媒体是广告主借以传达给受众信息的各种载体，包括报纸、杂志、电视、广播、直接邮件、户外广告媒体等。

10. 社会组织

社会组织是一个群体，它是人们按照一定的目标、任务和形式建立起来的协调力量和行动的合作系统。

11. 公众

公众指任何因面临某个共同问题而形成并与社会组织的运行发生一定关系的组织、群体或个人。

☞ 学习重点

- 促销组合手段和作用
- 推式策略与拉式策略
- 影响促销组合策略的因素
- 人员推销的程序
- 销售人员管理的内容
- 广告的类型
- 广告媒体的种类及特点、影响广告媒体选择的因素
- 广告诉求策略
- 广告决策的步骤
- 营业推广的工具和计划内容
- 公共关系的构成要素和活动方式

1. 促销组合手段和作用

促销组合是指企业根据产品的特点和营销目标，综合各种影响因素，对各种促销方式的选择、编配和运用。促销组合手段一般包括广告、人员销售、营业推广和公共关系四个要素。

促销的主要任务就是通过信息传递，一方面将企业商品的性能、特点、作用及可以提供的服务等信息传递给消费者，引起其注意，促使其购买；另一方面也可及时了解消费者和营销协作者对商品的看法和意见，迅速解决经营中的问题。促销的作用是传递信息、促进需求、突出特点、提高声誉。

2. 推式策略与拉式策略

推式策略是企业通过促销努力，将产品由制造商销售给批发商、批发商转而销售给零售商、零售商转而销售给消费者的一种有方向的链式系统。在推式策略中，人员推销是其主要手段，辅之以广告、公共关系和营业推广，策略是使前一环节尽力地把产品推销给下一环节（见图 12－1）。

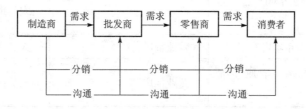

图 12－1 推式策略

拉式策略是企业通过树立良好的企业形象、品牌形象与产品形象，使消费者产生需求，并向零售商购买，零售商转而向批发商订货，批发商转而向制造商订货的这样一种与推式逆方向的链式系统。在拉式策略中，广告、公共关系、营业推广是其主要手段，通过这些手段树立形象、产生拉力，人员推销只是辅助。（见图 12－2）

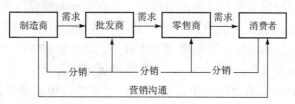

图 12－2 拉式策略

在企业的营销实践中，任何一个企业都不会采取单一的拉式或推式策略，而是两种策略并用，但要根据具体情况突出重点。

3. 影响促销组合策略的因素

影响促销组合策略选择的主要因素涉及营销目标、产品类型、促销对象、产品生命周期、市场状况、竞争状况、促销预算、营销组合等。

（1）营销目标。企业是以长远占领市场为主，还是以短期快速收获现金为主；是以产业市场为主，还是以消费市场为主都会影响到促销策略的选择。

（2）产品类型。消费品和工业品各有特点，必须采用不同的促销组合。消费品宜以使用广告为主，辅之以营业推广、人员推销和公共关系；工业品宜以人员推销为主，辅之以营业推广、广告和公共关系。

（3）促销对象。促销对象是消费者，还是工业用户、政府机构、商业组织，是专业技术人员，还是一般普通人员。促销对象不同，促销策略的重点也有所不同。

（4）产品生命周期。在产品生命周期的不同阶段，促销目标不同，促销组合也应不同（见表12－1）。

表12－1　产品生命周期与促销组合

产品生命周期	促 销 目 标	促 销 手 段	
		消 费 资 料	生 产 资 料
投入期	促使消费者和用户了解认识产品	广告为主，人员推销为辅	人员推销为主，广告为辅
成长期	促使消费者对产品产生偏爱	广告	人员推销
成熟期	保持已有市场占有率	营业推广	人员推销
衰退期	巩固市场，争取少量购买	营业推广	人员推销＋营业推广

（5）市场状况。从市场范围来看，小规模本地市场，应以人员推销为主；对大规模的市场，则宜以广告为主；从市场集中程度来看，如消费对象相对集中，可采用人员推销，反之宜选择广告、营业推广等；从顾客的数量来看，用户行业广泛、顾客数量多则以广告为主，反之宜用人员推销。

（6）竞争状况。竞争的强弱也影响到促销组合，在市场竞争激烈时，企业需要投入较多的促销预算，并且要根据竞争对手所采取的促销组合策略调整或改变自己的促销组合。

（7）促销预算。不同促销手段所花的费用是不一样的。有的费用开支较大，如电视广告、大型展销会、新闻发布会等；有的费用开支较小，如直接邮寄广告、销售点广告、商场展销等。企业应该根据自身财力的大小，确定适当的促销组合策略。

（8）营销组合。在企业营销组合中，促销组合所起的作用是通过信息传播，促进和帮助销售，因此，它必须依赖于企业的产品策略、价格策略和分销策略。所以，这些策略既影响着促销组合策略的制定，同时也影响着促销组合作用的发挥。

4. 人员推销的程序

人员推销的程序包括以下6个步骤。

（1）确定目标。人员推销的第一个步骤就是要先研究潜在的消费者，选择可能成为顾客的人——即与潜在顾客进行接触。这些潜在顾客可直接从消费者、产业会员调研、公共档案、电话号码簿、工商会员名单、公司档案等途径获得。

（2）接近潜在顾客。推销人员与潜在顾客的第一次接触往往是能否成功推销产品的关键。最好的方法就是要立足于对潜在顾客的了解，凡是能了解每个顾客特殊情况的推销人员，大都能造成良好的第一印象，并做成交易。

（3）推销介绍。在这一过程中，推销人员应指出产品的特点和利益，以及它们如何优于竞争者的产品，有时甚至也可指出本产品的某些不足，或可能出现的问题及如何减免和防范。

（4）回答异议。潜在顾客任何时候都可能提出异议或问题，这就给推销人员提供一个机会去消除可能影响销售的那些反对意见，并进一步指出产品的其他特点，或提示公司能提供的特别服务。

（5）促成交易。一旦对潜在顾客所提问题作回应后，推销人员就要准备达到最重要的目标——成交。此时推销人员必须确保在成交前没有遗留重要的问题，而且推销人员不应与消费者再发生争议。

（6）追踪。成交是营销的开始，对售出后商品，推销人员必须跟踪，以确保产品按时、保质送达消费者手中，并及时了解顾客使用产品的意见。这种追踪能给顾客留下一个好印象，并为后续推销铺平道路，因此它是推销过程的重要一环。

5. 销售人员管理的内容

销售人员管理的内容有销售人员的选择、销售人员的培训、销售人员数量确定和合理分配、销售人员的考核与管理。

6. 广告的类型

广告可根据多种不同的标准分类，但最具实际意义的则是按广告目标，可将广告分为三大类型。

（1）信息性广告。这种广告主要用于大类产品的市场开拓阶段。此时的目标重点是建立该类产品的原始需求或基本需求，而不在于建立该类产品对某一特定品牌的需求，即是告知消费者现在新出现了某类新产品，以便促进整类商品的销售。

（2）说服性广告。这种广告主要用于进入竞争阶段的产品。此时公司的目标是为特定的品牌培植选择性需求。市场上大多数的广告都属于这种类型，生产者利用这种品牌导向的广告，说服消费者购买他们所生产的产品。

（3）提醒性广告。这种广告主要用于处于成熟期的产品。此时广告的目标不是通知或说服消费者购买某一为人们所共知的产品，而是提醒消费者不要忘记购买某一特定品牌的产品。为了使这种提醒的作用更广，通常还辅以相关的机构广告，其目的在于增强企业的形象和声誉，间接刺激消费者购买本企业的产品。

7. 广告媒体的种类及特点

广告的主要媒体包括传统四大传媒：报纸、杂志、广播、电视以及户外媒体、互联网、直邮媒体等。每种媒体各有其主要特性，表12-2对此有完整的比较。

表12-2　广告媒体的种类及特点

广告媒体种类	优　点	缺　点
报纸	弹性大，及时，对当地市场的覆盖率最高，易被接受和信任	印刷质量一般，广告寿命短，传阅者少

广告媒体种类	优　点	缺　点
杂志	印刷质量精美，可选择适当地区和对象，传阅者多，时效长	广告作业前置时间长，无法快速回应市场变化
电视	视、听、动作紧密结合，引人注意，送达率高	成本高，展露瞬间即逝，观众选择性低
广播	可选择地区和对象，成本低，能快速回应市场变化	仅有声音效果，广告寿命短
户外广告	比较灵活，展露重复性强，成本低	受地区限制，不能选择对象，创造力受到局限
直邮	沟通对象准确，有灵活性，无同一媒体的广告竞争	成本比较高，容易造成滥寄现象
互联网	个人化服务，有互动机会，成本相当低	范围较窄，限于上网人员

8. 影响广告媒体选择的因素

（1）产品特性因素。广告产品特性与广告媒体的选择密切相关。广告产品的性质、使用价值、质量、价格、包装、产品服务的措施与项目以及对媒体传播的要求等，对广告媒体的选择都有着直接或间接的影响。例如，化妆品常常需要展示产品的高贵品质及化妆效果，就需要借助具有强烈色彩性和视觉效果的宣传媒体，如杂志、电视媒体等，而广播、报纸等媒体就不宜采用。

（2）媒体受众因素。广告媒体受众即广告信息的传播对象，也就是接触广告媒体的视听众，它是影响广告媒体选择的重要因素。媒体受众在年龄、性别、民族、文化水平、信仰、习惯、社会地位等方面的特性如何，以及经常接触何种媒体和接触媒体的习惯方式等，直接关系到媒体的选择及组合方式。例如，如果广告信息的传播对象是追求流行的青年女性，那么时尚型的服饰杂志就是理想的媒体。

（3）营销策略因素。广告主的市场营销策略直接影响着广告媒体的选择与组合。一般来说，在拉式策略下，广告主就会选择较多的大众广告传播媒体；在推式策略下，广告主就会选择较多的小众广告媒体。

（4）竞争对手因素。竞争对手广告战略与策略，包括广告媒体的选择情况和广告成本费用情况，对广告主（或广告代理）的媒体策划也有着显著的影响。如果没有竞争对手，那么广告主就可以从容选择自己的媒体，并安排其费用；如果竞争对手尚少，不足以对广告主构成威胁，就只需要在交叉的广告媒体上予以重视；如果竞争对手多而强大，广告主在财力雄厚的情况下，可采取正面交锋，力争在竞争媒体上压倒对方。在财力有限的情况下，就采用迂回战术，采用其他媒体渠道。总之，广告主要针对竞争对手的特点而采取适合自己需要的媒体及推出方式。

（5）广告预算因素。一个广告主所能承担的全部广告费用的多少，对广告媒体的选择产生直接的影响。例如：一些效益不佳的中小企业，因受其广告费用的限制，就很少采用报纸、杂志、广播、电视等费用昂贵的广告媒体；而一些经济效益好的大型企业，因其有较多的广告费用开支，像报纸、杂志、广播、电视、网络等五大媒体就是其经常采用的媒体对象。

（6）媒体的成本因素。广告媒体的成本是媒体选择中需倍加关注的一项硬性指标。不同的媒体，其成本价格自然不同；同一媒体，不同的版面，不同的时间，也有不同的收费标准。在媒体选择中，可能会有多个媒体颇为适合广告信息的传播，但由于费用过高而使广告主难以负担，那就不得不忍痛放弃，另择价格品位适合自己的广告媒体渠道。

（7）媒体的寿命因素。广告媒体触及受众的时间有长有短，这就是媒体的寿命因素，它直接影响着广告媒体的选择。总体来说，播放类媒体寿命最短，印刷类媒体寿命长短不一。媒体寿命期一过，受众便难以或很少再触及这一媒体上的广告了。广告媒体的时间要求、信息传播的速度与持久性等问题，是广告媒体策划时需要认真考虑的问题。

（8）媒体的灵活性因素。广告主选择广告信息传播的媒体，必然会考虑其灵活性。能否对媒体上的广告作一定程度的调整和修改，这是衡量广告媒体灵活性高低的标准。电视广告媒体灵活性就很差；广播广告媒体的灵活性就很强。凡是促进短期销售、推销产品多样化、推销产品多变、广告文本中需标示可能调整的价格等情况，就应该选择灵活性较强的媒体为佳。

除此之外，广告文本的特点、广告活动的各种法规限制、干扰度等也是影响广告媒体选择的重要因素。

9. 广告诉求策略

一般来说，广告诉求策略可分为理性诉求策略、情感诉求策略和情理结合诉求策略。

（1）理性广告诉求。理性广告诉求是指直接向消费者实事求是地说明产品的功能、特点、好处等，让接受信息的消费者进行理性的思考，做出合乎逻辑的判断、推理、选择的一种广告表现形式。

（2）情感广告诉求。情感广告诉求是指依靠图像、音乐、文字的技巧，诱导消费者的情绪或情感使其产生购买欲望的一种广告表现形式。情感广告诉求容易引人注目。

（3）情理结合广告诉求。这种广告诉求是指在广告宣传中既同消费者讲道理，又同消费者交流感情，即大家常说的晓之以理，动之以情。

10. 广告决策的步骤

广告活动的开展，一般都要经由好几个步骤，由于公司的资源、产品及受众的不同，这些步骤的多少及其实施的目标也互不相同。但是任何一个机构的广告决策，一般都将包括确定广告目标、确定广告预算、拟订广告信息、选择广告媒体计划、测定广告效果等五个步骤。

（1）确定广告目标。广告规划的第一步是制定广告目标。这些目标应根据过去有关目标市场、定位和营销组合来决策。营销定位和组合策略界定了广告在整个营销规划中必须做的工作。广告目标指在一定期限内，针对既定的目标接收者要达到的特定的沟通任务。广告的目标可依据告知、劝说或提醒等主要目的来分类。

（2）确定广告预算。广告预算是预定用于某一时期开展广告活动所需之货币总额。决定广告预算的主要方法有量力而行法、销售额百分比法、竞争平衡法、目标任务法等。量力而行法是将广告预算制定在企业能够负担的水平上。销售额百分比法是以目前或预测的销售额的某种百分比来制定广告预算，或者以单位销售价的百分比来做预算。竞争平衡法是通过监视竞争者的广告或从刊物和商业协会获得行业促销费用的估计，然后根据行业的平均水平来制定预算。目标任务法是企业依据促销目标任务来制定它的促销预算。

（3）拟订广告信息。有了广告预算后，接着便是拟订广告信息。广告信息策略包括四个部分：信息内容（说什么）、信息结构（信息的条理及逻辑顺序）、信息形式（信息表现）及信息来源（谁来阐述信息）。其中，广告信息的内容是关键。

（4）选择广告媒体。媒体计划应详细说明广告活动中将使用何种媒体和广告将在何时出现。媒体计划制定者的最重要任务，就是要使在广告活动中所花的钱都能使广告信息到达最大多数广告目标受众身上。除费用外，媒体计划者还必须考虑广告目标的居住地区及人口统计方面的各种因素，以及广告信息的内容和各种媒体沟通之受众的各种特点。

（5）测定广告效果。广告效果评估是整个广告活动中所不可缺少的部分。通过广告效果评估，营销人员可以调整其广告活动。具体的广告效果测定方法基本上可分为直接测定与间接测定两大类。直接测定的方法主要有访问法、观察法、实验法和统计法等。间接测定则是测定者根据广告原始调查资料对广告效果所进行的分析与测定。

11. 营业推广的工具

许多营业推广工具可以用来完成营业推广目标。不同的促销对象，各有适用的营业推广工具（见表 12 - 3）。

表 12 - 3　营业推广工具

营业推广对象	营业推广工具
消费者	样品、赠品、折扣优惠、赠券、有奖销售、特价包装、购买点陈列与展示、免费试用、产品保证、抽奖及游戏等
中间商	折扣鼓励、现金折扣、免费赠品、合作广告、经销津贴和经销商销售竞赛等
推销人员	红利提成、特殊推销奖金、推销竞赛等

12. 营业推广的计划内容

拟订营业推广计划通常要考虑如下一些内容。

（1）营业推广的目标。企业应当根据目标市场的特点和整体策略来制定推广目标。对于消费者个人、中间商、企事业单位等应当区别对待，短期目标必须与长期目标相结合。

（2）营业推广的对象。各种营业推广手段对于不同对象的作用差异很大。实践证明，营业推广的对象主要是那些"随意型"顾客和价格敏感度高的消费者。对于已养成固定习惯的老顾客，营业推广的作用相对要小一些。

（3）营业推广的规模和水平。这决定了营业推广的效果。因此，必须了解各种推广手段的效率，确定刺激强度和销售量的比例关系，争取最佳的推广效果。

（4）营业推广的媒介。企业必须通过最佳的途径来实施营业推广。比如，包装只能吸引接触过产品的顾客，邮寄可以向特定的顾客推广，广告有利于大范围快速传播，而挂牌注明则能制造推广气氛。

（5）营业推广的时间安排。营业推广的时间安排必须符合整体策略，与其他经营活动相协调，以免出现脱节现象。应当利用最佳的市场机会，有恰当的持续时间。既要有"欲购从速"的吸引力，又要避免草率从事。

（6）营业推广的预算。营业推广的预算可以用三种方法来制定。一是参照法，这种方法参照上期费用来决定当期预算，但必须估计到各种情况的变化；二是比例法，即根据占总促销费用的比例来确定营业推广的费用，再将预算分配到每个推广项目上。在实行中，各项目所占的比例可根据情况灵活决定。三是总和法。这种方法和比例法相反，先确定营业推广项目的费用，再相加得总预算，其中，各推广项目的费用包括了优惠成本和实施成本（如邮寄费）两个部分。

13. 公共关系的构成要素

公共关系运作构成要素可以分为运作主体——社会组织，运作客体——公众，运作手段——信息传播三大板块。

14. 公共关系的活动方式

常用的营销公关活动方式有以下几种：

（1）策划新闻事件。这是企业营销公关最重要的活动方式。它主要是通过制造有"热点新闻"效应的事件，吸引新闻媒介和社会公众的注意与兴趣，以达到提高社会知名度、塑造企业良好形象的目的。如邀请某些新闻界人士参加企业的活动；以某些新奇的方式开展企业的活动；在社会公众普遍关心的问题上采取某些姿态或行为等。这一做法不仅可以节约广告费用，而且由于新闻媒介的权威性和广泛性，使得它比广告更为有效。

（2）借助公关广告。通过公关广告介绍宣传企业，树立企业形象。常用的公关广告有三种类型：① 致意性广告，即向公众表示节日祝贺、感谢或道歉等；② 倡导性广告，企业率先发起某种社会活动或提倡某种新观念；③ 解释广告，即就某方面情况向公众介绍、宣传或解释。

（3）加强与企业外部公众的联系。公共关系可促进企业同政府机构、社会团体以及供应商、中间商等建立公开的信息联络，争取他们的理解。还可通过他们的宣传，加强企业及其产品的信誉和形象，如赠送企业产品或服务项目的介绍说明、企业日报、季报和年报资料等。

（4）参与公益活动。通过参与各种公益活动和社会福利活动，协调企业与社会公众的关系，树立良好形象。这方面活动包括安全生产和环境保护、赞助文体等社会公益事业、为社会慈善机构募捐等。

（5）举办专题活动。专题活动是企业与公众直接面对面接触的沟通形式。企业通过举办各种专题活动，可扩大企业的影响。在公关专题活动中，形式可多种多样，有传播性质的、公益性质的、交流性的、娱乐性的等。常用活动形式有举办开幕式、庆祝活动、研讨会、开展竞赛活动等。

☞ **知识链接**

知识链接12

中国式企业公关：如何有效利用网络工具

信息查找不方便除了给记者的工作带来障碍之外，还无形中增加了企业公关人员的工作负荷，企业公关人员不得不每天重复回答无数问题。多数中文的企业网站都没有意识到应该使用网络工具这种省时省力的现代化方式来做这件事情。

除了针对媒体的要求，合理设计自己的企业网站以外，公关人员可以使用的现代化网络工具还包括以下几种。

实时通信工具MSN。你可以通过它与记者保持日常接触，有些简单的信息可以通过MSN来传递，这样既不会过多占用双方的时间，又可以与记者及时沟通。

BBS论坛。BBS是交流思想的好地方，通过它你可以结识有独特想法的人群，当然也可以客观地了解公众对一件事情的看法。

博客Blog。博客是越来越受到公关界重视的后起之秀。在互联网普及率不断刷新纪录的今天，任何人都可以轻易地通过博客了解到各种信息，这包括了公众对企业的赞誉和喜爱，当然也包括了愤懑与攻击。公众提出的问题如果能够得到企业妥当的反馈，大家就会更加信任这家企业，对于企业来说一定是获益匪浅；相反，如果企业不重视博客的力量，任由负面消息在网上到处散播，也会带来巨大的灾难。

新闻资料库。在很多跨国企业的中文网站上，企业新闻和信息都是英文的，目前来讲这是很影响与中国媒体沟通的，我们建议企业考虑做中文的新闻资料库；有些中文企业网站会将英文的新闻及信息原封不动地翻译过来，这同样也是不恰当的。因为大多数企业在中国的市场策略与世界其他地方并不相同，翻译过来的内容也因此并不一定实用，而且大量未经处理的信息对记者来说也会是一头雾水。因此我们建议企业制作的中文网站最好是为中国市场定制的，能够有策略性地、清楚地传达企业的核心信息。

第三方网页。每个企业都希望在某一领域中树立自身的权威形象。要做到这一点，使用第三方网页不失为一个好方法。

行业网站。了解行业信息对于公关人来说是必不可少的，行业网站是最快捷的信息平台。公关人与行业网站的合作要注重广度和深度，对网站认真研究，然后从多角度出击，发现新闻价值。

手机短信息（SMS）。短信比较人性化，无形中加强了和客户、媒体之间的关系。但是短信联络也不能过于频繁。公关人甚至还可以发送一些与企业有关的手机壁纸、屏保、铃声等有趣有益的信息给记者。

电子邮件。发送精心编排的包含企业动态的电子通信，或是对记者有帮助的信息给记者，不要发送无关紧要的信息打扰对方。

（资料来源：中国式企业公关：如何有效利用网络工具，新浪网 http：//www.sina.com。）

☞ **同步练习**

（一）单项选择题（在下列每小题中，选择一个最适合的答案。）

1. 促销工作的核心是（　　）。

A. 出售商品　　　　B. 沟通信息　　　　C. 建立良好关系　　　　D. 寻找顾客

2. 促销的目的是引发刺激消费者产生（　　）。

A. 购买行为　　　　B. 购买兴趣　　　　C. 购买决定　　　　D. 购买倾向

3. 下列各因素中，不属于人员推销基本要素的是（　　）。

A. 推销员　　　　B. 推销品　　　　C. 推销条件　　　　D. 推销对象

4. 对于单位价值高、性能复杂、需要做示范的产品，通常采用（　　）。

A. 广告　　　　B. 公共关系　　　　C. 推式　　　　D. 拉式策略

5. 公共关系是一项（　　）的促销方式。

A. 一次性　　　　B. 偶然　　　　C. 短期　　　　D. 长期

6. 营业推广是一种（　　）的促销方式。

A. 常规性　　　　B. 辅助性　　　　C. 经常性　　　　D. 连续性

7. 人员推销的缺点主要表现为（　　）。

A. 成本低，顾客量大　　　　　　　B. 成本高，顾客量大

C. 成本低，顾客有限　　　　　　　D. 成本高，顾客有限

8. 企业广告又称（　　）。

A. 商品广告　　　　B. 商誉广告　　　　C. 广告主广告　　　　D. 媒介广告

9. 在产品生命周期的投入期，消费品的促销目标主要是宣传介绍产品，刺激购买欲望的产生，因而主要应该采用（　　）的促销方式。

A. 广告　　　　B. 人员推销　　　　C. 价格折扣　　　　D. 营业推广

10. 收集推销人员的资料是考评推销人员的（　　）。

A. 核心工作　　　　B. 中心工作　　　　C. 最重要工作　　　　D. 基础性工作

11. 人员推销活动的主体是（　　）。

A. 推销市场　　　　B. 推销品　　　　C. 推销人员　　　　D. 推销条件

12. 公关活动的主体是（　　）。

A. 一定的组织　　　　B. 顾客　　　　C. 政府官员　　　　D. 推销员

13. 公共关系的目标是使企业（　　）。

A. 出售商品　　　　B. 盈利　　　　C. 广结良缘　　　　D. 占领市场

14. 一般日常生活用品，适合于选择（　　）。

A. 人员　　　　　　　　　　　　　B. 专业杂志

C. 电视　　　　　　　　　　　　　D. 公共关系

15. 公共关系（　　）。

A. 是一种短期促销战略　　　　　　B. 是直接推销产品

C. 是树立企业形象　　　　　　　　D. 需要大量的费用

（二）多项选择题（在下列每小题中，选择多个适合的答案。）

1. 促销的具体方式包括（　　）。

A. 市场细分　　　　B. 人员推销　　　　C. 广告

D. 公共关系　　　　E. 营业推广

2. 促销策略从总的指导思想上可分为（　　）。

A. 组合策略　　　　B. 单一策略　　　　C. 推式策略

D. 拉式策略　　　　E. 综合策略

3. 促销组合和促销策略的制定其影响因素较多，主要应考虑的因素有（　　）。

A. 消费者状况　　　　B. 促销目标　　　　C. 产品因素

D. 市场条件   E. 促销预算

4. 在人员推销活动中的三个基本要素为（   ）。

A. 需求   B. 购买力   C. 推销人员

D. 推销对象   E. 推销品

5. 推销人员一般应具备如下素质（   ）。

A. 态度热忱，勇于进取   B. 求知欲强，知识广博

C. 文明礼貌，善于表达   D. 富于应变，技巧娴熟

E. 了解企业、市场和产品知识

6. 推销员应具备的知识有以下几个方面（   ）。

A. 企业知识   B. 产品知识   C. 市场知识

D. 心理学知识   E. 生活知识

7. 人员推销的基本形式包括（   ）。

A. 上门推销   B. 柜台推销   C. 会议推销

D. 洽谈推销   E. 约见推销

8. 广告最常用的媒体包括（   ）。

A. 报纸   B. 杂志   C. 广播

D. 电影   E. 电视

9. 公共关系的活动方式可分为（   ）。

A. 宣传性公关   B. 征询性公关   C. 交际性公关

D. 服务性公关   E. 社会性公关

10. 常用的推销人员绩效考核指标有（   ）。

A. 销售量与毛利   B. 访问率和访问成功率   C. 销售费用及费用率

D. 订单数目   E. 新客户数目

（三）判断题（判断下列各题是否正确。正确的在题后的括号内打"√"，错误的打"×"。）

1. 营业推广是能在长期刺激顾客或中间商迅速和大量地购买某种特定产品或服务的促销活动。   （   ）

2. 企业赞助的主要目的是为了其产品及企业自身提供宣传的机会。   （   ）

3. 在成熟期，广告与销售促进的配合使用促进消费者认识、了解企业产品。（   ）

4. 赞助与宣传也不一样。前者通常无需花钱，而后者则是提供资金支持。（   ）

5. 当竞争产品相似，市场领导者有意在顾客心理上造成差异印象时，应大规模地进行促销活动，多投资金，多采取措施。   （   ）

6. 广告销售效果最容易测定的是树立品牌或企业形象广告的销售效果，最难测定的是邮购广告的销售效果。   （   ）

7. 直接测定广告效果的方法主要有访问法、观察法、实验法和统计法等。 （   ）

8. 公共关系注重间接促销。   （   ）

9. 选择媒体的目的，在于寻求最佳传送路线，使期望的展露数量到达目标沟通对象。

（   ）

10. 杂志的优点是弹性大，及时、对当地市场的覆盖率高、易被接受和被信任。（   ）

（四）问答题

1. 推式策略与拉式策略有何不同？

2. 简述测定广告效果方法。

3. 对消费者的营业推广工具有哪些？

4. 激励销售人员的方法有哪些？

5. 为什么宝洁公司产品多选择电视台发布广告？

（五）案例题

1. 有一种很好吃的巧克力豆——M&M 巧克力豆，相信很多人都吃过。在 20 世纪 40 年代，有一著名的广告人罗瑟·瑞夫斯接到这个产品后，马上发现这是在当时第一种用糖衣裹着的巧克力，于是"只溶在口，不溶在手"的广告语脱口而出，一直流传至今。这句只用了 10 分钟就创作出的广告语就是从产品中提炼出的，这八个字使产品特点一下跳了出来，非常具体有效。既和同类产品产生了差异，又事关消费者利益——不粘手。

问题：

（1）罗瑟·瑞夫斯主要采用了哪些广告策略？

（2）采用这些广告策略有什么益处？

（3）M&M 巧克力豆采取了何种广告诉求策略？

2. "叮咚，雅芳来了"，凭借这已有 100 多年历史的简短的促销广告，雅芳的产品已在世界范围内成就了 42 亿美元的美容化妆品业务。公司主要通过妇女挨门挨户地进行推销，这些雅芳小姐在她们家里接待朋友和邻居，展示产品，接收订单并发送产品，从而挣得促销的酬劳。通过直销，雅芳避开了在商店货架上为争夺地盘和顾客的注意，而同对手展开的竞争。雅芳的方案十分奏效。公司多达 500 000 人的销售队伍中的大多数都是不想离家干全职的家庭主妇。她们在邻居和朋友中间发展客户。吸收销售人员十分容易，而一名好的推销员能吸引一群忠实的顾客。

在 20 世纪 90 年代，雅芳开始通过直接邮寄目标进行销售。雅芳所进行的调查显示，它的顾客中居中间数的多为 45 岁并且家庭平均收入在 30 000 美元以下的女性。根据雅芳公司的计划，推销员向公司上报那些不活跃顾客的名单。公司会向这些顾客发送多达 1 000 000 份的目录。他们可以直接从公司订货，也可以向推销员要求订货。如果他们向公司要求订货的话，雅芳会付给销售代理 20% 的佣金，相当于正常佣金的一半。这样一来，订单会直接邮寄给顾客，而不是由销售代理向顾客发送。

雅芳通过印有"雅芳——都市中最流行的时尚品牌"口号的印刷品宣传广告活动来支持目录行动。广告中说，公司为广大顾客提供免费索取目录的电话，索取者就会被分给就近的销售代理，这些销售代理会由于顾客给公司的订单而收取佣金。当目录数量不断增加的时候，目录内容也在不断扩展。截止到 1994 年，雅芳不仅经营化妆品和香水，其业务还扩展到经销休闲服装和家居服装。雅芳于 1993 年在电视上播放了系列广告。这些广告鼓励女性顾客通过免费电话购买雅芳的产品。雅芳运用印刷媒体的活动来支持广告活动。

此外，雅芳还在继续进行一项杰出女事业家奖评奖。从 1987 年开始，雅芳就设立奖金奖励那些克服重重困难在事业上取得成功的女性。雅芳会在由 1 200 名企业家、商业界人士和传媒代表参加的庆祝午餐上为五名得奖者颁发奖金。

问题：

（1）根据案例，雅芳采用哪些促销手段？

（2）参与杰出女企业家奖的公益活动对雅芳来说合适吗？为什么？

☞ **参考答案**

（一）单项选择题

1. B　　2. A　　3. C　　4. C　　5. D　　6. B　　7. D　　8. B　　9. A　　10. D

11. C　　12. A　　13. C　　14. C　　15. C

（二）多项选择题

1. BCDE　　　2. CD　　　3. BCDE　　　4. CDE　　　5. ABCD

6. ABCD　　　7. ABC　　　8. ABCE　　　9. ABCDE　　　10. ABCDE

（三）判断题

1. ×　　2. √　　3. ×　　4. ×　　5. √　　6. ×　　7. √　　8. √　　9. √　　10. ×

（四）问答题

1. 推式策略与拉式策略有何不同？

推式策略是企业通过促销努力，将产品由制造商销售给批发商、批发商转而销售给零售商、零售商转而销售给消费者的一种有方向的链式系统。在推式策略中，人员推销是其主要手段，辅之以广告、公共关系和营业推广，策略是使前一环节尽力地把产品推销给下一环节。

拉式策略是企业通过树立良好的企业形象、品牌形象与产品形象，使消费者产生需求，并向零售商购买，零售商转而向批发商订货，批发商转而向制造商订货的这样一种与推式逆方向的链式系统。在拉式策略中，广告、公共关系、营业推广是其主要手段，通过这些手段树立形象、产生拉力，人员推销只是辅助。

2. 简述测定广告效果方法。

广告效果的测试可分为广告活动之前、之中、之后的效果测定。具体的广告效果测定方法基本上可分为直接测定与间接测定两大类。直接测定的方法主要有访问法、观察法、实验法和统计法等。间接测定则是测定者根据广告原始调查资料对广告效果所进行的分析与测定。

3. 对消费者的营业推广工具有哪些？

对消费者的营业推广工具有如下几种。

（1）样品。样品是指向消费者提供产品的货样或试用品。有些样品是免费的，有些适当收一些工本费。

（2）赠品。赠品主要是一些能够向消费者传递企业有关信息的精美小物品，如印有本企业名称、地址、电话号码，带有企业口号的日历、台历、挂历、打火机、火柴盒等，以刺激顾客的购买行为。

（3）折扣优惠。企业或产品推销者事先通过多种方式将折扣优惠券发到消费者手中，使消费者在购买某种商品时，可凭证免付一定金额的钱款。折扣优惠券可以邮寄、附在其他商品上或广告中赠送。

（4）赠券。当消费者购买某一商品时，企业给予一定数量的交易赠券，购买者将赠券积累到一定数额时，可以到指定地点换取赠品。

（5）有奖销售。顾客在购买产品或享受服务后，按一定金额领取一定数量的兑奖券，参加企业举办的抽奖活动，若中奖则可领取奖金或实物。

（6）特价包装。这是指以低于正常价格向消费者提供产品。这种价格通常在标签或包装上标明。

除上述这些方式外，还有购买点陈列与展示、免费试用、产品保证、抽奖及游戏等，其作用也是很明显的。

4. 激励销售人员的方法有哪些？

对销售人员激励的目的就是激发他们的潜力更好地实现企业的市场营销目标，从而实现企业经营的最终目的——价值最大化。一般采用以下激励方式。

（1）薪酬激励。要激励销售人员，首先必须通过合理的薪酬来激发他们工作的积极性。薪酬是一个非常重要、最易被运用的方法，因为追求金钱以提高生活的水平是人的本能。

（2）目标激励。对于销售人员来讲，由于工作地域的分散性，进行直接管理难度很大，企业可以将对其分解的销售指标作为目标，进而授权，充分发挥其主观能动性和创造性，达到激励的目的。

（3）精神激励。销售人员常年在外奔波，压力很大，通过精神激励，可以使压力得到释放，有利于取得更好的业绩。

（4）情感激励。利益支配的行动是理性的。理性只能使人产生行动，而情感则能使人拼命工作。对于销售人员的情感激励就是关注他们的感情需要、关心他们的家庭、关心他们的感受，把对销售人员的情感激励直接与他们的生理和心理需要有机地联系起来，使其情绪始终保持在稳定的愉悦中，促进销售成效保持高水准。

（5）民主激励。实行民主化管理，让销售人员参与营销目标、顾客策略、竞争方式、销售价格等政策的制定；经常向他们传达企业的生产信息、原材料供求与价格信息、新产品开发信息等；企业高层定期聆听一线销售人员的意见与建议，向销售人员介绍企业发展战略，这都是民主激励的方法。

此外，企业应适时创造条件对他们进行产品知识、营销知识、财务知识、税务知识、法律知识等方面的培训，让他们感觉到企业很关心自己的成长，自觉地将个人目标和企业目标统一起来，为自己的明天而努力工作。

5. 为什么宝洁公司产品多选择电视台发布广告？

宝洁公司产品选择大众媒体比如电视台是比较合适的，原因如下。

（1）从产品类型上看，基本上是属于低关心度的大众性产品，产品的类型就基本决定了选择中央电视台以及类似的大众性媒介是比较合适的。

（2）从广告活动类型来看，宝洁公司广告活动类型众多，但大多表现为声音画面，传达使用效果和使用感觉，适合选择电视画面承载能力的广告媒体。

（3）从相关性看，媒体载具内容与商品品类越是相关性高，在广告信息传播上就越是具有价值。电视节目丰富时尚的内容与宝洁公司产品的相关性是很高的。有道是：大众性产品选择大众性媒介。

（4）对于宝洁品牌形象建设来说，宝洁具有巨大知名度、品牌形象极佳，并且力图霸占全国洗涤、化妆品市场，应成为相关品类的领导性品牌，利用电视台作为广告媒体，具有加分效果。

（5）从创意的态势和语气来说，宝洁公司产品大多的广告是时尚感性的、浪漫的、柔和的、温馨的、亮丽的调子，这很适合电视的表现，能做到创意与媒体之间的相得益彰，能较好地取得广告效果。

（6）从消费者接触媒体的习性来看，宝洁公司产品的目标消费者，大多是比较时尚的年轻人特别是年轻女性，她们大多喜欢看的电视内容非常广泛，特别是娱乐节目，比如影视剧，那么也就可以说在央视的各个主打频道节目中特别是影视剧类节目中播出是较为理想的。

（7）从竞争态势来说，要想牢牢树立强大品牌形象，必须敢于采取直接对抗方式，直接打击其他相关竞争品牌。

（五）案例题

1.（1）USP 策略。

（2）① 可以使本产品与其他产品相区别；② 便于进行广告传播；③ 有利于消费者认知本产品。（在此基础上展开论述）

（3）理性诉求策略。

2.（1）人员推销、广告、公共关系。

（2）合适。结合雅芳的目标顾客，谈公共关系的作用。（在此基础上展开论述）

第十三章　营销行动管理

战争与商业竞争相同，也是人类利益冲突之一。

——卡尔·冯·克劳塞维茨

重点：了解不同营销观念下营销组织的设计模式；掌握市场营销计划的制定；掌握营销控制的相关知识

难点：营销控制、营销计划

新点：平衡计分卡、战略控制、年度计划控制

☞　**学习目标**

■ 了解不同营销观念下营销组织的设计模式
■ 掌握营销计划的流程
■ 掌握营销控制的内容和方法
■ 学会制定营销计划

营销计划是企业从顾客导向的角度来分析目前的现状，指出企业面临的需求、问题及机会，然后定出企业期望达成的目标及探讨出达成目标的策略。企业所制定的营销计划最后必须被忠实有效地执行，这便是营销管理的核心职能所在。它要求公司要建立一个能够成功执行计划的组织，制定对计划实施起支持作用的政策和运作程序，诸如营销活动的控制评估系统。企业的营销计划制定得越缜密，执行得越有效，企业就越有可能在市场上成为一个强有力的竞争者，就越有可能在市场上获得竞争的成功。

企业要在市场营销部门与其他职能部门之间建立一种组织关系。在营销部门内部，企业也必须有一个高效地执行计划的组织形式。

营销控制是指市场营销管理者检查市场营销计划的执行情况，如果计划与执行结果不一致，则要找出原因，采取措施，以保证计划的完成。营销控制的中心是目标管理。在市场营销执行与控制的基本过程中，必须做好建立标准、衡量绩效、偏差分析和纠偏行动等方面的工作。

☞　**学习新知**

■ 平衡计分卡
■ 战略控制
■ 年度计划控制

1. 平衡计分卡

平衡计分卡（The Balanced Scorecard，简称 BSC）是绩效管理中的一种新思路，适用于

对部门的团队考核。在 20 世纪 90 年代初由罗伯特·卡普兰（Robert Kaplan）和戴维·诺顿（David Norton）发展出的一种全新的组织绩效管理方法。平衡计分卡自创立以来，在国际上，特别是在美国和欧洲，很快引起了理论界和客户界的浓厚兴趣与反响。

平衡计分卡被《哈佛商业评论》评为 75 年来最具影响力的管理学，它打破了传统的单一使用财务指标衡量业绩的方法。而是在财务指标的基础上加入了未来驱动因素，即客户因素、内部经营管理过程和员工的学习成长。

实际上，平衡计分卡方法打破了传统的只注重财务指标的业绩管理方法。平衡计分卡认为，传统的财务会计模式只能衡量过去发生的事情（落后的结果因素），但无法评估组织前瞻性的投资（领先的驱动因素）。在工业时代，注重财务指标的管理方法还是有效的。但在信息社会里，传统的业绩管理方法并不是全面的，组织必须通过在客户、供应商、员工、组织流程、技术和革新等方面的投资，获得持续发展的动力。正是基于这样的认识，平衡计分卡方法认为，组织应从四个角度审视自身业绩：学习与成长、业务流程、顾客、财务。

平衡计分卡的核心思想就是通过财务、客户、内部流程及学习与发展四个方面的指标之间的相互驱动的因果关系展现组织的战略轨迹，实现绩效考核——绩效改进以及战略实施——战略修正的战略目标过程。之所以称之为"平衡计分卡"，主要因为它是通过财务指标与非财务指标考核方法之间的相互补充"平衡"，同时也是在定量评价与定性评价之间、客观评价与主观评价之间、组织的短期目标与长期目标之间、组织的各部门之间寻求"平衡"的基础上完成的绩效考核与战略实施过程。

2. 战略控制

在市场和环境变化都很大的情况下，公司在战略层次上实施控制是特别重要的。控制过程为未来的计划过程提供反馈信息。公司必须注意那些可能形成最大威胁的来源，特别是新技术的出现以及伴随而来的新进入者。公司要不断地对自己的总体战略进行检讨，像产品的生命周期一直在缩短一样，公司战略的周期也在缩短。

战略的控制需要注意以下方面：① 以市场为导向、以客户为中心的营销观念的有效性；② 公司营销战略和营销目标的实施；③ 营销组织的适宜性；④ 市场营销情报的质量；⑤ 工作效率。

3. 年度计划控制

年度计划控制的目的在于保证公司实现在年度计划中所制定的销售和利润目标。首先要制定月份或者季度目标；其次要对市场上计划的执行情况进行监督，对任何严重的偏离行为做出判定并采取迅速有效的改正行动。下列五种工具可以有效地检查计划的执行情况。

工具一：销售分析是根据销售目标衡量和评价实际销售情况。销售分析包括销售差异分析和微观销售分析。

工具二：市场份额分析是表明相对于竞争者公司的绩效如何。如果公司的市场份额增加了，就意味着比竞争者跑得快；如果市场份额下降了，则意味着落后于竞争者。市场份额包括总的市场份额和相对市场份额。

工具三：营销费用，即销售额分析。年度计划控制要求保证公司在实现其销售目标时，没有过多支出。营销费用对销售额之比包括销售队伍对销售额之比、广告对销售额之比、促销对销售额之比、市场调研对销售额之比和销售管理费用对销售额之比等五部分。

工具四：财务分析。营销费用对销售额之比应放在总体财务系统中进行分析，以便决定公司如何赚钱，在什么地方赚钱。公司可以利用财务分析来判定影响公司资本净值报酬率的各种要素。

工具五：以市场为基础的评分卡分析。一种评分卡是客户绩效评分卡，它记录公司历年来以客户为基础的工作，包括新客户、不满意客户、失去的客户、目标市场认知、目标市场偏好、相关的产品质量和相关的服务质量。对于每一项都要建立标准，如果当前的结果偏离了标准，就应采取改正措施。另一种评分卡是利益相关者评分卡，公司要追踪所有对公司业绩有重要利益和影响的成员的满意度，包括员工、供应商、经销商及股东等。为各个群体建立标准，当某以群体和更多群体的不满增加时，公司应采取行动。

☞　核心概念

■ 营销计划
■ 营销控制
■ 营销审计

1. 营销计划

营销计划是企业从顾客导向的角度来分析目前的现状，指出企业面临的需求、问题及机会，然后定出企业期望达成的目标及探讨出达成目标的策略。

2. 营销控制

营销控制是指市场营销管理者检查市场营销计划的执行情况，如果计划与执行结果不一致，则要找出原因，采取措施，以保证计划的完成。

3. 营销审计

营销审计是指对企业市场营销环境、目标、战略和活动进行全面的、系统的、独立的、定期的检查，以便确定问题的范围和各项机会，并提出行动计划的建议，以提高公司的营销业绩。

☞　学习重点

■ 营销计划的基本过程
■ 营销计划的主要内容
■ 营销组织设计的原则
■ 营销组织设计的步骤及内容
■ 影响营销组织选择的因素
■ 营销审计内容
■ 营销控制的基本内容与方法

1. 营销计划的基本过程

营销计划制定的基本过程包括如下几个步骤。

（1）内容提要。内容提要是对企业主要营销目标和措施的简明概括的说明，以便于企业领导者很快掌握整个计划的核心内容。

（2）当前营销状况。主要对企业产品当前营销状况的简要而明确的分析：① 市场情况。市场的范围有多大、包括哪些细分市场、市场及各细分市场近三年营业额、顾客需求状况及影响顾客行为的各种环境因素等。② 产品情况。产品组合中每个品种的价格、销售额、利润率等。③ 竞争情况。主要竞争者是谁，各个竞争者在产品质量、定价、分销等方面都采取了哪些策略，他们的市场份额有多大以及变化趋势等。④ 分销渠道情况。各主要分销渠道的近期销售额及发展趋势等。

（3）营销环境分析。营销环境分析的内容主要有两个方面：外部环境因素分析和内部环境因素分析。外部环境因素包括宏观环境因素与微观环境因素。内部环境因素的分析包括企业基本素质、企业财务状况、设备能力、技术能力、销售活动能力、新产品开发能力、市场决策能力、组织机构、经营者及员工队伍、经营管理基础、产品的市场地位、企业形象、企业文化等。通过对企业内外部环境的分析，发现企业所面临的机会与威胁，找出企业的优势与劣势。

（4）确定营销目标。营销目标的确定是为了指导营销行动，其主要内容包括销售量、销售额、销售成本、经营利润、市场占有率、品牌知名度等。

（5）选择目标市场。在选择目标市场时，需要在详细评价各细分市场的发展前景、潜在利益、可接近性、差异性、行动可能性的基础上，根据市场竞争状况、企业的目标和资源以及企业高层决策偏好来确定企业的服务对象。

（6）确定营销组合。市场营销组合的确定是根据企业所处的市场竞争环境而决定，以满足消费者需要为行动准则，由于产品、价格、渠道和促销这四大因素相互依存、相互影响、相互制约。因此在进行市场营销决策时，不能孤立地仅考虑某一因素，因为单一因素并不能保证营销目标的实现。只有对四大因素进行优化组合，才可能达到预期目标。

（7）制定营销活动方案。营销组合策略需要通过具体的营销活动来实施。由于营销组合的变量和组合模式较多，因此，相应的营销活动方案也较多，如广告活动方案、新产品开发行动、促销方案、市场调研方案等。无论营销活动方案有多少种，其方案设计要素主要为活动的目的、项目内容、时间进度、预算、人员安排、负责人等。

（8）编制营销预算。营销预算是编制企业预算的基础。营销预算编制的基本思路为：以企业的总体目标为前提，根据市场预测和以往预算基础数据及新增预算规模，经过综合平衡进行编制。编制营销预算包括预算总额和预算分配两项工作。

（9）营销控制。营销活动的开展，除了做好营销计划工作外，必须对营销活动过程加以控制，以防止营销活动与营销目标偏差的积累超过承受范围，达不到预期的营销目标。营销控制一般围绕营销战略、营销运行状态这两方面进行。

2. 营销计划的主要内容

营销计划的主要内容包括以下几方面。

（1）计划概述。这是营销计划的高度概括。企业高层决策者往往通过目标的可实现性、战略的可行性及方案的可操作性来把握计划的要点。

（2）环境分析。这是制定计划的基础。通过对营销环境进行扫描，提出利用机会、避开威胁、发挥优势、减少劣势的相应思路与措施。

（3）目标。提出指导制定营销战略和行动方案的目标体系。无论是财务目标，还是营销目标，都要强调目标的适度激励、明确与可量化、时间约束与可实现性。

（4）营销战略。这是指企业要达到目标所应采取的营销战略、途径、营销组合等，包括了成长、竞争、产品、战略等诸多内容。在制定营销战略的过程中，需要分析企业的资源配置能力。任何一种营销战略的实施，都将需要得到供应链成员、人力资源、财务、生产、采购、后勤等部门的大力支持。

（5）行动方案。这是营销战略的具体化结果。方案中将以表格的形式分列行动内容、时间安排、由谁负责、承办人、预计成本与效果等内容。

（6）预算。营销预算是营销活动开展的硬约束。预算的提出依据要充分、合理、切合企业实际情况，并要区别不同情况，做到刚性预算与柔性预算的统一。

（7）控制。企业依据目标、行动方案、预算定额等定期检查营销计划的执行情况。控制的基础是计划目标的拟订，而计划目标的准确性需要预测来保证。强化对营销活动开展的判断力训练和基于权变导向的应变计划准备都是控制环节中必不可少的。此外，各种简单易行、切合企业实际情况的控制机制、模式、手段、方法是防止营销计划偏离正常目标的重要保证。

3. 营销组织设计的原则

（1）组织与环境相适应的原则。比起企业的其他组织机构，市场营销组织与企业外部环境，尤其是市场环境存在着更加紧密的相互影响关系。设计和建立市场营销组织首先要考虑与环境的适应性问题。

（2）目标原则。市场营销组织的设计和建立，一定要服从于企业目标的实现，即营销组织机构的设置与规模，要与所承担的任务与规定达到的目标一致。

（3）责、权、利相统一原则。即每个部门的设置，在明确其任务与目标的基础上，一定要弄清楚其职能与职责范围，明确规定其应拥有的权力，并把职责、权力与经济利益联系起来。三者的有机结合，才能促使营销组织积极主动有效地完成各项任务。

（4）统一领导原则。无论企业的营销组织机构由多少个部门和环节组成，它必须是一个统一的有机整体，需要贯彻局部服从整体，实行统一领导的原则。

（5）精简原则。组织机构要根据营销业务发展与管理要求，设备齐全，但要力求精简，使管理部门划分得当，管理层次合理。因为部门过多，难以控制；管理层次过多，信息交流不畅。

（6）灵活性原则。营销组织应具有一定灵活变通性。一般说来，当企业面临的市场环境不利，营销规模与范围有所减少时，营销组织要有收缩能力，以使企业能生存下去；相反，随着市场的活跃与繁荣，营销规模和范围有所扩大时，营销组织则要有扩张能力，便于企业迅速捕捉有利机会，求得更大发展。

（7）效率原则。营销组织的设置，要求达到运转灵活，高效率。市场形势瞬息万变，营销活动要反应快捷迅速，制定决策和策略安排要果断，上下传递和决策要敏捷，协调一致。否则，将会丧失有利的盈利机会。

（8）注重人才发现与培养。人、机构、程序是构成组织的三大要素。营销组织的不同部门和不同管理层次，需要不同素质的人才。因此，人才的发现与合理使用，对营销经理来说是至关重要的。

4. 营销组织设计的步骤及内容

营销组织设计的步骤及内容见表13－1所示。

表13－1　营销组织设计的基本步骤及主要内容

基本步骤	主 要 内 容
设计导向	企业目标与战略、规模 行业特点 竞争状态 市场环境
职能设计	经营、管理职能 销售、市场、服务等管理业务总体设计
结构设计	职能结构 层次结构 部门结构 职权结构
横向协调设计	信息方式与制度 协调方式与制度 控制方式与制度 综合方式与制度
规范设计	管理工作程序 管理工作标准 管理工作方法
人员设计	员工总量确定与岗位分配
完善与再设计	根据环境变化、企业状况和现有营销组织的运行，对上述各设计要点进行调整和创新设

5. 影响营销组织选择的因素

营销组织的选择与运行往往受众多因素的影响，这些因素一般可分成以下两大类。

（1）外部因素。① 环境。主要有产业、政府政策、顾客、供应商和金融机构等。② 竞争者。竞争者营销组织选择及运行的示范效应对企业的影响最大。③ 供需关系。供需变化直接影响企业生产经营的规模和产品结构。因此，需要按供需变化对组织进行调整。

（2）内部因素。① 组织目标。实现组织目标是设计营销组织时首先要考虑的问题。如当企业旨在完成某项任务而非注重日常管理时，任务导向的组织结构较为有效。② 战略。企业营销组织系统应适应企业战略的需要，战略决定组织，而组织又会随着战略的变化进行调整。如具有多条产品线的企业，选择产品导向组织形式。而当企业战略调整引起的产品结构调整，把多样产品调整为成熟的标准化产品，而且发展战略为开拓更多的区域市场时，就需要将产品导向组织形式调整为地区导向组织形式。③ 规模。规模越大，分工越细，专业化要求越高，协调关系越复杂。那么功能导向和矩阵组织形式是优先考虑的对象。④ 企业发展阶段。一般而言，在企业创办时期，规模较小，经营的产品种类单一，专业人员有限，工作任务较轻，一个人同时扮演几种不同角色。因此，在企业创办时期，组织结构较为简单，通常是由营销经理一个人承担了调研、销售、广告等工作。随着企业规模扩大，人员和责任的不断增加，专业化程度越来越高，营销经理无法同时执行多种功能。因此，企业必然就转向功能性组织结构。当一个企业所生产的产品品种数量很多，或者各种产品差异很大，按功能设置的营销组织无法正常运行时，可以采用产品经理组织结构。⑤ 技术。信息技术的采用可使企业管理控制更加分权，增加管理幅度，实现结构扁平化。具有不同技术特点的企业，其营销组织也不同。如技术水平较低的企业，产品性能简单，简单产品多样化，因此适宜用产品导向组织形式。⑥ 组织成员的能力。在设计组织结构时，必须考虑本企业可利用的人力资源。如果企业决定采用产品经理组织形式，那么就必须要有足够数量的合适的产品经理人选，如果企业一时找不到合适人选，则只好改用传统的功能性组织。⑦ 组织文化。组织结构必须适应本企业的组织文化。如果一个企业习惯于一种分工明确、领导绝对权威的组织文化，那么突然改用矩阵组织结构就不合适。

6. 营销审计内容

市场营销审计由检查企业营销形势的六个主要方面组成。

（1）市场营销环境审计。它包括宏观环境与任务环境两种环境的审计。① 宏观环境：指人口、经济、生态、技术、政治、文化等环境因素。② 任务环境：指市场、顾客、竞争者、分销和经销商、供应商、公众等环境因素。

（2）市场营销战略审计。企业是否用市场导向确定自己的任务、目标并设计企业形象，企业的营销是否与公司的竞争地位、资源和机会相适应，能否使确定的战略适应产品生命周期的阶段、竞争者的战略以及经济状况。企业是否运用了细分市场的最好根据，是否为每个目标细分市场制定了一个正确的市场地位和营销组合；企业在市场定位、企业形象、公共关系等方面的战略是否卓有成效，所有这些都需要经过市场营销战略审计的检验。

（3）市场营销组织审计。它主要是对企业正式结构、功能效率及部门间联系效率的检验，主要包括：企业的市场营销主管人员是否有足够的权力和明确的责任开展影响顾客满意程度的活动，营销活动是否按功能、产品、最终用户和地区最理想地进行组织，是否有一支训练有素的销售队伍，对销售人员是否有健全的激励、监督机制和评价体系，市场营销部门与企业其他部门的沟通情况以及是否有密切的合作关系等。

（4）市场营销系统审计。企业市场营销系统包括市场营销信息系统、市场营销计划系统、市场营销控制系统和新产品开发系统。对市场营销信息系统的审计，主要是审计企业是否有足够的有关市场发展变化的信息来源，企业管理者是否要进行充分的市场调研，企业方面是否运用最好的方法进行市场和销售预测。对营销计划系统的审计，主要是审计营销计划工作系统是否有效，销售预测和市场潜量衡量是否正确地加以实施，是否进行了销售潜量和市场潜量的科学预测，是否将判定的销售定额建立在适当的基础上。对市场营销控制系统的审计，主要是审计控制程序是否足以保证年度诸目标的实现，管理当局是否定期分析产品、市场、销售地区和分销渠道的盈利情况，是否定期检查营销成本。对新产品开发系统的审计，主要包括审计企业开发新产品的系统是否健全，是否组织了新产品创意的收集与筛选，是否在新产品构思投资之前进行适当的概念调研和商业分析。

（5）市场营销生产率审计。市场营销生产率审计，是审计企业的盈利率和成本效益，主要包括审计企业不同的产品、市场、地区和分销渠道相应的盈利率分别是多少，企业是否要进入、扩大、缩小或放弃若干细分市场，其短期和长期的利润率。审核市场营销费用支出情况及其效益，进行成本效益分析，包括营销活动花费是否合理，是否可采取降低成本的措施。

（6）市场营销职能审计。市场营销职能审计是对企业的产品、价格、分销、促销及销售队伍效率的审计。它包括企业产品线目标是否合理，产品线的制定是否科学，企业的产品质量、特色、式样、品牌的顾客欢迎程度，企业定价目标和战略的有效性、市场覆盖率，企业分销商、经销商、代理商、供应商等渠道成员的效率，广告目标、费用、预算、顾客及公众对企业广告的效果影响，公关宣传预算是否合理，公共关系部门的职员是否精干，销售队伍的目标、规模、素质、能动性等。

7. 营销控制的基本内容与方法

营销控制的主要内容与方法见表 13 - 2 所示。

表 13 - 2　营销控制的内容与方法

导向	内　　容		对象、方法、指标
营销战略控制	营销效率等级		顾客导向、整合营销组织、营销信息
			战略导向、工作效率
	营销审计		营销环境、营销系统、营销战略、营销效益、营销组织、营销功能
营销运行控制	年度计划控制	销售分析	销售差异分析（即分析绝对不同因素对销售的不同影响）
			地区销售差异分析（即具体地区的销售差异分析）
		市场占有率分析	全部市场占有率
			服务市场占有率
			相对市场占有率
		营销费用率分析	营销费用与销售额之比
		财务分析	销售利润率、资产收益率、资本报酬率、资产周转率等
		客户态度	建议与投诉系统
			固定客户样本
			客户调查
		预算	按产品销售、地区销售编制预算及销售预算总表
			营销预算日进度控制
			营销预算每周评估
			营销预算月度检查
			营销预算季度评估

导向	内　容		对象、方法、指标
营销运行控制	盈利能力控制	渠道费用	工资、奖金、差旅费等直接推销费用
			广告、销售促进、展览会等促销费用
			租金、折旧费、保险费、包装费等在内的仓储费用
			托运费、运输工具折旧费、运输保险费等在内的运输费用
			营销管理工资、交通、办公费等其他营销费用
			生产的材料费、人工费和制造费
		损益表	把工资、租金等各种性质的费用分解到推销、广告、包装、运输、开单、收款等各项功能性营销活动中
			将各项功能性费用分配给批发、零售等营销渠道
			收入、生产成本和营销费用总合
		重要盈利能力指标	销售利润率、资产收益表和净资产收益率
			资产周转率、存货周转率
			现金周转率、应收账款周转率
	效率控制	销售人员效率	每位销售人员平均每天推销访问次数
			每次推销的平均时间
			每次推销的平均收入与成本
			每百次推销的订单百分比
			每次赢得的新客户数和失去的老客户数
			销售人员成本占销售收入的百分比等
		广告效率	每种媒介的广告成本
			客户对每一媒介注意、联想和阅读的百分比
			客户对广告内容与效果的评价
			广告前后客户态度的变化
			受广告刺激引起的访问或购买次数等
		促销效率	优惠销售所占百分比
			每一销售的陈列成本
			赠券回收百分比
			示范引起访问次数等
		配送效率	存货水平、仓储位置、分装、配货重组与运输效率等

☞ 知识链接

知识链接 13

营销与其他部门之间的关系

1. 营销与研发部门的关系

研发部门主要由专家和技术人员组成，他们喜欢攻克技术难题而对销售能否获利不是很关心，他们喜欢在不受别人监督和较少谈及研究成本的情况下工作。相对地，营销部门是由营业导向的人员组成的，他们喜欢看到有更多的具有销售特色的新产品向客户推销，他们注重产品的成本。这种对研发工作认知上的差异会阻碍他们之间有效的协同配合。为了克服这些障碍，两个部门可以共同举办研讨会，达到相互尊重和了解对方的意图、目标、工作作风。对于新项目，让双方人员都参与进来，在整个项目研究过程中密切配合，并在项目执行的初期，共同确定营销计划的目标。营销部门与研发部门的合作，要一直延续到销售时期，包括制定复杂的技术手册、举办贸易展览、向客户做售后调查、甚至做一些销售工作。

2. 营销与技术部门的关系

技术部门负责寻找设计新产品和生产新产品过程中所需要工艺或方法。工程师们对技术的质量、较低的成本和简便的制造工艺感兴趣。如果营销人员要求生产多种型号的产品，特别是要求用定制件去生产特色产品时，工程人员和营销人员会产生矛盾。要解决这些矛盾，重要的是加强沟通，在整个新产品的设计和生产过程中应有营销人员的参与，这样工程师们可以多了解市场上客户的需求，同时营销人员也可以明白过多的定制会导致成本的攀升。

3. 营销与采购部门的关系

采购经理负责以尽可能低的价格买到所需数量和所要求质量的原材料或元件。他们认为营销人员对定购的材料或与元件提出过高的质量要求，而且在一条产品线里同时推出多种型号的产品，这需要进行许多库存品种的小批量采购，而不是少数品种的大批量采购。有时因销售人员不准确的预测会使得采购部门在不利的价格条件下仓促订货，从而导致过多的库存积压。

4. 营销与制造部门的关系

制造部门的人员负责使工厂顺利生产，在恰当的时候，以恰当的成本生产所需数量的产品。他们认为营销人员对工厂运作知之甚少，只注意客户方面的要求，却看不到工厂所遇到的实际问题。营销人员常常提出不准确的销售预测，向客户许诺的服务内容超出了合理的范围，并且对为满足客户的要求导致的生产成本上升却不关心。营销人员则抱怨工厂生产能力不足、交货延迟、质量控制不力、售后服务欠佳等。

实际上，公司的盈利能力很大程度上取决于制造和营销部门间的良好关系。营销人员必须了解诸如弹性工厂、自动化、准点生产、质量管理小组等的营销潜力。

5. 营销与财务部门的关系

财务部门人员认为营销部门要求大笔的预算用于广告、促销活动和推销人员的开支，但花了钱究竟能增加多少销售额，却不能保证。他们认为营销人员没有花足够的时间认真考虑营销支出与销售额件的关系，没有认真考虑把预算用于更能盈利的方面。他们认为营销人员轻率地杀价去争取订货，却不考虑如何通过定价获取利润。

而营销部门却认为财务人员把钱扣得太紧，不肯花钱用于长期市场开发的投资，以至于错过了许多宝贵的机会。要解决这些问题，需要对营销人员进行多一些财务知识的培训和对财务人员的营销训练。

（资料来源：企业营销训练教材总集，亚太管理训练网 http：//www.longjk.com，有改动。）

☞ **同步练习**

(一) 单项选择题（在下列每小题中，选择一个最适合的答案。）

1. 竞争对手和市场营销环境发展的公开信息的系统收集和分析被称作（   ）。

A. 内部数据　　　　　B. 营销情报　　　　　C. 市场调查　　　　　D. 信息分析

2. 下面不是营销预算编制的基本思路的是（   ）。

A. 以企业的总体目标为前提

B. 根据市场预测和以往预算基础数据及新增预算规模

C. 经过综合平衡进行编制

D. 参考竞争对手的预算

3. 市场营销管理必须信托于一定的（   ）进行。

A. 财务部门　　　　　B. 人事部门　　　　　C. 主管部门　　　　　D. 营销组织

4. 制定实施市场营销计划，评估和控制市场营销活动，是（   ）的重要任务。

A. 市场主管部门　　　B. 市场营销组织　　　C. 广告部门　　　　　D. 销售部门

5. "组织"就人而言，是指按一定的宗旨和系统建立的（   ）。

A. 集体　　　　　　　B. 计划　　　　　　　C. 任务　　　　　　　D. 部门

6. 设置（   ），能够对企业与外部环境，尤其是与市场、顾客之间的关系的协调，发挥积极作用。

A. 市场营销机构　　　B. 市场营销职能　　　C. 市场营销企业　　　D. 市场营销控制

7. 设置市场营销机构需要遵循的第一个原则是整体协调和（   ）原则。

A. 主导性　　　　　　B. 整体性　　　　　　C. 完整性　　　　　　D. 可靠性

8. 满足市场的需要，创造满意的顾客，是企业最为基本的（   ）。

A. 组织形式　　　　　B. 宗旨和责任　　　　C. 主要职能　　　　　D. 营销观念

9. （   ）是最常见的市场营销组织形式。

A. 职能型组织　　　　B. 产品型组织　　　　C. 地区型组织　　　　D. 管理型组织

10. 市场营销是企业管理和经营中的（   ）。

A. 主导性职能　　　　B. 辅助性职能　　　　C. 被动性职能　　　　D. 社会分配职能

11. 市场营销组织管理跨度及管理层次的设置，不是一成不变的，机构本身应当具有一定的（   ）。

A. 弹性　　　　　　　B. 灵活性　　　　　　C. 随机性　　　　　　D. 选择性

12. （   ）是指一个组织在一定时间内可以完成的工作量。

A. 效果　　　　　　　B. 效率　　　　　　　C. 能力　　　　　　　D. 百分率

13. 销售差距分析主要用来衡量造成（   ）的不同因素的影响程度。

A. 销售差距　　　　　B. 市场营销　　　　　C. 营业总额　　　　　D. 销售数量

14. 年度计划控制要确保企业在达到（   ）指标时，市场营销费用没有超支。

A. 分配计划　　　　　B. 生产计划　　　　　C. 长期计划　　　　　D. 销售计划

15. 战略控制的目的，是确保企业的目标、政策、战略和措施与（   ）相适应。

A. 市场营销计划　　　　　　　　　　　　　B. 市场营销计划

C. 推销计划　　　　　　　　　　　　　　　D. 管理人员任期

（二）多项选择题（在下列每小题中，选择适合的答案。）

1. 市场营销战略主要由（　　）几部分构成。

A. 目标市场战略　　　　B. 市场营销组合战略　　　　C. 市场营销控制

D. 市场营销行为　　　　E. 市场营销预算

2. 市场营销计划的实施过程中，涉及相互联系的几项内容是（　　）。

A. 明确战略目标　　　　B. 制定行动方案　　　　C. 协调各种关系

D. 形成规章制度　　　　E. 调整组织结构

3. 推销和市场营销两个职能及其机构之间，需要（　　）。

A. 互相协调　　　　B. 默契配合　　　　C. 互不干涉

D. 各自为战　　　　E. 前者在后者的指导下行动

4. 市场营销控制包括（　　）。

A. 年度计划控制　　　　B. 盈利控制　　　　C. 质量控制

D. 效率控制　　　　E. 战略控制

5. 企业所设置的市场营销部门应当做到（　　）时，能够代表企业，面对企业内部时，又能代表市场，代表顾客，同时具有相互适应的运转机制。

A. 面对部门　　　　B. 面对市场　　　　C. 面对员工

D. 面对顾客　　　　E. 面对领导

6. 市场营销部门还担负着向市场和潜在顾客（　　）的任务。

A. 推荐产品　　　　B. 引导购买　　　　C. 分销产品

D. 建立销售渠道　　　　E. 组织产品运输与仓储

7. 要发挥市场营销机构自身的整体效应，必须做到（　　）协调一致。

A. 机构内部　　　　B. 企业内部　　　　C. 企业外部

D. 营销机构　　　　E. 企业目标

8. 市场营销计划中的背景可现状部分应提供（　　）以及现实环境有关的背景资料。

A. 市场　　　　B. 产品　　　　C. 竞争

D. 分销　　　　E. 价格

9. 市场营销部门的组织形式有（　　）。

A. 职能型组织　　　　B. 产品管理型组织　　　　C. 产品管理型组织

D. 地区型组织　　　　E. 市场管理型组织

10. 企业市场营销系统包括（　　）。

A. 市场营销信息系统　　　　B. 市场营销计划系统

C. 市场营销控制系统　　　　D. 新产品开发系统

（三）判断题（判断下列各题是否正确。正确的在题后的括号内打"√"，错误的打"×"。）

1. 管理的实质在于使人们为了共同目标而有效的合作，因而，它离不开组织。（　　）

2. 判断市场营销组织的好坏主要是指组织结构的设计。（　　）

3. 效果是正确地做事情，而效率则是做正确的事情。（　　）

4. 产品型组织的优点在于，企业的市场营销活动是按照满足各类不同顾客的需求来组织和安排的，有利于企业加强销售和市场开拓。（　　）

5. 计划的结果不仅是取决于计划制定得是否正确，还有赖于计划执行与控制的效率如何。　　　　　　　　　　　　　　　　　　　　　　　　　　　　　（　　）

6. 存货周转率次数越低越好，说明存货水准较低，周转快，资金使用效率较高。　　　　　　　　　　　　　　　　　　　　　　　　　　　　　　（　　）

7. 市场营销审计这一重要工具最先由哥伦比亚大学的阿贝·舒克曼于 1950 年提出。　　　　　　　　　　　　　　　　　　　　　　　　　　　　（　　）

8. 净资产收益率指企业所创造的利润与企业全部资产的比率。　　（　　）

9. 存货周转率是指产品销售成本与存货平均余额之比。　　　　　（　　）

10. 并非所有的市场营销活动都发生在同一组织岗位。　　　　　　（　　）

（四）问答题

1. 简述市场营销系统内容。

2. 简述效率控制内容。

3. 营销组织结构的类型有哪些？

4. 简述营销控制的基本过程。

5. 如何做好营销组织系统的再设计？

（五）案例题

1. 广州 A 公司是一家中外合资的电器有限公司，主要生产和销售微波炉产品，产品以外销为主，内销为辅。作为第一家生产微波炉产品的企业，产品的市场销售形势非常好，每年盈利达数百万元。2004 年以后，欧洲各国频繁采取反倾销行为，公司的出口订单大幅度减少，不得不将营销的重点从外销转变为内销。另外，公司也在努力寻找新的出口市场，建立新的经销合作关系，以维持正常的开工生产。而此时微波炉产品已经走过导入期和成长期，市场竞争十分激烈，格兰仕等品牌产品无论在产量、销量、价格等方面都远远优于 A 公司。2006 年以后，公司被迫以大幅度降价，赠送大量礼品，派出许多以高额提成的直销员等手段应付竞争。然而，随着产品销量的增加，公司累计亏损也不断增加。直销员的高额提成又严重打击了第一线工人的生产积极性，产品质量出现了滑坡。在此环境下，A 公司微波炉产品提前进入了衰退期，只能依赖微利的外销维持惨淡经营。

问题：

（1）A 公司的价格策略有何弊端？

（2）A 公司应采取怎样的分销策略？

（3）A 公司应制定并采取怎样的促销策略？

2. 雪津对于福建人来说是一个妇孺皆知的品牌，十多年来，雪津一直演绎着啤酒界的神话。早在 1996 年，许多外资啤酒品牌大举入侵中国市场时，建厂才十年的雪津就被评为中国十大民族啤酒品牌，并连续五年蝉联福建省啤酒销量第一。然而，1998 年啤酒业的大环境也使雪津卷入了以量制胜的价格促销战中，使产品形象受到很大破坏，品牌形象急剧下滑。

庆幸的是 1999 年 7 月，雪津新一代领导班子上任，大刀阔斧地进行改革，并经过两年的市场整合推广，雪津啤酒一路凯歌高奏。雪津得益于重新确立的高端战略。正反两方面的经验使雪津在竞争中逐步形成了自己独特的质量理念，他们的质量方针是以卓越的品质、完善的服务带给消费者超值的享受；他们认为质量是企业之魂，是全员参与的壮举，是产品进入市场的通行证。雪津以"内铸质量，外塑品牌"作为企业工作的重心，在经营观念上，把"做大做强"转变为"做强做大"。

企业根据高端产品战略要求，建立起全省啤酒业首家技术中心，建立了原料质量评价体系，提高新鲜度管理。同时，投资近百万元建起国内一流的小型啤酒生产试验线，不断开发适销对路的新产品，企业的技术开发能力一直处在领先水平。2003年上半年，"非典"使啤酒行业雪上加霜，面对啤酒市场的激烈竞争，许多厂家纷纷推出中低档产品。雪津却反其道而行之，主动退出部分大众化市场，推出融合冰啤和纯生两大高科技含量的新品——雪津天地纯生冰啤。"雪津天地"一上市就迅速在高端市场获得畅销，在福建刮起了一阵"天地"消费旋风。雪津的高端战略产生了良好效应，企业迅速由强到大，年底随着三明公司的扩产总产量达到了57.8万吨，实现利润总额2.5亿元，吨酒利润达到430元，比全国平均水平高出三倍多，销售利润率达20%，是啤酒三巨头的3倍以上。

雪津的高端产品战略靠严格质量管理来保证，首先通过供应商认证、加强物资入库检测制度、设立投料质量控制点三道关卡，严把麦芽、大米等原辅料进货关，将口感作为质量评价的第一指标，通过不懈研究在溶解氧、瓶颈空气及高级醇控制等难题上，都取得了重大突破，确保了雪津口感的高度稳定性与一致性。

为了维护高端品牌形象，2002年雪津曾壮士断腕，果断地停止向擅自低价售酒的二批商供货，足见雪津的自信与魄力。

能够使高端战略执行得如此协调，依赖于高超的组织效率。以陈志华总经理为首的核心团队是一支战斗力很强的队伍，他们配合默契又目光远大，对企业的核心理念坚定不移，硬是通过不算先进的装备条件将产品打造得炉火纯青，团队合力是雪津高端战略成功的深层原因。

问题：

（1）请分析公司实施高端战略前面临的市场环境。

（2）请评价公司实施高端战略的成果。

☞ **参考答案**

（一）单项选择题

1. B 2. D 3. D 4. B 5. A 6. A 7. A 8. B 9. A 10. B
11. A 12. A 13. B 14. A 15. D

（二）多项选择题

1. ABE 2. BCDE 3. ABE 4. ABDE 5. BD
6. ABCDE 7. ABC 8. ABCD 9. ABCDE 10. ABCD

（三）判断题

1. √ 2. × 3. × 4. × 5. √ 6. × 7. √ 8. × 9. √ 10. √

（四）问答题

1. 简述市场营销系统内容。

企业市场营销系统包括市场营销信息系统、市场营销计划系统、市场营销控制系统和新产品开发系统。

2. 简述效率控制内容。

效率控制内容包括销售人员效率、广告效率、促销效率、配送效率。

3. 营销组织结构的类型有哪些？

营销组织结构的类型有如下几种。

（1）按功能设置的营销组织。这是一种常见的营销组织结构，它是按照各种功能进行组织安排。例如，从事广告活动的人员隶属广告部，由广告部经理领导。而每个部门经理则向分管营销的副总经理负责。

（2）按任务导向设置的营销组织。这是按不同性质的营销目标和任务进行组织安排的一种方法。它根据不同类别的产品、地区或者不同的顾客群体来设置营销组织。

（3）按项目与功能双重因素设置的营销组织——矩阵组织。矩阵组织将组织内各有关部门有机地联系在一起，从而加强了组织内各职能部门之间、职能部门与产品项目之间的协作。产品经理组织是一个很典型的矩阵组织。

4. 简述营销控制的基本过程。

营销控制的基本过程包括如下几个步骤。

（1）建立标准。这是检查和衡量营销实际工作的依据。而且，标准的制定，应当具体、尽可能量化。

（2）衡量绩效。衡量绩效就是将控制标准与实际结果进行比较。若结果与标准相符，或好于标准，则应总结经验，继续工作；若结果未能达到预期标准，而且超过承受范围，则应找出原因。

（3）偏差分析。产生偏差通常有两种情况：一是计划执行过程中的问题；二是计划本身的问题。例如，企业的推销员没有完成预定的销售指标，可能是因为自己的能力或投入不足，也可能是由于销售指标定得过高。在实践中，造成偏差的原因往往是复杂多样的，因此，营销经理必须综合考虑各种因素。

（4）纠偏行动。明确了产生偏差的原因后，一般有两种应对措施。一是修改标准。当导致偏差的因素为不可控时，企业需要修改标准。如预计市场份额太高，企业根本无法达到，而影响市场份额的因素多且有些不可控，此时，就需要调低市场份额标准。二是采取纠偏措施。当导致偏差的因素为可控时，企业没有必要修改标准，而是要针对可控因素，采取纠偏措施。

5. 如何做好营销组织系统的再设计？

做好营销组织系统的再设计应当在以下几方面做好工作。

（1）做好营销组织诊断工作。这是营销组织再造的重要基础，其工作内容包括两个方面：

① 组织调查。通过系统地收集现有资料、组织问卷调查、召开座谈会等方式了解有关营销组织的信息。

② 组织分析。重点围绕营销职能、营销组织关系、营销业务活动流程和营销决策这四大方面分析研究，明确现行营销组织结构设计和运行中的成功经验和存在问题，为下一步再造方案的设计打下基础。

（2）积极稳妥的再造思想。再造必须采取系统综合的调整方针，重点做好营销组织结构设计的配套调整，企业营销系统内部包括人员、任务、结构和技术的平衡配套调整，企业营销组织内部与外部供应链的配套调整这三个方面的工作。

（3）选择恰当的营销组织再造方式。企业营销组织的再造，需要在改良式、突变式、计划式及其组合的方式中进行选择。企业应当在组织诊断的基础上，根据市场环境、竞争态势、企业承受能力、员工素质等诸多因素的综合分析，确定适应本企业营销组织再造的方式。

（五）案例题

1.（1）过早采用大幅度降价策略，加速产品生命周期的演化，使企业产品提早进入衰退期。

（2）A公司应重视国内市场的开发，选择恰当的经销商并与之搞好合作。

（3）在产品上市前后应投入适当资金开展促销活动，提高产品市场知名度。

2.（1）许多外资啤酒品牌大举入侵中国市场时，建厂才十年的雪津就被评为中国十大民族啤酒品牌，并连续五年蝉联福建省啤酒销量第一。然而，1998年啤酒业的大环境也使雪津卷入了以量制胜的价格促销战中，使产品形象受到很大破坏，品牌形象急剧下滑。

（2）答题分析要点：重视质量；重视认证；加强营销队伍建设。

第十四章　营销策划

> 营销策划是一种管理程序，其任务是发展和维持企业的资源、目标与千变万化的市场机会之间切实可行的配合，策划的目的就是发展或重新开拓企业业务与产品，将它们组合起来，以期获得令人满意的利润和发展。
>
> ——菲利普·科特勒

重点： 了解营销策划的概念；掌握营销策划的基本步骤；学会撰写营销策划书
难点： 营销策划的基本步骤与内容
新点： 点式效应原理、界限原理

☞　**学习目标**

■ 了解不同营销观念下营销组织的设计模式
■ 掌握营销计划的流程
■ 掌握营销控制的内容和方法
■ 学会制定营销计划

市场营销策划是一种具有创意性的专业实践，它通过人们的理念加工，以一种新颖的形式将营销理论转化为具有针对性的操作程序，从而帮助企业制定决策并加以执行和有效地控制，以期获得满意的效果。

市场营销策划的主要内容与步骤可用英国学者 P. R. 史密斯关于 SOSTAC 计划系统以及3M（三个关键资源）来论述。SOSTAC 计划系统包括：

S，即 Situation analysis（形势分析），意思是我们现在在哪里？

O，即 Objective（目标），意思是我们现在想往哪里去？

S，即 Strategy（战略），意思是我们将怎么样？

T，即 Tactics（战术），意思是战略的具体内容。

A，即 Action（行动），意思是对计划的实施。

C，即 Control（控制），意思是尺度、监控、检查、升级和修改。

要完成市场营销策划，应当明确完成工作所需要的三个关键资源，即 3M，指 Men（人）、Money（资金）、Minutes（时间）三个自始至终都要使用的重要资源。

营销策划书应包括营销环境分析、营销策划思路、市场定位、营销策略组合、营销方案构想、实施计划以及营销执行与控制几个部分内容。

☞　**学习新知**

■ 点式效应原理

■ 界限原理

1. 点式效应原理

点式效应原理即在营销策划中集中资源突出营销对象的一点或少数几个点，从而实现以点带面的营销效果，产品设计中的卖点、零售企业的牺牲品定价法等都是属于点式效应原理的运用。

2. 界限原理

界限原理指产品或企业的成长分三个阶段，即无知名度或知名度很小的策划初级界限阶段；有了一定知名度的策划中级界限阶段和具有了较高的知名度和美誉度的策划高级界限阶段。在这些不同的界限中策划的作用是不同的，反过来，对于不同的界限所用的策划手段也应不一样。初级和中级界限阶段以实用广告或宣传为主，如公司名称、产品、价格等；高级阶段以形象广告或宣传为主，如企业形象、企业文化、注重服务态度、产品技术、产品质量和价格实惠方面的承诺。

☞ **核心概念**

■ 策划
■ 营销策划
■ 营销计划
■ 营销策划书
■ 策略定位

1. 策划

策划是指人们事先的筹措活动，即是思维主体运用知识和能力进行思考运筹的过程。

2. 营销策划

营销策划是一种管理程序，其任务是发展和维持企业的资源、目标与千变万化的市场机会之间切实可行的配合。策划的目的就是发展或重新开拓企业业务与产品，将它们组合起来，以期获得令人满意的利润和发展。

3. 营销计划

市场营销计划是指在研究目前市场营销状况，分析企业所面临的主要机会与威胁、优势与劣势以及存在问题的基础上，对财务目标与市场营销目标、市场营销战略、市场营销行动方案以及预计损益表的确定和控制。

4. 营销策划书

营销策划书（也称为营销策划报告）是关于营销策划活动成果完整性、系统性的书面表示，一份完整而严密的营销策划书，应包括营销环境分析、营销策划思路、市场定位、营销策略组合、营销方案构想、实施计划以及营销执行与控制几个部分内容。

5. 策略定位

策略定位是在进行营销策划时，所起用策略的立足基点。通常可见奇正定位、新老定位、正反定位、借势或造势定位等相互对应的一些策略定位方法。

☞　**学习重点**

- 营销策划的特点
- 营销策划与营销计划的区别
- 营销策划的步骤
- 营销策划的内容
- 营销策划的种类

1. 营销策划的特点

营销策划的特点主要表现在以下几个方面。

（1）目的性。营销策划，首先必须明确营销发展的目标。

（2）系统性。市场营销策划是关于企业市场营销的系统工程。营销策划的系统性首先表现在对市场环境与企业自身状况的系统、准确的分析和判断上。其次，营销策划的系统性表现在它是一种战略与战术的协调和统一。

（3）指向性。营销策划必须以消费者为中心。即围绕消费者消费需求与消费行为、消费心理来做出营销决策、制定营销方案。

（4）可操作性。不能操作的方案，创意再奇特再巧妙也无任何价值；不易操作的方案，则必然耗费大量的人力、物力和财力，而且也使管理复杂化，成效不高甚至毫无成效。所以，营销策划必须结合企业的环境，面对企业的现实，设计出务实的、可操作的营销方案。

（5）可调适性。营销策划从本质上来说是一种超前行为，它不可能预见未来市场的一切因素，不可避免地会在一些特定情形下出现某些营销方案与现实脱节的情形。因此，任何策划方案都需要在实施过程中根据实际情况加以调整和补充。营销方案必须具有可调适性的"弹性"，能因地制宜。

2. 营销策划与营销计划的区别

营销策划与营销计划的区别主要表现在以下五方面。

（1）营销策划必须要有创意。它必须有自由想象的空间，有任由思维驰骋的余地。而营销计划则不需有创意，它只要按照一定的依据（如经营方针、经营战略等），遵循一定的思路，按部就班地去做即可。从这个意义上讲，企划家最不适合做营销计划工作了。

（2）营销策划所要把握的是原则与方向，是一种大框架和总体思路。而营销计划则需解决具体的程序与细节。前者需要"大手笔"，后者要求做耐心细致的具体工作。

（3）营销策划所要解决的是做些什么的问题，而如何做的问题则由营销计划去解决。

（4）营销策划富有开创性，无章可循，循规蹈矩是营销策划的大敌，营销策划家最喜欢的是挑战性、刺激、风险和机会。而营销计划绝不能异想天开，思想趋于保守的人，或许更适合担当营销计划工作。

（5）营销策划需要较强的和综合的个人素质。没有经过长期训练的人，是难以胜任这一工作的。搞营销策划，必须是"全才"或"通才"。营销计划同样也需要较高的素质，但其要求并不像经营企划那么严格，它有较规范的程序与方法。

3. 营销策划的步骤

任何一个全面而完整的市场营销策划，均包括计划、分析、思考、构想与执行五个阶段，这是市场营销策划的基本步骤。

（1）第一阶段——计划阶段。在进行正式策划之前，必须拟定关于策划的计划。计划包括确立策划目的、拟定策划进程、经费预算、策划效果预测等内容。

（2）第二阶段——分析阶段。当营销策划计划书被企业认可后，即进入市场调查与预测与分析阶段。这一阶段要求通过分析问题发生的原因并提出必须解决的课题。

（3）第三阶段——思考阶段。在调查、预测与分析的基础上，营销策划进入到设想解决营销问题的思路与方法阶段。这一阶段伴随着相关建议、意见的提出，通过对比、取舍与脑力激荡，决定市场营销思路。市场营销思路是营销策划的"主轴"。思路确定之后，各项营销策划与营销运作工作都要围绕这个思路进行。

（4）第四阶段——构想阶段。营销方案的设计就是针对企业营销中存在的问题和所发现的市场机会，提出具体解决问题的方案。从营销策划的操作实务看，营销方案的设计与制定一般要经历以下几个阶段：准备阶段、调研阶段、酝酿、拟订、论证与选择阶段、确定阶段。

（5）第五阶段——执行阶段。方案实施与监控，就是根据制定好的策划书，按照实施日程表变成具体的营销行动。这一阶段包括方案的具体实施、实施过程中的监控以及相关实施效果的测评与反馈。

4. 营销策划的内容

营销策划涉及的内容很多，但归纳起来，主要有五个方面，即营销分析、营销目标、营销定位、营销战略与营销策略组合（战术）、执行方案。这五个方面依序进行，相互关联。

5. 营销策划的种类

营销策划一般分为两大类，十个类型。两个大类一类为战略性策划，另一类为战术性策划。十个类型为事业策划、年度营销策划、新产品开发策划、广告策划、促销策划、公共关系策划、员工训练策划、投资可行性策划、企业长期发展策划、企业形象策划。

☞　**知识链接**

知识链接 14

如何安排促销预算？

有些公司通过一个品牌小组来安排他们的促销预算。该小组包括销售、贸易营销、制造、会计和营销研究部门的经理，也包括品牌经理等。

作为促销预算的第一步，品牌小组广泛地分析年度营销计划的发展内容。以这个分析为基础，该小组建立营销目标和广泛的战略。然后，品牌经理根据战略，预测品牌的销售和利润。

第二步便是制定最初的在广告、顾客促销和贸易促销的预算分配。有些公司现制定贸易促销，然后将余额分配给广告和顾客促销，其分配基础是历史资料数据。再依据竞争者的促销实际和其他因素，对该分配进行进一步的调整。

第三步，将该品牌计划呈给高层经理——公司总经理、营销副总和高级财务经理。在这一阶段，高层经理们经过审查，可能会要求或建议修改，部分反应了他们对该品牌应获得的费用与其他品牌关系的想法。然后，将修改过的计划付诸实施。

在本年度中，品牌经理将根据竞争和经济发展调整分配。在临近期末，品牌经理经常削减不能完成利润的指标的预算。在年底，公司要对过去一年的开支进行评估，以便改进经营能力，使营销工具在来年更有效。

对不同促销工具资金分配的影响因素有以下一些因素。

（1）与销售促进相比，在产品生命周期的介绍期和成长期，特别是市场成长率强时，应把更多的钱投入广告。拥有最大的市场份额、毛利和产品差异化的公司也要投入相对较多的广告费。

（2）越多的钱投入促销，竞争越激烈，在短期就越要集中管理。

（3）相对于贸易促销和顾客促销，广告往往对顾客态度和长期市场份额有正面影响趋势，而对短期市场份额有负面影响。

（4）相对于广告，顾客与贸易促销往往对顾客的态度和长期市场份额有负面影响，但对短期市场份额有正面影响。

（资料来源：企业营销训练教材总集，亚太管理训练网 http：//www.longjk.com。）

☞　**同步练习**

（一）单项选择题（在下列每小题中，选择一个最适合的答案。）

1. 市场营销策划的一般过程中，首先实施的是（　　　）。

A. 制定营销战略　　　B. 制定行动方案　　　C. 市场调查　　　D. 预测效益

2. 在市场营销策划书中，用来说明整个营销方案推进过程中费用投入问题的部分是（　　　）。

A. 前言　　　　　　　B. 概要提示　　　　　C. 预算　　　　　D. 进度表

3. 以下关于营销策划的描述不正确的是（　　　）。

A. 营销策划必须有创意　　　　　　　　B. 营销策划必须有主题

C. 营销策划必须有广告策划　　　　　　D. 营销策划必须有预算

4. 人员推销的组织结构可依企业的销售区域、顾客类型、（　　　）以及这三个因素的结合来设置。

A. 部门设置　　　　　B. 人事政策　　　　　C. 产品　　　　　D. 人员素质

5. 对销售人员的招募、挑选、培训、委派、报酬、激励和控制等属于（　　　）范畴。

A. 战略决策　　　　　B. 管理决策　　　　　C. 战术决策　　　　D. 技巧决策

6. 不属于销售计划内容的为（　　　）。

A. 决定销售收入的目标额　　　　　　　B. 编定实施计划

C. 销售实售预算　　　　　　　　　　　D. 需求预测

7. 营销策划所需的三种资源 3M 不包括（　　　）。

A. 信息　　　　　　　B. 人　　　　　　　　C. 资金　　　　　D. 时间

8. 以下不属于集体创意方法的是（　　　）。

A. 头脑风暴法　　　　B. 专家会议法　　　　C. 定向思维法　　　D. 德尔菲法

9. 营销策划中实施与监控环节不包括（　　　）。

A. 营销方案实施　　　B. 培训调研人员　　　C. 实施进程监控　　D. 营销效果反馈

10. 营销定位的三个类别不包括（　　　）。

A. 经营观定位　　　　　B. 市场定位　　　　　C. 产品定位　　　　D. 策略定位

11. 不属于决定行业结构的因素是（　　）。

A. 成本结构　　　　　　　　　　　　　B. 销售量及产品差异程度

C. 进入与流动障碍　　　　　　　　　　D. 社会变化

12. 下列说法不正确是（　　）。

A. 营销计划需有创意

B. 营销策划必须要有创意

C. 营销计划所要把握的是原则与方向，是一种大框架和总体思路

D. 营销策划所要解决如何做的问题

13. 一般日常生活用品，适合于选择（　　）做广告。

A. 人员　　　　　　B. 专业杂志　　　　　C. 电视　　　　　D. 公共关系

14. 市场定位是（　　）在细分市场的位置。

A. 塑造一家企业　　B. 塑造一种产品　　C. 确定目标市场　D. 分析竞争对手

15. 重新定位，是对销路少、市场反应差产品进行（　　）定位。

A. 避强　　　　　　B. 对抗性　　　　　　C. 竞争性　　　　D. 二次

（二）多项选择题（在下列每小题中，选择适合的答案。）

1. 在市场营销策划书的撰写过程中，为使策划书更加准确可靠，可以应用定量分析的方法，为此采取的撰写技巧是（　　）。

A. 寻找理论依据　　　　　　　　　　　B. 适当举例

C. 利用数字说明问题　　　　　　　　　D. 合理安排版面

2. 市场营销策划的基本原则（　　）。

A. 战略性与系统性原则　　　　　　　　B. 信息性与创新性原则

C. 时机性与权变性原则　　　　　　　　D. 可操作性与效益性原则

3. 下列属于市场营销策划的方法的是（　　）。

A. 点子方法　　　　B. 创意方法　　　　　C. 谋略方法　　　D. 运筹学方法

4. 市场营销策划书的正文内容包括（　　）。

A. 营销策划的目的　B. 市场状况分析　　C. 预算与进度表　D. 具体行销方案

5. 策划的要素（　　）。

A. 明确的主题目标　　　　　　　　　　B. 崭新的创意

C. 实现的可能性　　　　　　　　　　　D. 详细的实施计划

6. 营销策划的基本特点是（　　）。

A. 营销策划是创新思维的科学

B. 营销策划是市场营销系统工程

C. 营销策划是具有可操作性的实践科学

D. 营销策划一种经营哲学，是市场营销的方法论

7. 营销策划的特点有（　　）。

A. 目的性　　　　　B. 系统性　　　　　　C. 指向性

D. 可操作性　　　　E. 可调适性

8. 营销策划分为（　　）。

A. 战略性策划　　　　B. 战术性策划　　　　C. 日常策划　　　D. 年度计划

9. 营销策划的内容包括（　　　）。

A. 营销分析　　　　　B. 营销目标　　　　　C. 营销定位

D. 营销战略　　　　　E. 营销策略

10. 营销策划中就遵循的原理有（　　　）。

A. 人本原理　　　　　B. 差异原理　　　　　C. 整合原理

D. 折中原理　　　　　E. 效益原理

（三）判断题（判断下列各题是否正确。正确的在题后的括号内打"√"，错误的打"×"。）

1. 策划跟点子只是名称不同而已。　　　　　　　　　　　　　　　　　　（　　）

2. 营销策划与营销计划不是同一回事 。　　　　　　　　　　　　　　　（　　）

3. 小的营销活动的策划案无需费用预算。　　　　　　　　　　　　　　（　　）

4. 策划是一项创造性的劳动。　　　　　　　　　　　　　　　　　　　　（　　）

5. 营销方案的执行和实施情况关系到营销活动的成败。　　　　　　　　（　　）

6. 媒体策划属于广告活动的内容，不属于营销策划范畴。　　　　　　　（　　）

7. 营销策划就是撰写营销活动策划书。　　　　　　　　　　　　　　　　（　　）

8. 阅读营销策划案例是提高策划水平的重要方式之一。　　　　　　　　（　　）

9. 企业战略是由企业中层负责制定、落实的基本战略。　　　　　　　　（　　）

10. 策划人员从事营销策划活动之前无需进行市场调研。　　　　　　　（　　）

（四）问答题

1. 什么是营销策划？它有何特点？

2. 营销策划包括哪些步骤？

3. 营销策划涉及哪些内容？

4. 简述营销定位的类型。

5. 简述撰写营销策划书的要点。

（五）案例题

1. 在 5.12 四川震灾中，很多企业表现出了高度的社会责任感，通过捐钱、捐物、派遣人员等多种方式参与赈灾救援。其中，一些企业在此次突发事件营销中脱颖而出，因为他们要么反应迅速，要么捐赠额巨大，要么宣传点独特，要么参与方式独特。5 月 18 日晚，由多个部委和央视联合举办的募捐晚会上，王老吉的生产商——广东加多宝集团捐出了 1 亿元的巨额救灾款。1 亿元人民币的捐款，使加多宝集团成为大陆单笔捐款额度最高的民营企业，加多宝一夜成名，王老吉也成为最振奋人心的民族品牌，进一步助推高涨的民族情绪；配合 1 亿捐款，王老吉主要借助网络进行营销，有关王老吉的话题在论坛、贴吧、QQ 群、博客迅速传播，在持续点燃网友热情的同时也迅速带动产品的销售，出现供不应求的现象。同时，王老吉还乘势为新产品进行了前期推广。

问题：

你如何看待加多宝集团的这次事件营销策划？

2. 2003 年，天津一汽——威驰新轿车上市，新车推介活动包括由知名导演张艺谋策划并导演的（吴彦祖和女人、范伟吵架）广告片，在焦点访谈节目后播出长几分钟的时间，加上网上投票评选车型形象代言女主角、网上主题曲评选、张艺谋与威驰的总设计师进行艺术对话等活动，活动效果良好，引起了社会各界和媒体的极大关注，然而威驰随后的销售并不像策划活动一样令人欣慰。

问题：

威驰新车上市推广活动的策划存在什么问题？

3. 小包装消费品零售的大公司广泛应用形象广告，然而，这种广告不能导致立即销售，因此对其效果并无十分把握。它们唯恐钱花得不够而采取多花钱的"保险"做法。除此以外，它们的广告部门总是说服公司把它们的大部分促销资金用于广告，因为它们这样做有既得利益。最后，公司由于前端工作（营销调研与战略定位）做得太少，而后端工作（广告效果分析）做得太多，因而就其支出的金额而论，效果很差。工业品制造公司大量依靠其销售人员来取得订货，而不在广告上花足够的钱来提高顾客的知晓度和理解度。它们低估公司与产品形象在售前通过广告争取工业品用户的能力。

问题：

请简评这一段文字。

☞ **参考答案**

（一）单项选择题

1. C 2. C 3. C 4. C 5. C 6. D 7. A 8. C 9. B 10. A
11. D 12. B 13. C 14. B 15. D

（二）多项选择题

1. ABCD 2. ABCD 3. ABCD 4. AB 5. ABC
6. ABC 7. ABCDE 8. AB 9. ABCDE 10. ABCE

（三）判断题

1. × 2. √ 3. × 4. √ 5. √ 6. × 7. × 8. √ 9. × 10. ×

（四）问答题

1. 什么是营销策划？它有何特点？

营销策划是一种管理程序，其任务是发展和维持企业的资源、目标与千变万化的市场机会之间切实可行的配合，策划的目的就是发展或重新开拓企业业务与产品，将它们组合起来，以期获得令人满意的利润和发展。

策划具有目的性、系统性、可调适性、指向性和可操作性的特点。

2. 营销策划包括哪些步骤？

任何一个全面而完整的市场营销策划，均包括计划、分析、思考、构想与执行五个阶段，这是市场营销策划的基本步骤。

3. 营销策划涉及哪些内容？

营销策划涉及的内容很多，但归纳起来，主要有五个方面，即营销分析、营销目标、营销定位、营销战略与营销策略组合（战术）、执行方案。这五个方面依序进行，相互关联。其中，营销分析是营销策划的基础，营销思路是营销策划的思维轨迹，营销定位则是在营销分析与营销思路基础上质的飞跃，是基础分析与营销切入思路"升华"为营销战略与营销策略的原点；营销战略与营销策略组合围绕营销定位来确定与展开；实施与监控，则是营战略与营销策略组合的具体实践。如此循环往复，不断发展。

4. 简述营销定位的类型。

营销定位分为市场定位、产品定位、策略定位三个类别。

（1）市场定位。市场定位一般分为地域定位和消费群体定位两个方向。

（2）产品定位。产品定位是在营销策划时，确定产品各属性的定位位置。它包括产品的质量定位、功能定位、造型定位、体（容）积定位、颜色定位和价格定位等。

（3）策略定位。策略定位是在进行营销策划时，所起用策略的立足基点。通常可见奇正定位、新老定位、正反定位、借势或造势定位等相互对应的一些策略定位方法。

5. 简述撰写营销策划书的要点。

撰写营销策划书一般要掌握要点如下：

（1）问题解决导向。在撰写策划书时，必须先明确地找出战略上及战术上的问题，并加以解决。具有"问题解决"的意识为撰写策划书时第一要务。

（2）成果导向。好的策划书不能只提出种种"可能性"，必须具有较高的"具体性"，因此在撰写策划书时必须注意以下几点。

① 目标化：营销目标包括销售额、市场占有率、试购率、品牌转换率及再购率等各种目标；而传播目标则包含知名度、认知度、理解度、品牌偏好及购买欲等。不论是营销目标或是传播目标，都必须明确地标示出来。

② 数字化：目标必须数字化才明确。

③ 监督与控制：成果导向的策划书必须重视成果的监督与控制。

（3）不能脱离市场与商品。营销策划书必须密切联系商品、市场及消费者。在策划前，策划者应做好了解市场、访问经销商、接触消费者的消费场所等工作，充分了解商品、市场及消费者。

（4）在设想面必须大胆，在执行面必须精细。在解决问题的大原则下，真正执行的行动策划案越精密越好。否则在粗略的执行案下，所呈现出的成果必定会有疏漏的地方。

（5）积极向前、具有前瞻性。策划书也可说是向前看的行动策划。

（6）系统化。有系统化的策划书才具有一贯性。为了策划内容的完整与充实，有一套策划的系统或纲要。

（五）案例题

1. 加多宝集团对事件的反应迅速，抓住了最容易与消费者产生共鸣的社会热点问题，在央视赈灾晚会上亮相符合快速消费品营销的规律。一亿元的巨额捐赠也体现了运用点式效应原理营销资源集中投放的原则，结合网络营销方案的推广和新品的推广，使加多宝集团的这次事件营销活动更具立体性和系统性。

2. 新车上市的推广活动参与群体与潜在消费者群严重地不吻合。

3. 广告有维持一段时期的延期效应。虽然广告被当作当期开销来处理，但其中一部分实际上是可以用来逐渐建立被称为商誉的无形价值的投资。当把500万奖金投入资本设备上时，如果是分摊五年，在第一年仅仅开支了其中1/5的成本。当把500万花在新产品推入市场的广告上，其全部成本必须在第一年销账。这种要公司在一年中承担全部广告费用的做法限制了新产品推出的数量。

第十五章　市场营销新发展

任何一个傻瓜都会做成一笔生意，然而，创造一个品牌却需要天才、信誉和毅力。

——戴维·奥格尔维

重点：了解网络营销、直复营销的概念及内容；掌握关系营销与交易营销的区别；掌握服务营销的核心理念及服务营销组合

难点：关系营销与交易营销的区别

新点：水平营销、交叉销售、客户关系管理（CRM）

☞　**学习目标**

- 掌握网络营销的概念及功能
- 掌握直复营销的概念及内容
- 掌握关系营销与交易营销的区别
- 了解关系营销的基本模式
- 了解服务营销的核心理念及服务营销组合

随着互联网的逐渐普及，传统营销受到猛烈的冲击，网络营销成为当前流行的营销手段。网络营销是利用计算机网络、现代通信技术以及数字交互式多媒体技术来实现的现代营销方式。

直复营销起源于 20 世纪 50 年代，直复营销最早以直接邮寄的方式出现。直复营销是为了达到量化的市场营销目标，公司与顾客或潜在的顾客之间进行直接接触，并系统地使用数据信息的沟通过程。直复营销是无店铺零售的一种最主要形式。

关系营销是 20 世纪 70 年代首先由北欧的学者提出来。传统的市场营销是企业利用营销 4P 组合策略来争取顾客和创造交易，以达到扩大市场份额的目的。关系营销突破了传统的 4P 组合策略，强调充分利用现有的各种资源，采取各种有效的方法和手段，使企业与其利益相关者如顾客、分销商、供应商、政府等建立长期的、彼此信任的、互利的、牢固的合作伙伴关系，其中最主要的是企业与消费者的关系。

随着服务业的发展和产品营销中服务活动所占比重的提升，服务营销成为国内外营销学界的研究热点。在传统营销组合 4P's 的基础上增加了 3 个 P：人员（People）——即作为服务提供者的员工和参与到服务过程中的顾客，有形展示（Physical evidence）——服务组织的环境以及所有用于服务生产过程及与顾客沟通过程的有形物质，过程（Process）——构成服务生产的程序、机制、活动流程和与顾客之间的相互作用与接触沟通，从而形成了服务营销组合的 7P's。

☞　**学习新知**

■ 水平营销
■ 交叉销售
■ CRM

1. 水平营销

在日益复杂的现代营销作用下，新产品、新品牌迅速地推出，但相当比例的新产品、新品牌不能避免"一出现即注定失败"的命运。科特勒对现在的市场生态的系统总结是：品牌数量剧增；产品生命周期大大缩短；更新比维修便宜；数字化技术引发多个市场的革命；商标数与专利数迅速上升；市场极度细分；广告饱和；新品推介越来越复杂，消费者越来越难以打动。

针对这场全球范围的市场嬗变，2005年科特勒提出新的营销思维——水平营销。水平营销是相对于传统的营销观念而言。这种传统的营销方式被科特勒称为纵向营销。纵向营销的运行步骤是：首先，"市场营销就是发现还没有被满足的需求并满足它"，需求分析是起点，通过市场调研，确立可能成为潜在市场的群体；其次，在划定这个潜在市场后，运用市场细分、目标锁定、定位等方式形成产品或服务的竞争策略；最后，运用4P等营销组合贯彻竞争策略，将产品或服务推向有形的市场。作为一种成熟的市场营销理念，纵向营销虽然有其成功之处，但这种营销思维的机械性也决定了许多企业的市场细分、定位只是基于同一市场、同一产品的局部更新，而不能产生让人耳目一新的东西。纵向营销的创新只是源于特定市场内部的创新，它是在市场一成不变的假定下开发新产品的主要策略，这是一种最普遍的市场创新方式。很显然，这些创新是常规性的，而且它们之间也相互勾连。这些创新并不改变特定的市场，都是在原有产品的类别里发生，诚然它们能够扩大市场规模，但由于它们不能创造出新的产品、新的市场，最终的结果必然是特定市场的无限细分和需求饱和，这也是当前许多企业的营销困境所在。

水平营销就是横向思考，它跨越原有的产品和市场，通过原创性的理念和产品开发激发出新的市场和利润增长点。水平营销首先是创造性的思考，科特勒称之为"跳出盒子的思考"，它不同于纵向营销的逻辑思维，本质上是一种基于直觉的创造。这种思维的基本步骤是，首先选择一个焦点，然后进行横向置换以产生刺激，最后建立一种联结。

科特勒认为水平营销是一个过程，虽然它属于一种跳跃性的思维，但也是有法可依的。应用创造性研究的结果，他指出了水平营销的六种横向置换的创新技巧，并分别应用到市场层面、产品层面和营销组合层面上。这六种技巧分别是替代、反转、组合、夸张、去除、换序。

2. 交叉销售

交叉销售，就是发现现有客户的多种需求，并通过满足其需求而实现销售多种相关的服务或产品的营销方式。

企业实施交叉销售，必须具备六个条件。

（1）管理哲学。企业的管理人员要重视顾客的需要，强调与客户建立长期的关系，并把这一观念贯穿在企业的方方面面中。一个实行交叉销售的企业，一定认识到加强与客户之间的关系，是一种长期的投资。即使你现在跟他们没有业务往来，维持与客户之间的联系，是为下一次生意做准备。如果你忽略了这个联系，客户就可能跟别人发展合作关系。

（2）人员素质。有一样东西是你的对手永远都不能提供给客户的，那就是——你。与客户之间的关系通常是建立在人员素质之上的。一个成功的交叉销售，往往决定于你是否能够给客户信任感，并且维持长久的关系。

客户所购买的并不只是产品本身，除此之外，还有对推销人员的兴趣。以及推销人员对他们的关心，并且能长期做到的言行一致。

（3）教育与训练。短期的关系建立在解决今天的问题上——完成这次交易。而长期关系的建立，则靠你对客户的了解，能洞悉他将来的需要。当然，没有一个人在每一个方面都是专家，训练员工能洞悉机会，能和客户讨论并且知道何时向企业求援。

（4）激励。没有激励，就没有完成一项工作的动力。要使交叉销售发挥作用，就不能不从激励入手。一个企业必须鼓励员工在与客户的每一次接触中，要为公司其他部门创造销售的机会以及提高整个公司的销售额。这可用多种方法来达成，如部门管理人员奖金发放不是以本部门的成长率而论，而是用公司销售增长率为计算基准。

（5）信息系统。客户资料对公司而言，是一项重要的资产，但却不是容易获得的，而且这些资料还可能依它不同的用途而分存在不同的部门。因此，为支援交叉销售，首先你必须整理所有资料，建立资料库。有了正确的信息，你对你所做的推荐就充满信心。

（6）内部与外部沟通。信息沟通对交叉销售而言是一项重要的工作。一个企业必须将它所有的产品信息传达给所有的员工及顾客；企业要实施交叉销售技巧，首先高层主管要重视。

3. CRM

CRM 是 Customer Relationship Management 的简写，即客户关系管理。CRM 的主要含义就是通过对客户详细资料的深入分析，来提高客户满意程度，从而提高企业的竞争力的一种手段。客户关系是指围绕客户生命周期发生、发展的信息归集。客户关系管理的核心是客户价值管理，通过"一对一"营销原则，满足不同价值客户的个性化需求，提高客户忠诚度和保有率，实现客户价值持续贡献，从而全面提升企业盈利能力。

通常 CRM，是指通过计算机实现上述流程自动化的软件系统，使企业员工全面了解客户关系，根据客户需求进行交易，记录获得的客户信息，在企业内部做到客户信息共享；对市场计划进行整体规划和评估；对各种销售活动进行跟踪；通过大量积累的动态资料，对市场和销售进行全面分析。

CRM 注重的是与客户的交流，企业的经营是以客户为中心，而不是传统的以产品或以市场为中心。全球性产品过剩及产品同质化，使企业发展的主导因素从产品价值转向客户需求，客户成为企业的核心资源。

☞ **核心概念**

■ 网络营销
■ 直复营销
■ 关系营销

■ 服务业、服务营销

1. 网络营销

网络营销是一个非常广泛的概念，它包括新时代的传播媒体、信息高速公路、数字电视网、电子货币支付方式等，其运作过程包括网上的信息收集、商业宣传、电子交易、网上客户服务等。网络营销是利用计算机网络、现代通信技术以及数字交互式多媒体技术来实现的现代营销方式。

2. 直复营销

直复营销是为了达到量化的市场营销目标，公司与顾客或潜在的顾客之间进行直接接触，并系统地使用数据信息的沟通过程。

3. 关系营销

关系营销是利用现有的各种资源，采取各种有效的方法和手段，使企业与其利益相关者如顾客、分销商、供应商、政府等建立合作伙伴关系的现代营销方式。

4. 服务业

服务业指专门生产和销售服务产品的生产部门和企业。服务业有广义和狭义之分。狭义服务业仅指商业、餐饮业、修理业等传统的生活服务业；广义服务业（又称第三产业）指为社会提供各种各样的服务活动，生产和经营各种各样的服务产品的经济部门和经济组织。

5. 服务营销

服务营销企业在充分认识满足消费者需求的前提下，为充分满足消费者需要在营销过程中所采取的一系列活动。

☞　学习重点

■ 网络营销的功能及分类
■ 网络营销与传统营销的区别
■ 直复营销的内容
■ 直复营销与传统营销的区别
■ 关系营销与传统市场营销的区别
■ 关系营销的基本模式
■ 服务营销与传统营销的区别
■ 服务营销组合

1. 网络营销的功能及分类

网络营销和其运作的 Internet 环境在市场营销中所发挥的功能可归纳为以下几点：推广企业的形象与经营理念、产品的推广与信息发布、与客户进行在线交易、通过网络收集各种信息、提供多元化的客户服务。

网络营销大致分为三种不同的种类。

（1）根据营销主体与对象的不同，可分为企业对消费者（Business to Customer，简称 B

to C），在网上从事零售；企业对企业（Business to Business，简称 B to B），企业采购；消费者对企业（Customer to Business，简称 C to B），消费者提出报价，从企业购买产品；消费者对消费者（Customer to Customer，简称 C to C）。

（2）根据营销主体有无网站，分为无站点营销和有站点营销。

（3）根据营销主体的经营性质，可分为基于网络公司的"网站营销"和基于传统公司的"网上营销"。

2. 网络营销与传统营销的区别

传统营销与网络营销的区别见表15 – 1。

表15 –1　传统营销与网络营销的区别

项　目	传　统　营　销	网　络　营　销
营销环境要　点	农业经济、工业经济环境，注重实物流、货币流及形成的流程环节	以 Internet 为基础的信息经济环境，注重信息的公开性，实物流与货币流
营销接触界　面	面对面，或电信手段辅助下的面对面	远程，以 Internet 的信息资源平台 Web 为网络营销的界面
产　品	目标市场确定慢、产品定位批量大，产品生命周期长，新产品开发风险大	任何种类的产品或服务项目，但现阶段网络上最适合的营销产品是一些流通性高的产品，如书籍、报刊、信息软件、消费性商品等
价　格	企业的合理利润以及顾客可以接受的价格是否得到考虑，定价是否符合公司的竞争策略	与传统营销所用的营销基本相同，但在 Web 上进行销售时，价格调整更具竞争力
地　点	取决于营销双方或多方间的物理距离	虚拟电子空间中的 WWW 成为营销的新途径，电子空间距离代替物理空间距离
促　销	企业如何通过广告、公关、营业推广和人员推销等手段将产品信息传递给消费者以促成消费行为的达成	线上促销具有一对一的特性，并且以消费者的需求为导向
销售模式	产品物流过程，依赖库存和中间环节的迂回模式	实现零库存、甚至无分销商的高效运作，直接模式
决　策	根据企业营销环境，对企业产品的组织、市场定价、销售渠道、物流管理、促销手段及广告等进行综合决策。主要依赖人工、经验	除传统营销因素外，增加了以 Intranet（企业内部网）连接 Internet 构成的信息系统综合环境下的在线决策

3. 直复营销的内容

（1）直接邮寄。直接将信件经过邮局寄到客户或潜在客户的手中的一种方法。直邮是一种具有独特化和目标性的营销形式。

（2）直接反应广告。与一般反应广告不同，它要求客户和潜在客户做出反应：索要样品、寄回参赛券、电话预约、写信等方式。

（3）电话营销。通常分为外向拨打电话和内向接受电话（比如 800 免费电话）。电话营销并不仅是指电话销售，其也可作为其他销售方式的补充。

（4）目录销售（邮购）。是指把目录直接寄给顾客和潜在顾客并附上购货单的一种方法。目的是将给分销商的利益转移给消费者。

（5）上门推销。通常是指通过信箱发送的没有写收信人地址的邮件和销售宣传品，如优惠券、小册子和样品。这种方式以其锁定目标、范围精确、整体性强、内容详细、成本低廉、及时有效和印象深刻而著称。

（6）新媒体。通过互联网缩小了企业与客户之间的距离，也降低了成本，同时客户数据库的管理由于联机网络、电脑、通信、交互式数字媒体等技术的引进而更加完善。

4. 直复营销与传统营销的区别

直复营销与传统营销是有区别的，传统营销强调的是树立企业形象和引起人们对产品的注意。而直复营销则强调购买某产品能给消费者带来的利益，并且广告中还为顾客提供了向公司直接反应的工具。二者具体区别见表 15 - 2。

表 15 - 2　直复营销与传统市场营销的区别

项　目	直　复　营　销	传　统　营　销
对象及细分依据	单个顾客 以消费者资料库（姓名、购买习惯、地址）为依据	目标顾客群 以人口、心理等因素为依据
销售途径	媒体	零售店
销售服务	营销人员全程跟进	仅到分销渠道
媒体应用	针对性很强的媒体	利用大众媒体
广告目的	让消费者立即订货或查询	传递信息，产生兴趣，消费者接受广告与产生购买行为存在时间间隔
促销手段	隐蔽性	比较公开
决策资讯	部分	全面
风险	可能性大，因看不见产品	相对小，接触产品直观

5. 关系营销与传统市场营销的区别

关系营销与传统市场营销有着很大的区别（见表 15 - 3），传统营销是建立在"以生产者为中心"的基础之上，而关系营销是建立在"以消费者为中心"的基础之上的。传统营销的核心是交易，企业通过诱使对方发生交易从中获利，而关系营销的核心是关系，企业通过建立双方良好的互惠合作关系从中获利。传统营销把视野局限于目标市场上，而关系营销所涉及的范围包括顾客、供应商、分销商、竞争对手、银行、政府及内部员工等。传统营销关心如何生产、如何获得顾客；而关系营销强调充分利用现有资源来保持自己的顾客。

表 15 – 3　交易营销与关系营销的比较

项　目	交　易　营　销	关　系　营　销
适用的顾客	适合于眼光短浅和低转换成本的顾客	适合于具有长远眼光和高转换成本的顾客
着眼点和重心	短期利益，市场占有率，一次交易利润，不一定要顾客满意	长远利益，回头客比率、顾客忠诚度、顾客满意
核心概念	交换	建立长期关系
与顾客的关系	不牢靠的联系，竞争者很容易破坏企业与顾客的关系，如价格	较牢靠，竞争者很难破坏企业与顾客的关系
营销管理的追求	单次交易的利润最大化	追求与对方互利关系的最佳化
市场风险	大	小
了解对方文化	否	是
最终结果	属于传统营销渠道概念范畴	超出营销渠道的概念范畴，可能成为战略伙伴，发展成为营销网络

6. 关系营销的基本模式

图 15 – 1 是关系营销的基本模式。

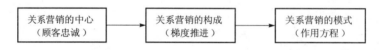

图 15 – 1　关系营销的基本模式

（1）关系营销的中心——顾客忠诚。关系营销以顾客需求为中心，协调各种可能影响顾客的活动，最终达到满足顾客需求的目标。其核心是顾客忠诚。

（2）关系营销的构成——梯度推进。一级关系营销（频繁市场营销或频率营销）：维持关系的重要手段是利用价格刺激对目标公众增加财务利益；企业向经常使用和购买本企业产品和服务的用户或顾客提供额外的利益。然而这种方法通常也很容易被竞争者所模仿，难以形成永久的差异。

二级关系营销：在建立关系方面优于价格刺激，增加社会利益，同时也附加财务利益。主要形式是建立顾客组织，包括顾客档案、正式的、非正式的俱乐部以及顾客协会等。

三级关系营销：增加结构纽带，同时附加财务利益和社会利益。与客户建立结构性关系，它对关系客户有价值，但不能通过其他来源得到，可以提高客户转向竞争者的机会成本，同时也将增加客户脱离竞争者而转向本企业的收益。

（3）关系营销的模式——作用方程。双方的影响能力可用下列三个作用方程表示：①"营销方的作用力"小于"被营销方的作用力"；②"营销方的作用力"等于"被营销方的作用力"；③"营销方的作用力"大于"被营销方的作用力"。

7. 服务营销与传统营销的区别（表 15 – 4）

表 15 – 4　服务营销与传统营销的差异

项　　目	服　务　营　销	传　统　营　销
营销哲学	顾客不全是忠诚的	顾客永远是对的
侧　重　点	保留与维持现有的顾客	销售产品，扩大市场份额
服务作用	服务在留住顾客上起关键作用	服务是事后的想法，游离于营销之外
服务表现	细心跟踪服务表现	对服务表现不作度量
服务项目	丰富	有限
承　　诺	提供足够承诺	提供有限承诺
质　　量	与产品和服务有关	与生产部门有关
顾客关系	注重沟通，形成伙伴关系	较少接触，关系浅
顾客数据库	发挥核心作用	不存在

　　服务营销核心理念是顾客的满意和忠诚，通过取得顾客的满意和忠诚来促进相互有利的交换，最终获取适当的利润和公司长远的发展。服务营销与传统营销相比有很大的不同。

8. 服务营销组合

　　在传统营销组合 4P's 的基础上增加了 3 个 P：人员（People）——即作为服务提供者的员工和参与到服务过程中的顾客，有形展示（Physical Evidence）——服务组织的环境以及所有用于服务生产过程及与顾客沟通过程的有形物质，过程（Process）——构成服务生产的程序、机制、活动流程和与顾客之间的相互作用与接触沟通，从而形成了服务营销组合的 7P's（见表 15 – 5）。

表 15 – 5　服务营销组合的 7P's

要　　素	内　　容
产　　品	领域、质量、水准、品牌名称、服务项目、保证、售后服务
定　　价	水准、折扣、佣金、付款条件、顾客的认知价值、质量/定价
渠　　道	所在地、可及性、分销渠道、分销领域
促销人员	广告、人员推销、营业推广、公共关系
有形展示	人力配备（包括训练、选用、投入、激励、人际行为等）、态度、顾客环境（包括装潢、色彩、陈设等）、装备实物
过　　程	政策、手续、活动流程、顾客参与度

☞　**知识链接**

知识链接 15

戴尔公司客户管理

戴尔计算机公司的电子商务站点 www. dell. com 借鉴了戴尔已有的业务模式：将产品直接销售给最终

用户；只有在获取订单之后才生产，保持最小的库存量。不仅如此，Dell. com 还扩展了这种直接业务模式，将自己的市场、销售、订货系统以及服务和支持能力连入顾客自己的互联网络。通过这种方式，戴尔公司获得了巨大的成功。

互联网的发展促进了电子商务时代的来临，戴尔公司的管理层很早就认识到网上的电子商务将提供一个新的机会。通过互联网，公司可以更好地扩展自己的直销模式，可以帮助公司直接接触到更多的消费者并以低廉价格提供更多的服务。于是，1995 年，戴尔公司建立了戴尔在线网站，网站致力于规划和实施公司的互联网行动，包括电子商务和在线技术支持。这一努力的成功是显而易见的。今天，戴尔公司四分之一的收入来自于戴尔在线。同时，网站为戴尔公司节约了大量成本，公司花费在客户服务方面的电话时间大量减少，大大节约了公司的运营费用。

戴尔在线的目的是最大限度地满足客户的需要，使公司更快捷、高效地运转，产生更大的效益。戴尔公司不断改进自己的网站，同时也获得了巨大的成功，以下将简要介绍公司的成功因素、网站功能，以及从中获得的经验教训。

1. 创新的经营理念

戴尔公司在创始之初就坚持其"黄金三原则"：第一，摒弃库存；第二，坚持直销；第三，让产品与服务贴近顾客。这三项原则极大地降低了公司的成本，产生了一种新的经营方式，一种不同于传统企业的生产模式。

直接掌握销售信息，确定销售标准，与客户直接联络，满足客户的个性化设计，接受订单之后投产的生产模式。

2. 客户自定义服务

戴尔在线通过自助服务保持与客户的联系，网站创立之初就希望能够绕过在计算机工业中常见的大量中间销售环节，直接面对客户销售。戴尔公司让客户自己在网上获得信息，并进行交易，主要包括：客户自助查询产品信息；客户自助查询订货数据、支付或调整账单，以及获取服务；客户根据自身情况，自由选择获取信息的通信工具（电话、传真、邮寄或 E-mail）；网上故障诊断和技术支持。

戴尔公司建立了一个全面的知识数据库，里面包含戴尔公司提供的硬件和软件中可能出现的问题和解决方法，同时还有处理回信、交易和备份零件运输等的处理程序和系统。所有这些基础结构——用户数据库、产品信息和帮助知识数据库都在戴尔公司的网站上得到很好的运行。

3. 根据订货组织生产

戴尔公司的目标是实现"零库存"。通过精确迅速地获得客户需求信息，并且不断缩短生产线和客户家门口的时空距离的方式，Dell 公司在全球的平均库存天数不断下降。据调研数据表明，Dell 公司在全球的平均库存天数可以下降到 8 天之内。库存下降降低了公司的成本，同时能从一个高度价格竞争的行业中抢占大量的市场份额。

4. 个性化服务

戴尔公司允许客户自定义设计其喜欢的产品，客户可以自由选择和配置计算机的各种功能、型号和参数，戴尔公司根据客户的要求进行生产，满足客户的个性化需求。戴尔公司能够根据客户特定的需求为他们量身定做，真正做到了"以客户为中心"。

（资料来源：企业营销训练教材总集，亚太管理训练网 http：//www. longjk. com。）

☞ **同步练习**

（一）单项选择题（在下列每小题中，选择一个最适合的答案。）

1. 关系营销是 20 世纪（　　）年代首先由北欧的学者提出来。

A. 70 　　　　　　　B. 80 　　　　　　　C. 90 　　　　　　　D. 60

2. 在网络时代，网络营销策略由 4P's 营销策略向 4C's 营销策略转变 4C's 营销策略除了顾客欲望与需求，满足欲望与需求所需的成本，方便购买等内容外，还指（　　）。

  A. 相互沟通　　　　　B. 加强沟通　　　　　C. 有效沟通　　　　　D. 定时沟通

3. 网络促销除了具有说服功能，反馈功能，创造需求，稳定销售外，还有（　　）。

  A. 告知功能　　　　　B. 引导功能　　　　　C. 稳定功能　　　　　D. 启迪功能

4. 订货功能、结算功能和（　　）共同组成一个完善的网上营销渠道所具有的三大功能。

  A. 服务功能　　　　　B. 配送功能　　　　　C. 显示功能　　　　　D. 信息功能

5. 网络营销的低成本优势除没有商品库存压力，很低的行销成本和极低的结算成本外，主要还有（　　）。

  A. 没有商品运输成本　　　　　　　　　　　B. 没有店面管理成本

  C. 没有店面租金成本　　　　　　　　　　　D. 没有店面结算成本

6. 适合于网络营销的商品主要有三大类，即实体商品、软件商品和（　　）。

  A. 有形商品　　　　　B. 在线服务　　　　　C. 无线商品　　　　　D. 硬件商品

7. 与传统市场调研比较，网上市场调研除了有信息传递快，成本低，效率高的优势外，还具有（　　）。

  A. 主动性强　　　　　B. 逻辑性强　　　　　C. 主观性强　　　　　D. 客观性强

8. 网络市场定位的内容主要包括顾客服务定位，网站类型定位和（　　）。

  A. 服务半径定位　　　B. 售后服务定位　　　C. 网站人员定位　　　D. 网站设备定位

9. 网上支付系统的四个主要组成部分是电子钱包、电子银行、认证机构及（　　）。

  A. 电子工具　　　　　B. 电子线路　　　　　C. 电子现金　　　　　D. 电子通道

10. 网络营销定价的特点是全球性，低价位和（　　）。

  A. 顾客主导　　　　　B. 企业主导　　　　　C. 商品主导　　　　　D. 政论主导

11. 直复营销起源于 20 世纪（　　）年代。

  A. 50　　　　　　　　B. 70　　　　　　　　C. 60　　　　　　　　D. 80

12. （　　）是直复营销的起点和终点，完善、有效的客户数据库将为直复营销提供所需的信息并进行有效的分析。

  A. 建立客户数据库　　B. 销售　　　　　　　C. 成交　　　　　　　D. 寻找顾客

13. 关系营销的中心是（　　）

  A. 顾客忠诚　　　　　B. 建立关系　　　　　C. 维持关系　　　　　D. 寻找顾客

14. 服务产品本质上是（　　），也无须将任何东西的所有权转让。

  A. 无形的　　　　　　B. 变化的　　　　　　C. 无价值的　　　　　D. 可转移的

15. 实施服务营销首要的、关键的一步就是使企业所有员工树立（　　）理念。

  A. 顾客满意　　　　　B. 服务　　　　　　　C. 以人为本　　　　　D. 顾客至上

（二）多项选择题（在下列每小题中，选择适合的答案。）

1. 网络营销的任务是（　　）。

  A. 发布信息　　　　　B. 开发客户群　　　　C. 顾客服务　　　　　D. 满足需求

2. 电子邮件营销的优势是（　　）。

  A. 一对一优势　　　　B. 价格优势　　　　　C. 方便直观　　　　　D. 友情式营销

3. 网络营销定价策略有（　　　）。

A. 个性化定价策略　　　B. 声誉定价策略　　　C. 传统定价策略　　　D. 折扣定价策略

4. 网络促销的特点是（　　　）。

A. 通过网络传递产品和服务的有关信息　　　B. 在虚拟市场中进行

C. 利用传统媒体宣传　　　D. 费用较高

5. 网络广告同传统媒介相比具有显著优势，这些优势包括（　　　）。

A. 极强的互动性　　　B. 内容更加详尽充实

C. 消除了时间，空间限制　　　D. 形式多样

6. 电子中间商的主要类型有（　　　）。

A. 目录服务　　　B. 搜索服务　　　C. 虚拟商业街　　　D. 网上出版

7. 网络市场定位的思路包括（　　　）。

A. 根据公司营销现状定位　　　B. 根据网上消费行为特征定位

C. 根据基本顾客群体定位　　　D. 根据交通状况定位

8. 虽然服务业利用营销研究的情形在不断增多，但还是有遇到阻力的时候，造成阻力的原因有（　　　）。

A. 道德因素　　　B. 规模　　　C. 经济因素　　　D. 独占性

9. 根据服务形式，可将服务分为（　　　）。

A. 消费者市场服务　　　B. 规范服务　　　C. 定制服务　　　D. 产业市场服务

10. 服务的无形性的特征表明（　　　）。

A. 服务不可储存

B. 服务的提供与顾客的满意取决于员工的行动

C. 服务不容易进行展示或沟通

D. 服务难以定价

（三）判断题（判断下列各题是否正确。正确的在题后的括号内打"√"，错误的打"×"。）

1. 电子商务就是通过网络通信分享商业信息，维系商业关系，进行交易。　　　（　　　）

2. 网络营销组合与传统营销组合是一样的。　　　（　　　）

3. 直复营销是店铺零售的一种形式。　　　（　　　）

4. 目录销售的目的是将给分销商的利益转移给消费者。　　　（　　　）

5. 直复营销为顾客提供了向公司直接反应的工具。　　　（　　　）

6. 以顾客的满意与忠诚度为标志的市场份额的质量已取代了市场份额的规模而成为决定利润的主要因素。　　　（　　　）

7. 期望和欲望与感知绩效的差异程度是产生顾客满意感的来源。　　　（　　　）

8. 服务营销是以服务来促成交换。　　　（　　　）

9. 服务质量管理包括。服务标准的设立、服务内容的制定、服务结果的反馈和服务质量评估等内容。　　　（　　　）

10. 实施服务营销首要是使企业管理者树立服务理念。　　　（　　　）

（四）问答题

1. 服务营销战略整合通常包括哪五个方面的内容？

2. 关系营销的本质特征是什么？

3. 采用直复营销进行策略规划的主要内容包括哪些？

4. 企业与顾客之间关系水平有哪些类型？

5. 服务产品有哪些特点？

（五）案例题

1. 马狮百货集团（Marks&Spencer）是英国最大且盈利能力最高的跨国零售集团，以每平方英尺销售额计算，伦敦的马狮公司商店每年都比世界上任何零售商赚取更多的利润。马狮百货在世界各地有 200 多家连锁店，"圣米高"牌子货品在 30 多个国家出售，出口货品数量在英国零售商中居首位。

马狮的全面关系营销战略包括如下几点。

● 围绕"满足顾客真正需要"建立企业与顾客的稳固关系

早在 20 世纪 30 年代，马狮的顾客以劳动阶层为主，马狮认为顾客真正需要的并不是"零售服务"，而是一些他们有能力购买且品质优越的货品，于是马狮把其宗旨定为"为目标顾客提供他们有能力购买的高品质商品"。准确地把握顾客的真正需要是建立与顾客良好关系的第一步，而能否长期有效满足顾客的需要则是这种关系建立和存在的基础。马狮认为顾客真正需要的是质量高而价格不贵的日用生活品，而当时这样的货品在市场上并不存在。于是马狮建立起自己的设计队伍，与供应商密切配合，一起设计或重新设计各种产品。为了保证提供给顾客的是高品质货品，马狮实行依规格采购方法，即先把要求的标准详细定下来，然后让制造商一一依循制造。由于马狮能够严格坚持这种依规格采购之法，使得其货品具备优良的品质并能一直保持下去。

马狮要给顾客提供的不仅是高品质的货品，而且是人人力所能及的货品，要让顾客因购买了"物有所值"，甚至是"物超所值"的货品而感到满意。因而马狮实行的是以顾客能接受的价格来确定生产成本的方法，而不是相反。为此，马狮把大量的资金投入货品的技术设计和开发，而不是广告宣传，通过实现某种形式的规模经济来降低生产成本，同时不断推行行政改革，提高行政效率以降低整个企业的经营成本。

此外，马狮采用"不问因由"的退款政策，只要顾客对货品感到不满意，不管什么原因都可以退换或退款。这样做的目的是要让顾客觉得从马狮购买的货品都是可以信赖的，而且对其物有所值不抱丝毫的怀疑。

由于马狮把握住顾客的真正需要，并定下满足顾客需要的严格标准，且又能切实实现这些标准，自然受到顾客青睐，不知不觉中就形成了与顾客的长期信任关系，保持企业长久的不见业绩。

● 从"同谋共事"出发建立企业与供应商的合作关系

马狮则以本身的利益、供应商利益及消费者利益为出发点，建立起长期紧密合作的关系。马狮把其与供应商的关系视为"同谋共事"的伙伴关系。

尽管马狮非常清楚"顾客到底需要什么"，但他们也明白，如果供应商不能生产出所需质优价廉的产品，便无法满足顾客需要，所以马狮非常重视同供应商的关系。前面提到，马狮为了提供"顾客真正需要"的货品而给供应商制定了严格详细的制造和采购标准。为了有效实现这些标准，马狮也尽可能地为供应商提供帮助。如果马狮从某个供应商处采购的货品比批发商处更便宜，其节约的资金部分，马狮将转让给供应商，作为改善货品品质的投入。这样一来，在货品价格不变的情况下，使得零售商提高产品标准的要求与供应商实际提高产品品质取得了一致，最终形成顾客获得"物超所值"购货品，增加了顾客满意度和企业货品对顾客的吸引力。同时，货品品质提高增加销售，马狮与其供应商共同获益，进一步密切了合作关系。从马狮与其供应商的合作时间上便可知这是一种何等重要和稳定的关系。与马狮最早建立合作关系的供应商时间超过 100 年，供应马狮货品超过 50 年的供应商也有 60 家以上，超过 30 年的则不少于 100 家。

- 以"真心关怀"为内容建立企业与员工的良好关系

马狮向来把员工作为最重要的资产，同时也深信，这些资产是成功压倒竞争对手的关键因素，因此，马狮把建立与员工的相互信赖关系，激发员工的工作热情和潜力作为管理的重要任务。在人事管理上，马狮不仅为不同阶层的员工提供周详和组织严谨的训练，而且为每个员工提供平等优厚的福利待遇，并且做到真心关怀每一个员工。马狮的一位高级负责人曾说："我们关心我们的员工，不只是提供福利而已"。这句话概括了马狮为员工提供福利所持的信念的精髓：关心员工是目标，福利和其他措施都只是其中一些手段，最终目的是与员工建立良好的人际关系，而不是以物质打动他们。这种关心通过各级经理、人事经理和高级管理人员真心实意的关怀而得到体现。例如，一位员工的父亲突然在美国去世，第二天公司已代他安排好赴美的机票，并送给他足够的费用；一个未婚的营业员生下了一个孩子，她同时要照顾母亲，为此，她两年未能上班，公司却一直发薪给她。

马狮把这种细致关心员工化成是公司的哲学思想，而不因管理层的更替有所变化，由全体管理层人员专心致志地持久奉行。这种对员工真实细致的关心必然导致员工对工作的关心和热情，使得马狮得以实现全面而彻底的品质保证制度，而这正是马狮与顾客建立长期稳固信任关系的基石。

问题：

结合本章内容，谈谈马狮关系营销带来的启示。

2. 2005 年 8 月 2 日，在线香水购物网站 www. Perfume. com 将网站进行改版后重新发布，结果网站的顾客保持率由网站改版前的 25% 提高到 50%，销售利润增加了 8%。这些数据表明，该网站在改版之后的网络营销效果取得了明显的提升。

对 Perfume. com 网站改版前后进行对比分析可以发现，实际上，该网站在改版中并没有进行很大的改变，只是在一些细节方面进行了调整，更加容易吸引用户的注意力，主要表现在购物车按钮的位置、导航结构、产品分类等方面。这就是在线购物网站 Perfume. com 改版成功的秘诀。

Perfume. com 在网站改版再造中，将商品价格和加入购物车的按钮放在页面更为显著的位置而不是用其他过量的信息转移用户的注意力。更改了网站导航结构，以设计师和品牌名称作为产品细分目录。在这以前，他们发现顾客常常在品牌和设计师之间转来转去找不到方向，将导航做这样的处理后就将访问目标清晰地呈现出来。

网站改版后的另外一个特色是增加了一个"节省金额"提示。他们列出商品的一般市场价格和在 Perfume. com 购买的更低的价格，显示购物者所获得的折扣优惠。同时，每当某个商品被加入到购物车，网站都会自动计算出节约的费用。总之，改版后的 Perfume. com 随时都在显著位置提醒顾客所获得的价格优惠，以刺激顾客在线购买。

同时，网站还重新设计了在搜索引擎关键词广告上的登录页，把登录页针对用户搜索的关键词直接指向该产品的页面，消除了所有的导航因素和其他产品目录对搜索者的干扰，让潜在顾客在第一次点击后就直达搜索目标，而不是浪费时间在首页或目录中寻找。

此外，Perfume. com 还升级了网站的"about us"企业介绍页面的内容，强调公司网站数据采用的安全措施，以及他们隶属上市公司 Communicate. com，给予顾客充分的信任和放心购买。

问题：

Perfume. com 网站在改版后取得显著效果的原因有哪些？

☞ **参考答案**

（一）单项选择题

1. A　　2. B　　3. B　　4. B　　5. C　　6. B　　7. A　　8. A　　9. D　　10. A

11. A　　12. A　　13. A　　14. A　　15. B

（二）多项选择题

1. ABCD　　2. ABCD　　3. ABD　　4. AB　　5. ABCD

6. ABCD　　7. ABC　　8. ACD　　9. BC　　10. AB

（三）判断题

1. √　　2. ×　　3. ×　　4. √　　5. √　　6. √　　7. √　　8. ×　　9. √　　10. ×

（四）问答题

1. 服务营销战略整合通常包括哪五个方面的内容？

服务营销战略整合内容包括如下五个方面。

（1）树立服务理念。实施服务营销首要的、关键的一步就是使企业所有员工树立服务理念。

（2）确定顾客服务需求。要想给顾客提供优质服务，必然先要准确了解顾客需要什么样的服务，以及顾客对企业现在的服务有何不满。

（3）服务设计与实施。由于顾客服务是一个全面系统的工程，因而顾客服务除了涉及服务设计本身以外，还要涉及产品设计及服务基础设施。服务设计涉及两种理论与实践，一种为流水线法，另一种是授权法。

（4）服务人员的管理。对于顾客来说，服务员工是公司的化身。如果员工工作认真负责，那么顾客会认为整个公司都具备这种对顾客负责的态度。相反，如果服务员工工作疏忽，不负责任，顾客会将这一印象投影到对整个公司的概念。

（5）服务质量的管理。服务结果的好坏，最终取决于顾客的评价，即服务质量的高低。只有通过对服务质量的有效管理，企业才能知道提供的顾客服务是否符合顾客的服务需求，以及与竞争对手相比是否处于优势地位，才能评估服务人员对服务工作的负责与投入程度。

2. 关系营销的本质特征是什么？

关系营销的本质特征有如下四种。

（1）双向信息沟通交流。在关系营销中，交流是双向的，既可以由企业开始，也可由顾客或其他被营销方开始。

（2）协同合作的战略过程。在关系营销中，企业营销的宗旨从追求每一笔交易的利润最大化转向追求各方利益的最优化，通过与公司营销网络中成员建立长期、良好、稳定的伙伴关系，保证销售额和利润的稳定增长。

（3）互利互惠的营销活动。真正的关系营销是达到关系双方互利互惠的境界。因此，关系协调的关键，在于了解双方的利益需求，寻找双方的利益共同点，并努力使共同的利益得以实现。

（4）以反馈为职能的管理系统。关系营销要求建立专门的部门，用以追踪顾客、经销商以及营销体系中其他参与者的态度。

3. 采用直复营销进行策略规划的主要内容包括哪些？

采用直复营销进行策略规划的主要内容有如下四种。

（1）建立客户数据库。建立客户数据库是直复营销的起点和终点，完善、有效的客户数据库将为直复营销提供所需的信息并进行有效的分析。

（2）选择目标市场。确定目标市场是直复营销的重点，公司实施直复营销是想将新产品上市，还是想用产品目录或网站的链接吸引新的消费者，或是发掘潜在客户去购买产品或服务，公司首先明确营销的目标，然后通过对客户数据库的分析进而寻找和挑选出最合适的客户和潜在客户，确定目标市场。

（3）寻求合适途径。营销的方式有六大类：直接邮寄、直接反应广告、电话、上门推销、邮购和新媒体。不同的途径所花费的成本和效益是不同的。公司要根据过去营销活动的分析、公司的目标市场、公司的财务、产品的特色和不同途径的特色等方面决定接近客户和潜在客户相对较佳的途径，花费较少的费用获取最佳的效益。

（4）设计创造性的直复营销。确定目标市场和途径之后，还有一个重要的问题就是如何用设计的方式进行营销。

4. 企业与顾客之间关系水平有哪些类型？

企业与顾客之间关系水平区分可如下五种。

（1）基本型。销售人员把产品销售出去就不再与顾客接触。

（2）被动型。销售人员鼓动顾客在遇到问题或有意见时与公司联系。

（3）负责型。销售人员在产品售出后，主动征求顾客意见。

（4）能动型。销售人员不断向顾客询问改进产品用途的建议或者关于有用新产品的信息。

（5）伙伴型。公司与顾客共同努力，寻求顾客合理开支方法，或者帮助顾客更好地进行购买。

5. 服务产品有哪些特点？

服务产品本质上是无形的，也无须将任何东西的所有权转让。与有形产品不同，它具有无形性、不可分离性、不稳定性和易消逝性。

（五）案例题

1.（1）实施关系营销是一项系统工程，必须全面、正确地理解关系营销所包含的内容，要实现企业与顾客建立长期稳固关系的最终目标，离不开建立与关联企业及员工良好关系的支持。

（2）企业与顾客的关系是关系营销中的核心，建立这种关系的基础是满足顾客的真正需要，实现顾客满意，离开了这一点，关系营销就成了无源之水，无本之木。

（3）要与关联企业建立长期合作关系，必须从互惠互利出发，并与关联企业在所追求的目标认识上取得一致。

（4）高福利并不一定实现企业与员工的良好关系，真心关怀每个员工才能有效激发他们的工作热情和责任心，从而为实现企业的外部目标提供保证。

2. Perfume. com 网站正是充分考虑了用户的在线浏览和购买习惯，在对用户获取产品信息、增加网站可信度，以及设计更为合理的购物流程等方面进行了优化设计，并且充分遵照了"网络营销信息传递原理"中的基本原则，如通过对搜索引擎关键词广告的指向、合理的产品分类设计等方面做到尽量缩短信息传递渠道，让网上购物者可以用最少的时间获取详细的产品信息，并且采用一定的心理影响因素刺激用户的购买行为。

Perfume. com 网站改版成功的案例告诉我们，在网络营销导向的网站设计中，从用户需求的角度出发，对网站的基本要素（结构、功能、内容、服务）进行合理的设计，就基本上达到了网站优化的效果，并且应该重视每一个细节问题，尤其是某些重要方面，如合理的产品分类、对产品信息的详细描述、对公司及服务的详细介绍等方面。这些实际上只是网站设计中最基础的工作而已。网络营销取得成效不仅要求网络营销人员具备专业知识，同时更需要具有高度的责任心。

综合模拟测试 A

一、单选题（总分 30 分，每题 2 分）

1. 营销的最终目标是（　　）。
   A. 实现交换　　　　B. 满足需求和欲望　　　　C. 建立关系　　　　D. 创造价值

2. 有些组织面临的需求水平会高于其能够或想要达到的水平，如北京的马路上经常是各种车辆拥挤不堪，这种需求是（　　）。
   A. 超饱和需求　　B. 充分需求　　　　C. 不规则需求　　　　D. 潜在需求

3. 顾客总价值与顾客总成本之间的差额就是（　　）。
   A. 企业让渡价值　　B. 企业利润　　　　C. 顾客让渡价值　　　　D. 顾客感知价值

4. 某牙膏厂向原有顾客大力宣传"为保护牙齿，每餐饭后都应刷牙"，从而使牙膏销售量大增，这种做法实施的是（　　）。
   A. 市场渗透战略　　B. 市场开发战略　　C. 产品开发战略　　D. 多样化战略

5. 某产品的相对市场占有率为 1%，市场增长率为 16%，该产品属于（　　）。
   A. 明星类　　　　B. 金牛类　　　　C. 问题类　　　　D. 狗类

6. 关系营销取得成功的关键因素是（　　）。
   A. 关注　　　　B. 服务　　　　C. 信任和承诺　　　　D. 顾客满意

7. 大多数商家经常有意识地借店庆及各种节日搞些场面宏大、气氛热烈的促销活动，请名人主持表演、现场抽奖、扶贫救灾等引发的（　　）。
   A. 享受性购买动机　　　　　　　　B. 发展性购买动机
   C. 习惯性购买动机　　　　　　　　D. 情感性购买动机

8. 一般说来，就某一商品而言，消费者最多的信息来源是（　　）。
   A. 个人来源　　B. 商业来源　　　　C. 公共来源　　　　D. 经验来源

9. 营销管理实质上就是（　　）。
   A. 刺激需求　　B. 需求管理　　　　C. 生产管理　　　　D. 销售管理

10. 典型的组织采购往往由采购中心来执行，采购部门组成一般是（　　）。
    A. 1 ~ 5 人　　B. 5 ~ 10 人　　　　C. 10 ~ 15 人　　　　D. 15 ~ 20 人

11. 大众汽车公司有专为强调经济、安全和生态环境的"好公民"而设计的汽车；也有为强调容易操纵、转动灵活和运动型的"玩车者"而设计的汽车，按照下列哪种市场细分依据（　　）。
    A. 心理细分　　B. 人文细分　　　　C. 利益细分　　　　D. 地理细分

12. 公司在同样的品牌名称下面，在相同的产品种类中引进增加的项目内容，如新口味、形式、颜色、增加成分、包装规格等属于品牌战略决策的（　　）。
    A. 品牌延伸　　B. 产品线扩展　　　　C. 多品牌策略　　D. 合作品牌

13. 某商店经营以下四类产品，其中（　　）类适宜采用声望定价。
    A. 小食品　　B. 高档化妆品　　　　C. 儿童服装　　　　D. 文具用品

14. 市场营销理论认为，产品的最高价取决于（　　）。

A. 市场需求

B. 产品的成本费用

C. 国家的法律和政策

D. 市场竞争形势

15. 食盐的目标市场战略应选择（　　）。

A. 集中营销　　　　B. 差异性营销　　　　C. 无差异营销　　　　D. 目标市场营销

二、基本概念（总分 15 分，每题 3 分）

1. 市场定位

2. 营销管理

3. 产品

4. 市场调查

5. 营业推广

三、简答题（30 分，每题 6 分）

1. 有效市场细分的条件有哪些？

2. 何谓社会营销导向？其产生的社会背景是什么？

3. 消费者获取信息的来源有哪些？

4. 产品生命周期的含义及特征？

5. 何谓多品牌策略？多品牌策略具有哪些优点？

四、案例分析（25 分）

1. 世界各地人们基本消费的需求，如牙齿防蛀等，很少会有不同。但是消费者认知的独特性与当地市场的特殊性，将会左右不同的营销策略。"宝洁"在美国以外的市场推销其产品失败的一些教训便是一种很好的说明。

第二次世界大战之后，"宝洁"不顾各地消费者的习惯和口味，采取直接引进产品的做法，迅速地向国际市场扩张。例如，"宝洁"在英国引进一种香料油味道的牙膏，但并不受欢迎。因为英国人很讨厌香料油味道。香料油在当地被用作药膏，而不是被用于食物或牙膏。"宝洁"在英国推出"杜恩"洗发精后的冬天，使用者开始接连不断地抱怨在洗发精瓶中发现有结晶的情形。这是因为"宝洁"忽略了英国家庭的浴室温度通常低于结晶温度。

数年后，"宝洁"进入日本市场将过去的教训抛在脑后。"起儿"洗衣剂就是"宝洁"打入日本市场的第一个产品。这个产品直接从美国进口，它拥有一项产品优势，即可依据各种洗涤温度来清洗衣物。但是日本妇女一向用自来水洗涤衣服，多种温度的洗衣方法对于她们来说毫无意义。因此，产品销售量不佳。

问题：

（1）试分析"宝洁"在英国、日本失败的原因。（5 分）

（2）结合案例分析影响消费者购买行为的因素。（10 分）

2. 中国粮油公司原来出口日本的冻鸡主要是面向消费者市场的，所选择的销售渠道以超级市场、专业食品商店为主。随着日本冻鸡市场竞争的加剧，中国冻鸡的销售量呈下降趋势，其主要问题在于：目标市场不明确，品种规格较少，包装不能适合日本市场的要求。为了扩大冻鸡出口，中国粮油公司对目标冻鸡市场做了进一步调查分析，以掌握不同细分市场的需求特点。首先，将购买者区分为三种类型：第一类是饮食业用户；第二类是团体用户；第三类是家庭主妇。这三个细分市场对冻鸡的品种、规格、包装和价格等要求不尽相同。饮食业对冻鸡的品质要求较高，但价格相对于零售市场家庭主妇的购买则不太敏感；家庭主妇对冻鸡的品质、外观都有较高要求，同时要求价格合理，购买时挑选性较强。根据日本冻鸡市场的需求特点，中国粮油公司重新选择了目标市场，以饮食业和团体用户为主要目标市场，并据此调整了产品、渠道等营销组合策略，出口量大幅度增加。

问题：

（1）何谓STP战略？（5分）

（2）中国粮油公司在日本冻鸡市场是如何实施STP战略的？（5分）

☞ 参考答案

一、单选题（总分30分，每题2分）

1. B　　2. A　　3. C　　4. A　　5. B　　6. C　　7. D　　8. B　　9. B　　10. D
11. A　　12. B　　13. B　　14. A　　15. C

二、基本概念（总分15分，每题3分）

1. 市场定位是为了造就消费者心目中的某一特定地位而设计公司产品和营销组合的行为。具体说市场定位就是要在目标顾客的心目中为企业的产品创造一定的特色，赋予一定的形象，以适应顾客一定的需要和偏好。

2. 营销管理是为了实现企业目标，创造、建立和保持与目标市场之间的互利交换和关系，而对设计方案的分析、计划、执行和控制。

3. 产品是指能提供给市场，用于满足人们某种欲望和需要的任何事物，包括卖场、服务、场所、组织、思想、竞争等。

4. 市场调查是以科学的方法，有系统地、有计划地、有组织地收集、调查、记录、整理、分析有关产品或劳务及市场等信息，客观地测定及评价，发现各种事实，用以协助解决有关营销问题，并作为各项营销决策的依据。

5. 营业推广是指企业运用各种短期诱因，鼓励购买或销售企业的产品或服务的促销活动。

三、简答题（30分，每题6分）

1. 有效市场细分的条件有哪些？

答：有效市场细分的条件如下：

（1）差异性。在该商品的整体市场中确实存在购买与消费上明显的差异性，足以成为细分依据。例如，肉食品、糕点等商品有必要按汉民和回民细分；而大米、食盐就不必要按民族细分。用统计术语来说，就是"组与组之间的差别越大越好，组内的差别越小越好"。

（2）衡量性。市场细分要求各种变量是可以测量的，据以细分出来的各个分市场的规模大小和购买水平也是大致可以确定的。有些细分变量是比较容易识别的，如收入、年龄、职业等；而有些则较难衡量，如吃东西的口味，这样的市场规模衡量起来就特别困难。

（3）足量性。细分市场的规模要大到足够获利的程度。在企业对企业市场上，有时一家顾客就足够大并且具有自己的特点，可以作为一个单独的市场来对待。但是，一般说来，细分市场只有在具有相当数目的顾客时，才有实际意义。

（4）达到性。企业分析能否进入某细分市场并为其提供有效服务的程度，这也就是该细分市场是企业的营销活动能够对其产生影响的市场。如果商品无法通过一定的分销渠道抵达该市场，或者有关的营销信息无法向该市场的潜在消费者传播，那么，该细分市场对企业是没有意义的。

（5）价值性。细分市场能否保证企业获得足够的经济效益，如果容量太小，销量有限，得不偿失，则不足以成为细分依据。

2. 何谓社会营销导向？其产生的社会背景是什么？

答：社会营销导向认为，组织的任务是确定诸目标市场的需要、欲望和利益，并以保护或者提高消费者和社会福利的方式，比竞争者更有效、更有利地向目标市场提供所期待的满足。

随着环境恶化、资源短缺、人口爆炸、世界性饥荒和贫困等现象日益严重，这些问题意味着，一个在了解、服务和满足个体消费者需要方面干得十分出色的企业，未必也能满足广大消费者和社会的长期利益。市场营销导向回避了消费者需要、消费者利益和长期社会福利之间隐含的冲突。它们表明许多人对于营销体制的某些部分不满意。上述情况的出现要求有一种新的导向来修正或取代市场营销导向，这就是社会营销导向。

3. 消费者获取信息的来源有哪些？

答：消费者获取信息的来源主要有以下四个方面：

个人来源：家庭、亲友、邻居、同事等。

商业来源：广告、营业员、经销商、包装品、展销会等。

公共来源：大众传播媒介、政府和消费者组织等。

经验来源：使用、检查、处理商品的经验。

4. 产品生命周期的含义及特征？

答：产品生命周期是从新产品的进入市场一直到产品退出市场的整个过程。它可以分为四个主要阶段：① 导入期；② 成长期；③ 成熟期；④ 衰退期。

不同的产品生命周期往往有这样的特征。

• 产品销售经过不同生命周期的阶段，每一阶段的销售状况、竞争状况、市场状况都有所不同，对销售者提出了不同的挑战。

• 在产品生命周期不同的阶段，产品利润有高有低。

在产品生命周期不同的阶段，产品需要不同的营销、财务、制造、购买和人力资源战略。

5. 何谓多品牌策略？多品牌策略具有哪些优点？

答：多品牌策略是指企业对同一种产品使用许多不同的品牌。其好处是：甲牌产品推销一段时期获得成功后，又推出乙牌产品，两个牌子互相竞争，但两者的总销量比一个牌子的要多，有利于提高产品的市场占有率，扩大企业的知名度；同类产品多种品牌可在零售商店占据更多的陈列空间，易于吸引顾客的注意力；多品牌策略适合顾客转换品牌的心理，有助于争取更多的顾客；激发企业内部品牌间的相互促进，共同提高，扩大销售。

四、案例分析（25 分）

1. （1）宝洁在英国失败的主要原因包括：不符合英国人对产品味道的偏好；与英国人对该产品的使用用途不符；不适合英国人对该产品的使用条件。

宝洁在日本失败的主要原因是该产品的特殊功能对日本人毫无意义。

（2）文化因素、社会因素、心理因素。在此基础上结合案例论述。

2. （1）市场细分、选择目标市场、目标市场定位。

（2）购买者细分三种类型，以饮食业和团体用户为主要目标市场，并以此调整产品、渠道等营销组合策略。

综合模拟测试 B

一、单选题（总分30分，每题2分）

1. 市场营销学的核心概念是（　　　）。
A. 销售　　　　　　B. 交换　　　　　　C. 广告　　　　　　D. 市场细分

2. 市场营销环境包括（　　　）。
A. 人口环境和经济环境　　　　　　B. 自然环境和文化环境
C. 微观环境和宏观环境　　　　　　D. 政治环境和法律环境

3. 下面选项中哪一个不属于生产者市场细分变量（　　　）。
A. 用户心理　　　B. 用户要求　　　C. 用户规模　　　D. 用户地点

4. 产品生命周期四阶段中，竞争最为激烈的阶段为（　　　）。
A. 导入期　　　B. 成长期　　　C. 成熟期　　　D. 衰退期

5. 快速渗透策略是以（　　　）方式推出新产品的。
A. 高价格—低促销　　　　　　B. 高价格—高促销
C. 低价格—高促销　　　　　　D. 低价格—低促销

6. 昆山电脑公司是一家专业电脑生产企业，为适应市场竞争，打算成立销售公司，这是一种（　　　）战略。
A. 后向一体化　　　B. 前向一体化　　　C. 水平一体化　　　D. 混合一体化

7. 企业利润迅速增长，并达到最高峰，在（　　　）。
A. 市场导入期　　　B. 市场成长期　　　C. 市场成熟期　　　D. 市场衰退期

8. 市场机会是指（　　　）。
A. 市场上存在的尚未被充分满足的市场需求
B. 本企业产品的市场有较大的容量
C. 市场交易的障碍正在减少
D. 未来市场规模有扩大的可能性

9. 香水制造商说服那些不用香水的女士使用香水，说服男士使用香水，其采用的是（　　　）。
A. 市场改良　　　B. 产品改良　　　C. 特性改良　　　D. 市场营销组合改良

10. 直接市场营销渠道最主要用于分销（　　　）。
A. 产业用品　　　B. 农产品　　　C. 生活消费品　　　D. 食品

11. 出租车、医疗保险、旅游之间的竞争属于（　　　）竞争。
A. 愿望　　　B. 一般　　　C. 形式　　　D. 品牌

12. 市场细分的客观基础是（　　　）。
A. 企业实力不足　　　　　　B. 人们对同一产品需求的差异性
C. 市场结构发生变化　　　　　　D. 市场机会不平衡

13. 计算机硬件定低价，软件定高价，这是运用了（　　　）定价策略。

A. 替代品   B. 连带品   C. 产品线   D. 心理

14. 促销活动的实质是（   ）。

A. 加强销售工作的过程   B. 为提高产品销售额做出进步努力

C. 是一种沟通活动   D. 做广告

15. 大米的目标市场战略应选择（   ）。

A. 集中营销   B. 差异性营销   C. 无差异营销   D. 目标市场营销

二、基本概念（总分 15 分，每题 3 分）

1. 市场

2. 市场营销

3. 品牌

4. 目标市场

5. 分销渠道

三、简答题（总 30 分，每题 6 分）

1. 结合实例说明产品组合的宽度、长度、深度和关联性。

2. 试述市场竞争战略类型。

3. 试述消费者购买决策的过程。

4. 试述市场营销观念与推销观念的区别。

5. 关系营销有哪几个层次？关系营销与交易营销有何区别？

四、案例分析（总 25 分）

1. 日本泡泡糖市场年销售额约为 740 亿日元，其中大部分为"劳特"所垄断。但江崎公司对此并不畏惧，公司成立了泡泡糖市场开发项目组，通过专门调研发现霸主"劳特"有四点不足。第一，以成年人为对象的泡泡糖市场正在扩大，而"劳特"却依然把重点放在儿童泡泡糖市场上；第二，"劳特"的产品主要是果味型，而消费者的需求正在多样化；第三"劳特"多年来一直生产单调的条板状泡泡糖，缺乏新型式样；第四，"劳特"产品价格是 110 元，价格偏高，且需 10 日元硬币，消费者往往感到不便。通过调查分析江崎公司的不足，江崎公司决定以成人泡泡糖市场为目标市场并制定了相应的市场营销策略。不久便推出了四大功能产品：司机用泡泡糖，加入了浓度薄荷和天然牛黄，具有提神醒脑、消除困倦功能；交际用泡泡糖，加入清凉薄荷，使你口气清新；运动用泡泡糖，内含多种维生素，有益于消除疲劳；轻松型泡泡糖，添加叶绿素等植物精华，可改善不良情绪。此外，精心设计了新颖包装和多种造型，价格定为 50 日元和 100 日元两种，避免了找零钱的麻烦。功能性泡泡糖问世后，像飓风一样席卷全日本，不仅挤进了"劳特"独霸的日本泡泡糖市场，而且占领了不菲的市场额，从 0 猛升至 25%，当年销售额达 175 亿元。

问题：

（1）江崎公司是如何发现市场机会的？（5 分）

（2）江崎公司目标市场选择在哪里？（5 分）

（3）江崎公司的目标市场策略的特点是什么？（5 分）

2. 美国是世界上最大的小轿车市场，而且也是世界利润最高的轿车市场。据分析，日本汽车制造商的利润大部分来自北美市场。不难想象，各国汽车制造商都想打入美国市场。

但在过去的几年中，进入美国的汽车商中韩国的现代汽车取得显著的成功。分析原因有以下三个有利因素。

● 时机有利。当前世界贸易保护主义盛行，但由于国与国之间的经济发展不平衡，对一个国家的贸易壁垒可能成为其他国家打入市场的绝好机会。由于日本对美国的汽车出口受到所谓"自愿配额"的限制，出口数量停留在每年230万辆上。日本采取了向高档车转移的方针，逐步提高售价。美国的三大汽车商出于最优利润的考虑，采取了保持销量、提高售价的做法。这就使低档小型的经济车的市场出现了缺口。这给韩国汽车提供了打入美国市场的机会。

● 币值有利。由于韩元对美元是稳定的，比价基本不变。因美元对日元大幅度贬值，韩元对日元也就相对贬值，这就使韩国汽车的美元成本大大低于日本汽车的美元成本。

● 员工素质有利。美国轿车工业趋向于"夕阳工业"，三大美国汽车商相继关闭多条生产线、解雇工人，新一代有才华的青年都不愿去汽车业谋职，使得工人年龄相对上升，素质相对下降。而韩国的汽车工业正处于上升时期，汽车工人社会地位很高，汽车厂可毫不费力地招到最优秀、最能干的工人，而其工资只是美国汽车工人的十分之一。现在韩国汽车工人的平均年龄只有27岁，比日本的34岁还要年轻7岁。

在自己的产品上，现代汽车采用的并不是当代最先进的汽车技术，而是20世纪80年代初日本三菱汽车公司技术，这一技术在美国市场上已有5年历史，产品可靠、耐用、标准度高，维修非常方便。与之成为对照的日本铃木汽车，采用的是当代最新技术生产的马达，油耗量是轿车问世以来最低的，但其维修难度相应上升，产品成本也相应偏高，而其可靠性、耐久性还是一个问号。

在产品的价格上，现代汽车采用了快速渗透定价策略，比同等级的日本车定价约低1 000美元，被美国汽车界评为"日本技术，韩国价格"。

现代汽车采取了在产品的开发与生产过程中联合，但在销售环节上独立，保证100%销售控制的市场运作方法。

在渠道上，现代汽车选择了先出口加拿大，后打入美国的迂回路线。加拿大市场与美国市场极为相似，世界主要厂商均在加拿大销售汽车。由于加拿大市场比美国市场小得多，有问题易于发现，也易于及时解决，代价也小得多。现代汽车采取了"少而精"的网点策略，在全美只建立了总共200个经销点，使每个经销点都有较高的销售量，保证了经销商有厚利可图。

现代汽车充分考虑了政治因素，把零部件的采购纳入到整个经营战略中统一考虑，尽可能地采用美国零部件，以保证其产品有较高的"美国成分"。而在加拿大，现代汽车中的"加拿大成分"也是进口国中最高的。现代汽车集团总经理说，我们必须考虑双向贸易。

问题：

试分析韩国汽车成功打入美国市场的原因。（10分）

☞ **参考答案**

一、单选题（总分30分，每题2分）

1. B　　2. C　　3. A　　4. C　　5. C　　6. B　　7. C　　8. A　　9. A　　10. A

11. A　　12. B　　13. B　　14. C　　15. C

二、基本概念（总分 15 分，每题 3 分）

1. 市场：由一切具有特定的欲望和需求并且愿意和能够以交换来满足此需求的潜在顾客组成（人口＋购买力＋购买欲望）。

2. 市场营销：以满足人类的需求和欲望为目的，通过市场变潜在交换为现实交换的活动。

3. 品牌：品牌就是一个名字、称谓、符号、设计或上述的总和。其目的是使自己的产品或服务有别于竞争者。从消费者方面讲，品牌是一种心理上、情绪上的认同。品牌是产品和消费者之间的关系。

4. 目标市场：是指企业经过比较、选择、决定作为服务对象的相应的子市场。

5. 分销渠道：某种商品和服务从生产者向消费者转移过程中，取得这种商品和服务的所有权或帮助所有权转移的所有企业和个人。

三、简答题（30 分，每题 6 分）

1. 结合实例说明产品组合的宽度、长度、深度和关联性。

答：产品组合的内容指某一企业所产生或销售的全部产品大类、产品项目的组合。产品组合由宽度、长度、深度和关联性构成。宽度指一个企业有多少产品大类。长度一个企业的产品组合中所包含的产品项目的总数。深度指产品大类中每种产品有多少花色、品种、规格。关联性指一个企业的各个产品大类在最终使用、生产条件、分销渠道等方面的密切相关程度。（在此基础上结合实例说明）

2. 试述市场竞争战略类型。

答：企业在行业中所处地位及相应的市场竞争战略：市场领导者战略、市场挑战者战略、市场追随者战略和市场补缺者战略；迈克尔·波特竞争战略：成本领先、市场差异化、市场集中化。

3. 试述消费者购买的决策过程。

答：消费者购买的决策过程是引起需要、寻找信息、评价方案、决定购买、购后感觉与行为。

4. 试述营销观念与推销观念的区别。

答：推销观念和市场营销观念的区别在于：推销观念注重卖方需要；市场营销观念则注重买方需要。推销观念以卖主需要为出发点，考虑如何把产品变成现金；而市场营销观念则考虑如何通过产品以及制造、告状产品以及与最终消费产品有关的所有事物，来满足顾客的需要。从本质上说，市场营销观念是一种以顾客需要和欲望为导向的哲学。

推销观念思考方式为企业－产品－推销和促销－通过销售来获得利润。

营销思考方式为市场－顾客需求－整合营销－通过顾客的满意获得利润。

5. 关系营销有哪几个层次？关系营销与交易营销有何区别？

答：关系营销有五个层次：基本型关系营销、感动型关系营销、负责型关系营销、能动型关系营销、伙伴型关系营销。

关系营销与交易营销区别如下表所示：

交 易 营 销	关 系 营 销
关注一次性交易	关注建立合作关系

续表

交 易 营 销	关 系 营 销
强调获得顾客	强调保持顾客
有限的顾客承诺	高度的顾客承诺
适度的顾客联系	高度的顾客联系
较少强调顾客服务	高度重视顾客服务

四、案例分析（25分）

1. 答：（1）江崎公司在市场调研的基础上，根据消费者的不同需求、爱好，把整个泡泡糖市场划分为成人为主和儿童为主两大消费群，而竞争对手只注重儿童市场，从而发现了成人泡泡糖市场有巨大潜力。

（2）江崎公司将目标市场选择在成人功能型泡泡糖市场。

（3）江崎公司的目标市场策略是"差异性营销策略"，江崎公司把整个成人泡泡糖市场分成司机用、交际用、运动用、消遣用若干细分市场，并分别加紧设计出不同的产品，这一策略的特点是：品种多针对性强、能对症下药、有利于扩大销售、占领市场。

2. 答：韩国汽车之所以能成功地打入美国市场是有其多方面原因的。

首先，韩国"现代汽车"把握住了国际市场经营环境造成的市场进入机会，利用日美贸易政策的摩擦和限制以及汇率优势，在美国这一极具市场潜力的国际市场中牢牢地捕捉住了机会，并及时扩大其市场份额，为其国际经营成功打下了良好基础。

其次，"现代汽车"充分考虑了美国及加拿大消费者的民族情感和社会价值观念。从政治角度出发处理经济问题，以整辆车中的"美国成分"和"加拿大成分"的增加为代价，取得了民心和异国消费者的"认同感"，从而降低了非经济的社会问题风险，减少了引起贸易摩擦的因素，降低了跨国经营障碍的"门坎"，改善了国际经营环境。

第三，"现代汽车"在产品策略上采用了稳妥的策略，考虑了外国市场消费者的习惯，采用了已被美国市场认可的技术，同时由于有较高的技术成熟度与可靠性，增加了购买外国车的安全感和购后维修服务的便利与可靠感。

第四，在价格策略上，"现代汽车"依靠延伸产品造成的经济批量，采用快速渗透的策略，一方面使捕捉到的国际市场机会得以充分利用，同时增强了自身的市场竞争力，形成独特的目标市场，避免了与美、日高档车的市场碰撞。

第五，在国际营销渠道上，"现代公司"也有两个较为成功之处。一是借道加拿大市场形成市场进入的避难择易，从而避开了直接进入贸易壁垒相对较强的美国市场，又充分利用了加拿大与美国之间贸易联系较紧密，商品流通限制少，转移较为便利的条件。二是在自己营销力量强的情况下，坚持了对销售环节的全面控制，并且保持了销售中间商的经营规模，从而使"现代汽车"有了较为顺畅，有效的渠道。

韩国现代汽车进入美国市场的成功还在于充分利用了"比较利益"。正因为自身劳动力价格较低生产成本的同时保证了产品质量，形成资源配置和利用的优势，再加上正确的国际经营策略，所以取得成功也就有其必然性了。

附录 A　营销分析工具

一、问题分析工具

1. 问题树

问题树是在分析问题的过程中从最初的假设开始分岔为每一个问题，然后对每一个问题再进行分岔，最终形成的一种树状图。问题树可以用来帮助梳理解决问题的思路，它把最终要解决的问题一层一层地分解，把一个复杂的问题分解成一个个通过资料收集与分析便能论证（或推翻的）的问题。

图 A – 1 是一家企业在决定是否进入童装市场时所做的问题树。

2. 鱼骨图解法

鱼骨图解法是由日本东京大学的伊什卡瓦（Ishikawa）教授首创。由于这种结构化的技

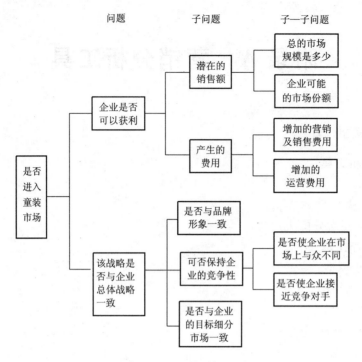

图 A－1　问题树

巧类似于鱼骨架的形状，故而得名"鱼骨图解法"。它原来是全面质量管理中所运用的一种专门用于分析质量问题原因的方法，目前它也是进行因果分析时常用的一种技巧，其目的是用来寻找所有可能导致某一问题的原因。

以某消费品制造厂商为例，对其在市场营销中出现的问题进行分析。鱼头代表需要解决的问题，即该厂产品在市场中所占份额减少。根据现场调查，造成该厂商市场份额减少的原因可以概括为五类，其中包括人员、渠道、广告、竞争与其他。在每一类中包括若干造成这些原因的可能因素，如缺少品牌意识、营销人员数量少、广告宣传差等。将五类原因及其相关因素分别以鱼骨分布态势展开，形成鱼骨分析图，如图 A－2 所示。下一步的工作就是找出使产品市场份额减少的主要原因。根据现场调查的数据，计算出每种原因或相关因素在产生问题过程中所占的比重，以百分数表示。然后对所占比重较大的因素进行重点解决。

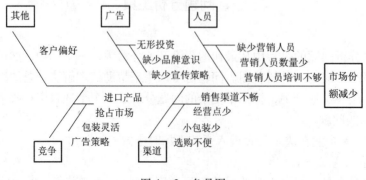

图 A－2　鱼骨图

3. AHP 法（层次分析法）

AHP 法是一种帮助管理人员主观判断的测量方法。应用 AHP 法评估细分市场时应将所有关键经理召集到一起，并向他们提供所有可得到的营销研究信息。这样就提供了输入信息，以供商讨和评价各个不同的细分市场。对决定细分市场吸引力的互相关联的决策因素，通过两两比较对每一因素赋予相关权重。图 A – 3 显示了各个细分市场的优先权结果。

在图中，管理人员设立了三个标准：细分市场吸引力、细分市场优势、协同作用，并在长期情况下，确定了公司要达到的四个目标的各自权重（0.39：0.34：0.20：0.07），从而也决定了三个标准的相应权重（0.28：0.5：0.21）。根据这三个标准，来评估当前七个细分市场（A、B、C、D、E、F、G）时，D、E、G 三个市场显然不具吸引力应当剔除；来评估新细分市场时 J、I、L 应被剔除。

评估结果也显示了企业应为每个细分市场分配多少资源。优先权可用来作为资源分配的粗略指导，例如可按下式分配：

A = 11%，B = 24%，C = 13%，F = 21%，H = 11%，I = 20%。

细分市场的发展状况既与宏观经济形势相关联，如经济增长率、失业率、居民收入增长、国家政策情况等相关，也与行业发展情况相关。一般说来，细分市场上的竞争对手越多，越有可能创造出更多的需求，扩大市场规模，市场发展前景也越看好。

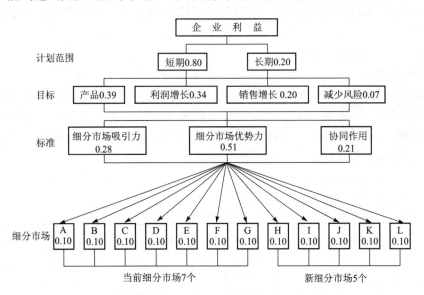

注：A 0. 10 表示：细分市场 A 的优先权为 0. 10。

图 A – 3　AHP 法

二、市场分析工具

1. PEST 分析模型

PEST 分析模型是一种关于企业营销外部环境分析方法，通过对政治（Political）、经济（Economic）、社会（Social）、技术（Technological）等四个方面进行分析，为企业制定营销战略服务，如图 A – 4 所示。

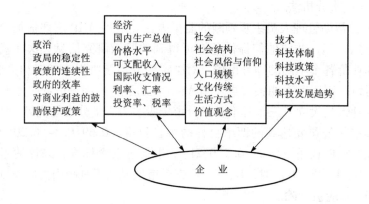

图 A - 4　主要外部环境因素

2. 五种竞争力模型

五种竞争力模型（Five Forces Model）是由哈佛商学院教授迈克尔·波特提出的。在任何行业中，无论是国内还是国际，也无论是提供产品还是服务，竞争的规则都包含在五种力量内。该模型可以算作是行业分析中最经典的分析模型，它第一次从各个角度对行业分析进行了全面的刻画。通过对这五种竞争力量的分析可以明确企业的优势和劣势，确定企业的市场地位。

五种竞争力模型如图 A - 5 所示。

3. 5C 和 5P 法

当考虑顾客的要求，企业赖以生存的环境，以及本企业的产品和人员与竞争对手相匹配的需求时，5C 和 5P（图 A - 6）正是你需要关注和理解的方法。它们对于比较你和你的竞争对手以及比较目前状况和希望达到的未来状况，是非常有用的工具。两者之间的差距，就表示你需要达到变化的规模。

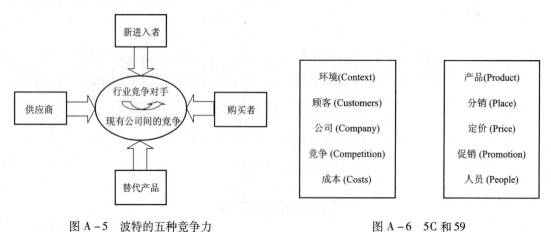

图 A - 5　波特的五种竞争力　　　　　　　图 A - 6　5C 和 59

4. 竞争三角分析法

在分析市场竞争的过程中，许多竞争关系都是由三个关键因素构成，科学地分析三者的关系，找出它们之间的差异就能获得竞争优势。竞争三角分析法依据数学定理"三点确定一个平面"的原理，分析竞争市场、组织协同一个工具。根据分析的需要变换不同的因子（图 A – 7），可得到不同的分析结果。

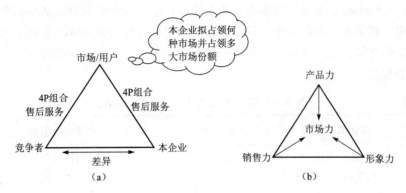

图 A – 7　竞争三角分析法
(a) 市场竞争战略；(b) 市场力

5. SWOT 分析法

SWOT 分析（表 A – 1）是一种综合考虑企业内部条件和外部环境的各种因素而进行选择最佳营销战略的方法。其中，S 是指企业内部的优势（Strength），W 是指企业内部的劣势（Weakness），O 是指企业外部环境的机会（Opportunities），T 是指企业外部环境的威胁（Threats）。这里优劣势是对企业内在的强项与弱项进行分析，而机会与威胁是分析企业的外在环境可能生产的影响。

表 A – 1　SWOT 分析

S/W　　　　　O/T	优势：S 1. 2. 3. 优势描述	劣势：W 1. 2. 3. 劣势描述
机会：O 1. 2. 3. 机会描述	SO 战略➔成长型 1. 2. 3. 发挥优势，利用机会	WO 战略➔巩固/增长型 1. 2. 3. 利用机会，克服弱点
威胁：T 1. 2. 3. 威胁描述	ST 战略➔多样化型 1. 2. 3. 利用优势，回避威胁	WT 战略➔收缩型 1. 2. 3. 减少劣势，回避威胁

6. 关键成功因素

C. Hofer 和 D. Schendel 于 1977 年在《战略表达：分析概念》中首先提出关键成功因素（Key Successive Factor）。关键成功因素是指企业在特定市场中获取利润必须拥有的技能和资源。简单地说，就是在一个行业中，任何企业如果要取得成功就必须具备的基本条件，它们可能是一种价格优势、一种资本结构或是一种消费组合等。比如在医药行业中，产品开发就是关键成功要素之一。

表 A-2　部分行业关键成功因素一览表

工业部门类别	关键成功因素
铀、石油	原材料资源
船舶制造、炼钢	生产设施
航空、高保真音响	设计能力
纯碱、半导体	生产技术
百货商场、零部件	产品范围、花色品种
大规模集成电路、微机	工程设计、技术能力
电梯、汽车	销售能力、售后服务
啤酒、家电、胶卷	销售网络

资料来源：《企业战略管理》，徐二明著，中国经济出版社，1998 年版。

不同的行业有着不同的关键成功因素，见表 A-2。例如在纯碱行业中，生产技术是关键因素，企业要获得同样质量的纯碱，汞制作法的效率要比半透膜法高两倍以上。利用后一种方法进行生产的企业，无论做了多大的努力来减少额外成本，都难以在经营中取得成功。既使是在同一行业中的各个企业，也可能对该行业的成功关键因素有不同侧重。例如在书写行业中，美国的派克公司和柯尔斯公司很成功，但它们对书写行业的关键因素的侧重点就有所不同，派克公司侧重于无孔不入的广告宣传和众多的销售渠道，而柯尔斯公司则更注重产品质量的提高和新产品的研制与开发。另外，在不同的行业生命周期内，行业驱动因素和竞争环境的变化也会使关键成功因素发生化。行业（产品）生命周期各阶段中的关键成功因素见表 A-3。

表 A-3　行业（产品）生命周期各阶段中的关键成功因素

	导入期	成长期	成熟期	衰退期
成功关键因素	销售、消费者的信任、市场份额	对市场需求的敏感、推销产品品质	市场效率和产品功能、新产品开发	回收投资、缩减生产能力

资料来源：《企业战略管理》p107，蔡树堂编著，石油工业出版社，2001 年版。

在行业分析时，确定哪些是某个行业的关键成功要素非常重要。一般来说，以下三个问题有助于确认行业的关键因素。

（1）消费者在同类产品的各个品牌之间做出选择的依据是什么？

（2）行业中的卖方要想在竞争中取得成功需要什么样的资源与能力？

（3）行业中的卖方要想获得持久的竞争优势必须采取什么样的措施？

7. 市场吸引力－竞争地位分析法

图A－8的竞争矩阵是通用/麦肯锡模型，是以开发它的组织——美国通用电气和麦肯锡管理咨询公司命名的。根据行业/市场的吸引力与企业的竞争地位来进行行业务组合分析，可以将业务矩阵划分成三个部分：投资发展区、选择性发展区、准备重构区。

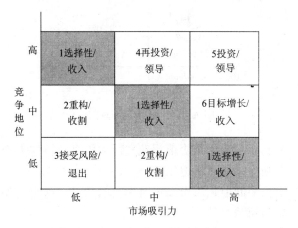

图A－8 竞争地位－市场竞争吸引力

如果组织有多个地点或不同的产品部门/业务，那么通用/麦肯锡模型是一个非常有用的工具，它具有很高的指导性用途，能够识别在各种不同定位/市场中运行的组织中的各种要素。如图A－6所示，有六个概括性的选择可供考虑。如果需要进一步为"市场吸引力"和"竞争地位"两个变量"打分"，能使用的各种标准如图A－9所示。

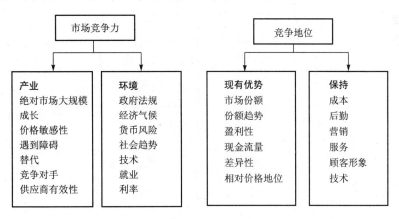

图A－9 标准示例

8. BCG矩阵分析法

矩阵分析法（图A－10）由美国波士顿（BCG）咨询公司创立，用于对企业的产品组合进行决策。

明星产品指相对市场占有率及销售增长率都高的产品。这类产品需投入大量现金来提高市场占有率，当它们的销售速度趋向下降时，便可成为财源产品，由花钱变为赚钱。

问题产品指销售增长率较高、相对市场占有率较低的产品。这类产品需要投入大量的资

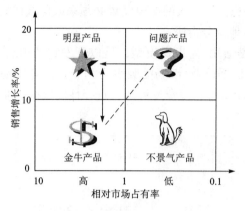

图 A-10　波士顿矩阵图

金来提高市场占有率，为此必须考虑是否值得花费巨大资金扶持这类产品。经营成功的问题产品将变为明星产品，否则应掌握时机退出市场。

财源产品，指销售增长率低但相对市场占有率高的产品。这类产品可为企业带来大量的现金收入，用以支持明星和问题产品。

不景气产品，指销售增长率及相对市场占有率均较低的产品。这类产品有时可能产生一些收入，但通常都是利微甚至亏损、还浪费管理人员的时间而得不偿失。

9. 矩阵分析活用法

（1）市场对产品。为扩展市场份额和提高收入，可以考虑图 A-11 中的四个选择。当新产品马上进入新市场时，风险最大，应当尽量避免。

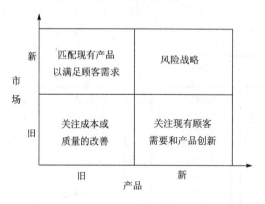

图 A-11　市场对产品战略

（2）"高感知价值（HPV）"和"低配送成本（LDC）"。竞争的两种通常方式无非是提供高感知价值（HPV）或实现低配送成本（LDC）。现实中，多数组织都希望两者都达到一定程度。在保持低配送成本基础上，选择从低配送成本到达高感知价值状态，如图 A-12 所示。

日本汽车生产商针对西方国家生产商采取行动，以低配送成本为目的进入市场；随后，保持低配送成本状态，在产品技术上加大投资，迅速从他人手中抢占市场份额。

（3）产品品质（销售什么）对提供服务（如何销售）矩阵。在图 A-13 中要避免的方块显然是失败的方块！使用这一矩阵的方法是把自己的公司描绘在矩阵上，与竞争者进行对比。为获取数据，需用定量方法（有组织的问卷调查、打分）和定性方法（使用培训过的外部促进者/市场调查员与顾客讨论）访问顾客。

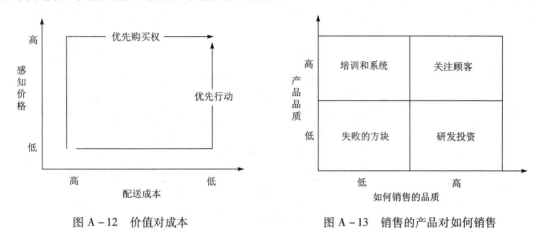

图 A - 12　价值对成本　　　　　　　图 A - 13　销售的产品对如何销售

三、供应商分析工具

1. 价值链

价值链分析有助于实施成本领先战略，针对顾客的最终产品/服务主要依赖于供应商。供应商对整个业务系统将增加什么价值？如果把支付服务/产品的最终价格定为100%，那么通过业务系统就能构建一个价值链，如图 A - 14 所示。

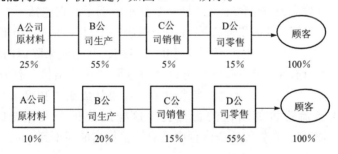

图 A - 14　"业务系统"——价值链分析

构建价值链对于确切了解业务系统各部分产生的"价值增值"非常有用。运用这一信息有两种方法：① 改善。可以通过增进和密切与供应商的关系来减少延滞时间/成本。节省费用可以用来降低价格（以变得更有竞争力），或用于投资以改进质量。② 改变规则。正如宜家（IKEA）家具公司提供质量优良（但成本低）的部分组装家具，选择城镇边缘的仓储场所，并让顾客完成最终家具组合，通过这一方式有效降低了家具的价格。从供应商、分销和生产环节中节省下来的费用大部分转移给顾客，从而使他们能买到价廉质优的家具。改变游戏规则给竞争者更持久的竞争优势，别人如果不进行根本的变革就不能做出典型的反应。

2. 供应商的有效性对价值增值矩阵

一旦建立供应商的价值增值，就可以通过检查供应商的有效性来研究各种选择，就可以在如图 A - 15 所示的标准矩阵上标出供应商。

使用外部供应商意味着已经做出制造/购买的决定。如果价值增值很低或供应商非常有限，就要重新考虑已做出的决定，整合始终是一种选择。如果供应商很多，那么就主要考虑质量或成本（依据价值增值），来分散风险以防供应商倒闭。

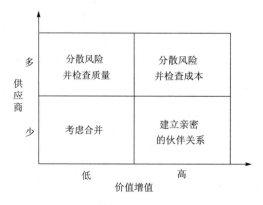

图 A‒15　供应商可得性对价值增值

四、流程分析工具

1. 工作流程

多数组织都有一个"组织结构"，表明谁向谁汇报。他们的职责是什么。几乎没有组织分析这些职责之间的工作流，甚至不分析职责内部的工作流，但这种分析是一种功能强大的方式，它规划组织如何更有效地运转、并且节省时间/成本或提高质量，或两者都得到改善。流程表图 A‒16 是过程流的一个例子，这是一个指示性例子。它包括一个有力的分析方法：效果持续分析。每个任务计算成果时需要有一个对应的项目（图 A‒16 例子中以每次订货的平均量计算成果）。然后计算整个流程任务的总时间，并用成果除以时间得到效率水平。图 A‒16 中所示例子只有 4% 是有效的。可以通过强调"价值增值"活动（如只有那些真正被顾客重视的活动）为这类分析增加未来价值。如果从成果中扣除未来价值，并重新除以持续时间，就得到流程价值增值的百分比。这样的分析令人惊奇！应用这种分析，National Vulcan 公司发现它在保险业务流程中的真正价值增值还不到 1%。

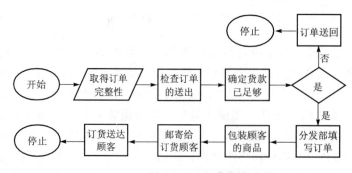

图 A‒16　工作流程分析

流程图的秘诀在于它是以归纳而不演绎思维的方式考虑。因此，你应该集中精力减少投入并增加产出价值。当在横向流程涉及大量人员时，寻找机会整体处理任务（和人员）——这就形成了流程再造的基础。流程分析是一项重要任务，现有的流程图软件包有助于加快分析。

2. 销售技巧和 SPIN（如图 A-17）

业务流程再造包含"销售"的基本思想。销售有许多技巧，SPIN 是其中比较不错的一种技巧。这种非常有用的销售方法是由一个英国的研究小组 Huthwaite 基于许多研究开发的。他们跟踪了许多销售员的销售旅程，试图弄明白成功的销售员和不是很成功的销售员之间的差别。他们发现成功的销售员询问更多的问题，并在目标顾客的头脑中建立服务或产品的需求。随后，Huthwaite 研究小组分析这些问题的类型，并分成四大类（状况、问题、暗示、需求支付），记住便于记忆的"SPIN"。

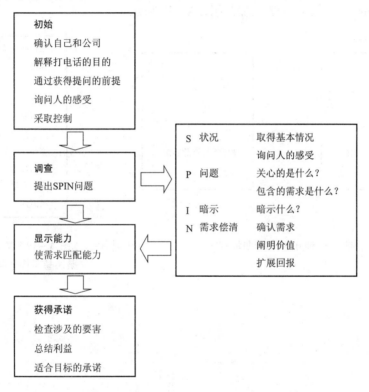

图 A-17 销售技巧：询问问题

（1）状况的询问用来获得了解客户的地点，以及他或她的环境。

（2）问题的询问试图确认客户在他的环境中看到的问题、困难和不满。

（3）暗示的询问用于形成问题大小和使客户了解还没解决问题的所有暗示。

（4）需求支付询问用于明确客户的需求和感知价值的程度。

使用 SPIN 的三个步骤开始于预备阶段，包括介绍、匹配类型和通过提问"我能问你几个问题吗？"获得控制。然后提问 SPIN 问题，当清楚客户的需求后，接下来的步骤就是显示满足客户需求的能力。最后阶段是小结并取得一些合适的承诺。图 A-17 归纳了这种方法。

使用 SPIN 来改变要求，并使需求与流程一致而相互匹配，这是有助于驱动变革前进的有用方法。尤其在早期阶段，它不仅建立起对现状不满的解决方案，而且有助于澄清这样一个观点：业务流程再造所要求的是把再造程序和运行相结合起来。

五、他山之石

军事战略和方法。"战略"一词来源于意大利词汇，意为"将军的艺术"。商业上已采用许多准军事词汇和方法来形成战略，因此人们认为商业是有关竞争的行为就不足为怪了。而人类知道的最激烈的行为是战争！写出战略方法的最早（也有人认为最好）的战略家是中国古代的一位将军——孙武，他的著作《孙子兵法》非常值得一读。其六个原则，也可称谓"商业"应用，概括为图 A-18。

古代中国战略的这些原则类似于现在皇家军事学院桑德赫斯特分部（Royal Military Academy Sandhurst）教授的原理，总结为图 A-19 所示。

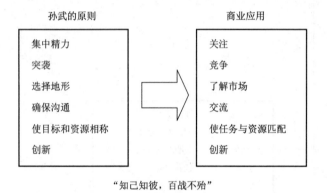

图 A-18　孙武的战争原则　　　　　　　　图 A-19　皇家军事学院
　　　　　　　　　　　　　　　　　　　桑德赫斯特分部的战争原则

附录 B 营销知识检索

☞ **阅读指引**

一、基本概念

1. 市场营销方面概念

（1）**市场营销/行销**：指用调查分析、预测、产品发展、定价、推广交易成实体配销技术来发掘、推广及满足社会各阶层人士对商品或劳务需求的一系列活动。

（2）**营销管理**：是为了实现企业目标，创造、建立和保持与目标市场之间的互利交换和关系，而对设计方案的分析、计划、执行和控制。

（3）竞争者：竞争者一般是指那些与本企业提供的产品或服务类似，并且有相似目标顾客和相似价格的企业。

（4）STP 营销：是企业营销战略的核心，即实行市场细分化（Segmenting）、目标化（Targeting）和定位（Positioning）。

（5）市场：在营销者看来，卖主构成行业，买主则构成市场。市场包含三个基本要素，即有某种需要的人，为满足这种需要的购买能力和购买欲望，用公式来表示就是：市场 = 人口 + 购买力 + 欲望。

（6）市场细分：就是指企业通过市场调研、根据顾客对产品不同的需要和欲望、不同的购买行为与购买习惯，指导某一产品的整体市场分割成需要不同的若干子市场的分类过程。

（7）目标市场：目标市场是指企业经过比较、选择、决定作为服务对象的相应子市场。

（8）市场定位：根据所选定的目标市场上的竞争对手现有产品以外的位置和企业自身的条件，从各方面为企业和产品创造一定的特色，塑造并树立的市场形象，以求在目标顾客心目中形成一种特殊的偏爱。

（9）市场营销组合：企业为了满足目标顾客群的需要而加以组合的可控制的度量。

（10）产品：是指能提供给市场，用于满足人们某种欲望和需要的任何事物，包括卖场、服务、场所、组织、思想、竞争等。

（11）服务：用于出售或者是同产品连在一起进行出售的活动、利益或满足感。

（12）整体产品 = 核心产品 + 有形产品 + 附加产品。

（13）核心产品：指消费者购买某种产品时所追求的利益，是顾客真正需要的东西。

（14）有形产品：核心产品借以实现的形式，即向市场提供的实体和服务的形象。

（15）附加产品：顾客购买有形产品时所获得的全部附加服务和利益，包括提供信贷、免费送货、售后服务等。

（16）产品组合：指一个企业提供市场的全部产品线和产品项目的组合或搭配，即经营范围和结构。

（17）产品线：指互相关联或相似的一组产品，即通常所谓的产品大类。

（18）产品组合的广度：指一个企业生产经营的产品大类的多少，即拥有的产品线多少，多则宽，少则窄。

（19）产品组合的长度：指企业所有产品大类的总和。

（20）产品组合的深度：产品线中每种产品所提供的花色、口味、规格的多少。

（21）产品组合的相关性：指各个产品线在最终使用生产条件、销售渠道或其他方面的相关联的程度。

（22）产品生命周期：即一种新产品从开始构思、开发上市直到被市场淘汰的整个时期。由四个阶段组成：导入期（介绍）、成长期、成熟期、衰退期。

（23）新产品：凡是能给顾客带来新的满足、新的利益的产品。

（24）市场营销渠道：指配合起来生产、分销和消费某一产品生产者的商品和服务的所有企业和个人。

（25）分销渠道/通路/分配渠道：某种商品和服务从生产者向消费者转移过程中，取得这种商品和服务所有权或帮助所有权转移的所有企业和个人。

（26）批发商：主要从事将货物或服务销售给为了转卖或者商业用途而进行购买的客户

的公司和个人。

（27）零售商/零售店：零售包括所有向最终消费者直接销售商品和服务，以供其个人及商业用途的活动。

（28）专业商店/专用品商店：专业商店是产品线深而长的商店，如服务店、鞋店、书店等。

（29）百货商店：百货商店一般销售几条产品线的产品，尤其是服装、家具和家庭用品等。

（30）超级市场：是一种大型、廉价、自选式的商场，主要经营食品、杂货及家用器具等。

（31）便利商店/杂货店/士多店：这是一种小型的在居民区附近的商店，主要是经营日用消费品，经营品种不多，价格也适中，营业时间长，以附近居民为主要销售对象。

（32）连锁店：连锁店包括两个或者更多的共同所有和共同管理的商店，它们销售类似产品线的产品，实行集中采购和销售，还有可能具有相似的建筑风格。

（33）传播/沟通：传播是人类信息交流的过程，是人与人之间信息的传递与分享。

（34）销售促进（SP）/营业推广：指企业运用各种短期诱因，鼓励购买或销售企业的产品或服务的促销活动。

（35）整合营销传播（IMC）：IMC 基本想法是将传播活动一元化，即一方面把广告、保销、公共关系、直接营销、CI、包装与新闻媒体等一切传播活动皆归属于广告活动；另一方面使企业能以统一的传播资讯传达给消费者，即 Speak with one voice（用一个声音去说）。

（36）直接营销/直效营销：指为了在任何地方产生可度量的反应或达成交易而使用的一种或多种广告媒体的交互作用的市场营销体系。

（37）推销/人员推销：指企业的从业人员通过与顾客（潜在顾客）的人际接触来推动销售的促销方法。

（38）事件行销：指企业整合本身的资源，通过具有企业力和创意性的活动或事件，使之成为大众关心的问题、议题，因而吸引媒体的报道与消费者的参与，进而达成提升企业形象以及销售商品的目的。

（39）深度分销：企业发挥品牌的价值，以人员推广为手段，联合市场伙伴（经销商）直接对销售终端进行服务，达到拥有终端网络目的的一种分销方式。

（40）公共关系：组织在经营管理中运用信息传播、沟通媒介、促进组织与相关公众之间的双向了解、理解、信任与合作。为组织树立良好的公众形象。

（41）推式策略：企业通过促销努力，将产品由制造商销售给批发商、批发商转而销售给零售商、零售商转而销售给消费者的一种有方向的链式系统。

（42）拉式策略：企业通过树立良好的企业形象、品牌形象与产品形象，使消费者产生需求，并向零售商购买，零售商转而向批发商订货，批发商转而向制造商订货的这样一种与推式逆方向的链式系统。

（43）促销：企业通过人员和非人员的方式，沟通企业与消费者之间的信息，引发、刺激消费者的消费欲望和兴趣，使其产生购买行为的综合性策略活动。

（44）促销组合：指企业根据产品的特点和营销目标，综合各种影响因素，对各种促销方式的选择、编配和运用。促销组合手段一般包括广告、人员销售、营业推广和公共关系四个要素。

（45）绿色营销：指以保护环境和回归自然为主要特征的一种绿色营销活动。这种营销活动是以提倡绿色消费意识、实行绿色促销策略、采用绿色标志、培育绿色文化为主要特征的。

2. 市场调查方面概念

（1）市场调查：是以科学的方法，有系统地、有计划地、有组织地收集、调查、记录、整理、分析有关产品或劳务及市场等信息，客观地测定及评价，发现各种事实，用以协助解决有关营销的，并作为各项营销决策的依据。

（2）访问法：将所拟调查的事项，以当面或电话或书面向被调查者提出询问，以获得所需资料的调查方法。

面谈调查：当面听取被调查者的意见，并观察其反应的调查方法。具有问卷回收率高的优点。分个人面谈（一对一访谈）和小组面谈（小组访谈）等形式。

电话调查：由访问员根据抽样规定或样本范围，以电话询问被访者意见。可在短时间内调查多样本，成本较低。但不易获得对方的合作，不能询问较为复杂的问题。

邮送调查：将设计好的问卷利用邮政寄达被访者，请其自行填写答案寄回。调查成本低，抽样时可以完全依据随机抽样法抽取样本，但回收率低，影响调查的代表性。因无访问员在场，被访者可能误解问卷意思。

留置问卷调查：将问卷由访问员当面交给被访者，说明回答方法后，留置于被访者家中，令其自行填写，再由访问员定期收回。

（3）观察法：由调查员或机器在调查现场，在旁边观察其行动的一种调查方法。被访者在被调查时并不感觉到正在被调查。

顾客动作观察：由调查员观察并记录店内顾客购买行为或以摄像机摄取顾客在店内的活动情形的收集资料的方法。

交通量观察：由调查员或用仪器记录某一街道在某一定时间内，所通行的车辆及行人数量、种类及方向等的收集资料的方法。

（4）实验调查法：在某一特定地区和时间内，先进行一次推销方法的小规模实验，然后再用市场调查方法收集资料的一种调查方法。此方法科学，具客观性价值。但实验时间过长，成本高，实施较困难。在改变品质、包装、设计、价格、广告、陈列方法等因素时，都可用该方法。

（5）定性研究（定性调查）：是以小样本为基础的无结构式的、探索性的调查研究目的是对问题的定位或启动提供比较深层的理解和认识。获取消费者的态度、认知和动机的研究。不以统计数字为衡量标准。主要方式是深层访谈和小组访谈。

深度（层）访谈法：定性研究主要方法之一，是一种无结构的、直接的、个人的访问，在访问过程中，一个掌握高级技巧的调查员深入地访谈一个被调查者，以提示对某一问题的潜在动机、信念、态度和感情。

小组（焦点）访谈法：定性研究主要方法之一，由一个经过训练的主持以一种无结构的自然的形式与一个小组的被访者访谈，主持人负责组织讨论。通过倾听一组从调研者所要研究的目标市场中选择来的被访者的讨论，从而获取对一些相关问题的深入了解。

（6）概念测试：在产品开发初期用来测试新产品构思（概念）的一种方法。采用定性研究的方法，如分组讨论，可以就消费者如何看待新产品构思方面获得重要信息，新产品将如何使用，何时使用及被谁使用等。

（7）定量研究（定量调查）：利用抽样技术以达到结果的市场研究。呈有结构的，将数据定量表示，将结果从样本推广到所研究的总体。

（8）抽样：是以充分统计理论为依据的一种做法。从有代表性的总体中抽选一部分单位（样本）进行总体推论的统计方法。一般来说，抽样规模越大，抽样结果越准确，而抽样的成本也越高。

（9）入户（单位）访问法：指调查员到被访者家中或工作单位进行访问，直接与被访者接受，然后利用访问式问卷逐个问题地询问，并记录对方的回答。

（10）拦截式访问：指在某个场所（例商业区、商场、街道、医院、公园等）拦截在场的一些人进行面访调查。

（11）问卷测验法：用问卷进行测验，可随调查意图自由设计。一般涉及理解、记忆、对产品的印象、评价、意见、对广告的评价、广告的信赖性、广告的说服、购买意图等方面。

3. 品牌方面概念

（1）品牌：指能为顾客提供其认为值得买的功能利益及附加的产品，是产品属性、名称、价格、历史、信誉、广告方式等的总和。通俗的说法：品牌是产品和消费者之间的关系。

（2）品牌资产：是一种超越生产、商品、有形资产以外的价值。包括品牌知名度、对该品牌品质的认知度、品牌忠诚度、品牌的联想及其他共五个部分。

（3）品牌知名度：指一个品牌在消费者心中的强度，通常依强弱可分为第一提及、未提示知名度和提示知名度。

（4）品牌的品质认知度：指消费者对某一品牌在品质上的整体印象，主要元素有产品包装、功效、价格、广告、SP 等。

（5）品牌忠诚度：指消费者持续购买同一个品牌，即使是面对更好的产品特点，更多的方便，更低的价钱，也会如此。依强弱可分为五个档次：无忠诚度、习惯购买、满意购买、情感购买和承诺购买。

（6）品牌联想：指消费者（尤其是目标对象），他们在想到某一个品牌时联想到该品牌的周边资产，对于这个品牌价值的建立有很大帮助。

（7）品牌个性：就像人的个性，既是特殊的也是永续的。包括五大要素：纯真、刺激、称职、教养和强壮。用来描述某人的词汇也可以拿来描品牌的个性。品牌能依人口统计（年龄、性别、社会阶段和种族等），生活形态（活动、兴趣和意见等）或是人类个性特点（外向性、一致性和依赖性等）来予以描述。最常用的描述方法是将品牌比作一个人，从而形象地描述个性。

4. 广告方面概念

（1）售点广告媒体：又叫 POP，它是英文 Point of Purchases 的缩写，其内容包括商品橱窗陈列、柜台及货架陈列，货摊陈列等。形式有如海报、招贴、包装品、说明书、小册子、赠品、奖券。售点广告最重要的形式就是通过商品本身为媒体的陈列广告。

（2）广告量：根据广告目标的要求以及媒介接触范围、频繁程度，可以得出在限定时间内广告在媒介物上出现的次数。

（3）媒介组合：指一种媒介为主，以其他媒介配合使用或选取多种媒介，平均分布广告费的媒介使用方法。

（4）覆盖率：即目标市场的比率，指的是在某宣传活动中至少有一次机会见到广告的人的比率。

（5）集中度：指衡量产业处于竞争或垄断状态的一个重要指标，通常做法是，选取行业中营业额较前的企业，如前四名，前五名，计算其营业额在行业决营业额的百分数，用CR4、CR5表示，从中可以看出该行业的集中度。

（6）广告媒介：就是广告主在广告活动中借以向目标消费者传达广告讯息的各种需要付费的信息传播工具。

（7）广告目标：是目标消费群在一定程度及一定时间内所应达成的特定的传播题。

（8）广告表现：以美工、插图、文案、音乐等有形的方式，把广告策略传达到目标市场去。

（9）胶片广告：最常的是使用35毫米或120毫米胶片拍摄，剪辑完成后可以直接在电影院内播放或者转成磁带送到各电视台播放。

（10）现场直播广告：利用电波媒体的同时性直接将产品或服务的信息做现场直播，称为现场直播广告。

（11）录像带广告：一般是用专业摄像机，用Betacam或3/4英寸录像带摄制完成的。

（12）字幕广告：将广告信息以文字的方式叠在画面上映出。

（13）CDI（Category Development Index）：品牌发展指标。

（14）BDI（Brand Development Index）：品牌发展指数。

（15）BSI（Brand Sailing Index）：品牌销售指标。

（16）档次（Spot）/刊登（Insertion）：档次/刊登指的是一种广告出现在媒介上的次数，在电视媒介上称为档次，在印刷媒介上称为刊登。

（17）收视率：收看或收听某一电视或广播节目的个人或家庭占总人口或总家庭数的比率。

（18）收视率成本：亦称百分点收视成本，指的是在电波媒介中，每个百分点的收视率所需要支付的金额，在计算上是以媒介广告单价对以收视率。

（19）总收视率：亦称毛评点，为所有播出档次收视率的总和（专指电波媒介），总收视点的另一个算法为到达率乘以平均接触频率。

（20）接触人次：指一个媒介排期计划所接触的总人次。

（21）到达率：指对象消费者中，"不同的"的个人或家庭在一定的期间内（通常指的是4周），暴露于任何广告至少一个的非重复性人口比率，亦称净达率。

（22）平均接触频次或平均接触频率：指接触广告的对象消费者中，平均每个人的接触次数、计算方法是总收视点对以到达率。

二、基础理论

1. 市场营销观念发展阶段

（1）生产观念。生产观念认为，消费者喜爱那些可以随处得到的、价格低廉的产品。生产导向型组织的管理当局总是致力于获得高生产效率和广泛的分销覆盖面。

（2）产品观念。产品观念认为，消费者最喜欢高质量、多功能和具有某些特色的产品，在产品导向型组织里，管理当局总是致力于生产优质产品，并不断地改进产品，使之日臻完善。

（3）推销/销售观念。推销观念认为，如果听其消费者自然的话，他们不会足量购买某一组织的产品。因此，该组织必须主动推销和积极促销。

（4）营销观念。营销观念认为，实现组织诸目标的关键在于正确确定目标市场的需要和欲望，并且比竞争对手更有效，更有利地传送目标市场所期望满足的东西。

（5）社会营销观念。社会营销观念认为，组织的任务是确定诸目标市场的需要、欲望和利益，并以保护或者提高消费者和社会福利的方式，比竞争者更有效、更有利地向目标市场提供所期待的满足。

2. 4P 理论（传统市场营销理论）

1960 年，杰罗姆·麦卡锡提出了著名的 4P 理论，他认为企业的市场营销战略包括两个不同的而又互相关联的内容：

（1）目标市场：即颇为相似的消费者被看做是一个特定群体，称为目标市场。

（2）市场营销策略组合：即公司为了满足这个目标顾客群的需要而加以组合的可控制的变数。也就是说，企业在市场运作中，一方面考虑企业的各种外部环境，另一方面制定市场营销策略组合，通过策略的实施，适应环境满足目标市场的需要，实现企业的目标。

（3）市场营销组合中可控制的四个基本变数——4P

产品（Product）：指企业提供其目标市场的货物或劳务，其中包括产品质量、样式、规格、包装、服务等。

价格（Price）：指顾客购买产品时的价格，包括折扣、支付期限等。

地点（Place）：指产品进入或到达目标市场的种种活动，包括渠道、区域、场所、运输等。

促销（Promotion）：指企业宣传介绍其产品和说服顾客买其产品所进行的种种活动，其中包括广告、宣传公关、人员推销、推销活动等。

3. 6P 理论（菲利普·科特勒 1984 年提出"大市场营销理论"）

大市场营销定义：企业为了成功地进入特定市场或者在特定市场经营，应用经济的、心理的、政治的和公共关系的技能，赢得若干参与者的合作。在新的条件下，企业的市场营销战备须包含"6P"。即除了"4P"组合之外，还必须加上"政治力"（Political power）和"公共关系"（Public relations）。在战略上兼施并行经济的、心理的、政治的和公共关系的技巧，以赢得若干参与者的合作。

"大市场营销"与"传统的市场营销基本理论"的不同主要表现在以下三方面。

（1）在对待外部市场环境方面："4P"理论所强调的是如何调整可以控制的内部环境，千方百计适应不可控制外部环境，这是企业能否成功，能否生存和发展的关键。而"大市场营销"理论认为，企业可以影响其外部的市场营销环境，而不仅仅是依从和适应它。

（2）在企业的市场营销目标方面："4P"理论是千方百计调查研究、了解和满足目标顾客的需要；"大市场营销"理论则强调为了满足目标顾客的需要，采取一切市场营销手段，打开和进入一个市场，或者创造或改变目标顾客的需要。

（3）在营销手段方面：前面强调的是"4P"组合，企业集中一切资源、力量，适当安排4P，采取这些市场营销手段来满足目标市场的需要。而后者则新增了两个因素即6P来打开和进入某一市场，或者创造或改变目标顾客的需要。

4. 10P 理论

1989年菲利普·科特勒在6P基础上，加上市场研究与调查（Probing）、市场细分（Partitioning）、选择目标市场（Prioritizing）、市场定位（Positioning），把6P发展为10P。新提出的4P称为战略市场营销组合。

5. 产品生命周期理论

产品生命周期一般分四个阶段：投入期（也称引入期、导入期）、成长期、成熟期和衰退期。

（1）投入期：是产品生命周期的第一阶段，产品开始按批量生产后全面投入企业的目标市场。这个阶段的主要特征是销量低，销售增长缓慢。

（2）成长期：新产品从投入期转入成长期的标志是销量迅速增长。对于非耐用消费品来说，具有创新精神的初试者，由于使用产品的满足开始重复购买，并通过消费者交叉影响使新产品迅速向市场扩散。这一阶段另一个重要特征是竞争者纷纷介入，当新产品盈利较高时更是如此。

（3）成熟期：是产品在市场基本饱和，虽然普及率继续有所提高，而销售量测趋于基本稳定的时期。由于竞争日益激烈，特别是出现价格竞争，使产品差异化加剧和市场更加细分，顾客对品牌的忠实感开始建立，产品市场占有率主要取决于重复购买率的高低。维护市场占有率所需的费用仍然很高，因此少数财力不足或边际生产的企业被迫退出市场。

（4）衰退期：由于竞争势态、消费偏好、产品技术及其他环境因素的变化，导致产品销量减少而进入衰退期，从而诱发出更新的产品问世，这时原有的产品普及率迅速降低，成本回升，分销环境转向营销新品。

（5）产品生命周期各阶段的特点见下表。

周　　期	企业情况	经营环境	营销策略
投入期	成本高 生产效率低 需要流动资金多 毛利高	竞争者少 知晓产品者少 需要有限	刺激基本需求 可建立高价格 产品样式少 设法增加分销网络
成长期	容易组织生产 成本降低 生产率提高 有利改进产品	扩展市场 分销渠道多 竞争者多 价格开始下降	培育选择性要求产品要异样化 强化分销渠道
成熟期	经济效益高 有利改进产品 毛利降低 利润减少	竞争激烈 市场扩张快 分销渠道定型 需求不稳定	强调市场细分 进一步改进产品 改善销售服务 实施价格战略
衰退期	成本回升	需求减少 竞争者减少 价格趋于稳定	判断产品利益 拟订撤出或保留产品计划 保留分销关系

6. 终端生动化理论

终端生动化是吸引消费者注意，促进消费者购买的一种方法。主要内容包括卖场生动化、卖场环境生动化、终端生动化。主要表现方式为 POP 组合生动、店头陈列生动化和产品堆放生动化等。

7. 市场细分理论

目标市场战略主要由以下三部分内容组成：

（1）市场细分：即企业根据顾客所需要的不同产品和市场营销组合，把一个市场分为若干个不同的顾客群体的行为。

（2）目标市场的选择：即企业在细分市场的基础上，根据企业实力目标判断和选定要进入的一个或多个子市场的行为。

（3）市场定位：即在目标上为产品和具体的市场营销组合确定一个富有竞争地位的行为。

以上这三部分内容形成了目标市场战略的全部定义。

8. USP 法则

USP 指独特的销售主张。

Unique：找出其他品牌所无的独有特性。

Selling：适合消费者需求的销售。

Proposition：发挥提议的功能。

9. AIDMA 理论

A（Attention）：引起注目。

I（Interest）：提起兴趣。

D（Desire）：激起欲望。

M（Memory）：促使记忆、加深印象。

A（Action）：引起行动。

10. 整合传播营销理论

（1）从 4P 到 4C：即从"消费者请注意"转向"请注意消费者"。

4C 观念：IMC 理论以 4C's 取代传统 4P 为前提和基础。

Consumer 消费者导向：把产品优点、优势暂时搁到一边，重新研究消费者的需要与欲求。仅卖能生产或想制造的产品还不够，而要卖那些人们确实想买的产品。

Cost：忘掉固有的定价策略、价格战，以消费者为满足需求肯付出的成本价和有能力支付的价格为导向。

Convenience：忘掉固有的销售通路和网络，尽量营造消费者购买商品的方便性和携带方便性。

Communication：把信息及时准确地传给目标消费群。

（2）接触管理与沟通。接触是指能够将品牌，产品类别和任何市场有关的讯息等资讯，传输给消费者或潜在消费者的"过程与经验"。接触管理，即在适当的时间、地点或某种情况下，厂商可与消费者接触与沟通，并以接触方式确定沟通主题与方式。整合营销传播的每一个营销环节上都在和消费者接触和沟通。AD、SP、PR、直销、包装、货柜陈列、POP、吊旗、DM 通过整合沟通，使传播的信息在适当的时间、地点传给消费者，并与原本存储在消费者脑中的认知相契合，达到"一拍即合"，引起共鸣。

（3）建立消费者资料库。整合营销的实质是关系循环营销，建立关系的最佳方法就是建立消费者电脑资料库，即消费者消费心理、消费行为的个人资料，并据消费者行为变化状况随时增删，记录消费者信息变动状况，以便随时通过消费者行为分析协助厂商制定一个有效的整合营销传播计划，有条不紊地与消费者进行双向沟通。

（4）中心思想。IMC 中心思想是各种形式的传播手段都可用来实现传播目标，并且由于传播目标是以消费者行为作先导的，这些消费者行为正是想得到改变、修正和强化的。传播手段配合这些行为的变化，不致于使营销目标错位。这些传播手段在什么时候使用，使用哪种，侧重点，传达何种信息就需一个能连接消费者需求与客户行销目标的策略作为统合的核心。每个行销工具均依照这个策略发挥所长，在不同领域面对具有相同特质的目标消费者群，达到双向沟通目的。最主要的是在企业主、厂商、销售者和消费者之间建立的沟通特环网。同时营销与传播之间的界限也在整合中变得越来越模糊。

11. 帕拉图原理（帕拉图 80/20 的比例关系规划）

根据常规得出的结论：即一个事物的 80% 与另一事物的 20% 有关。例如：许多公司 80% 的利润来自 20% 的生产线，许多公司通过 20% 销售通路销售 80% 产品。

12. 木桶原理

一只木桶，其最大的盛水量不是取决于最长的那块桶板，而是最短的那块桶板。

市场营销组合中的产品、价格、通路和传播等各种因素必须互相配合，才能发挥整体优势，整体优势的作用不是得益于最强的一个因素，而是受制于最弱的一个因素。

13. 沙漏原理

品牌必须持续传播，如果一段时间不传播，品牌价值就会像装在漏斗的沙子一样逐渐消失。

三、基本作业工具

1. 广告计划方案

（1）产品分析。

① 有关商品的基本情报：品牌名称、广告主名称、产品线、销售网等。

② 产品的竞争环境：直接竞争品牌、代用品与补充品牌名称。

③ 与竞争品的比较：原料、附属品、功效、性能；包装的特征——外表、容器、捆包、品牌名称标准字体等。

④ 与竞争品的价格特性比较：品质、包装、价格。

⑤ 法律限制、同业习惯。

（2）消费者购买分析。

① 依消费者使用形态分类：主要使用者、使用者、非使用者等。

② 上述各阶层的特征：性别、年龄、收入、职业等。

③ 购买习惯。

④ 使用习惯。

⑤ 传播特性：品牌知名度、消费者理想中的商品、对同一商品的再购意愿。

（3）市场规模及需求动向。

① 市场规模及需求动向。

② 市场占有率：品牌别占有率、地区别占有率、细分市场占有率。

③ 品牌忠诚度：品牌连续购买情况。

（4）广告战略：诉求的阶层对象、传播重点、诉求重点。

（5）拟订广告表现计划。

广告的表现特别强调创造力，但广告制作者不可安于单纯的广告表现技术，因为片面地把没有根据的想象和表现技术组合起来，并不能订立良好的表现计划。表现计划的基础是在广告基本战略的设计过程中逐渐成形的。

（6）试作品制作。

（7）媒体计划。

媒体计划，是根据广告基本战略中的诉求对象阶层、诉求商品特性、重点传播过程等而拟订。

在媒体计划的第一阶段，先选出欲使用的媒体，广告媒体种类很多，大众传播的主要媒体可分为电视媒体、广播媒体、报纸媒体、杂志媒体等四种。

选择媒体种类时要考虑到下列条件。

① 诉求对象阶层的接受习惯——例如重点放在小孩时，电视广告的分量要重。

② 商品特性与媒体特性——例如当需要详细说明商品特性时，则报纸、杂志较适合。

③ 传达色彩能力——例如彩色电视的广告，则需利用彩色的媒体。

④ 影像及音响的传达能力——如汽车商品要动作及音响配合，电视媒体最能表达。

⑤ 习惯、法规限制——部分商品有法律约束而禁用某些媒体，如香烟广告。

（8）广告预算。广告预算主要包括两个部分，一个为媒体的预算，另一个为制作费用。

2. 经销商辅导方案

（1）实施经营管理支援。

◆ 收益目标、销售目标及销售人员目标的协调规划。

◆ 总公司经营策略的宣传报导。

◆ 对经销商的改革方案提供意见及指导。

◆ 对经营者和管理者实施教育训练。

◆ 协助指导经销商内部组织及职务划分。

◆ 公司派员指导。

◆ 电脑化作业指导。

（2）实施销售活动辅导。

◆ 商品知识与销售的教育。

◆ 举办业务员培训。

◆ 指导管理商品方法。

◆ 帮助建立客户情报管理系统。

◆ 帮助开拓新客户。

◆ 协助改善客户管理。

◆ 协助制定业务员奖金办法。

◆ 帮助编订推销指引手册。

（3）改善商店装潢、商品陈列。

◆ 协助规划招牌、标示牌。

◆ 协助规划展示窗、陈列室。

◆ 提供 P.O.P 活动广告等用具。

◆ 提供字幕、旗帜等宣传标志。

（4）辅导促销活动。

◆ 帮助制作广告宣传单或 D.M.。

◆ 提供宣传海报。

◆ 提供公司的广告影片。

◆ 补贴经销商广告费。

◆ 在电视、新闻广告上经常提及经销商及刊登其住址、联络电话等。

（5）帮助获取情报。

◆ 提供同业动态、厂商动向等有关情报。

◆ 指导经销区域的市场分析及客户分析。

◆ 提供未来的产品趋势资料。

3. 促销策划流程（图 B-1）

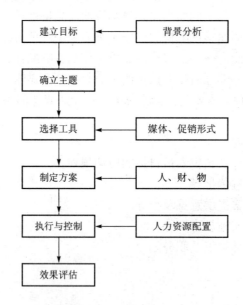

图 B-1　促销策划流程

　　注1：背景分析：促销活动的时机；所处的市场环境；受益对象的分析；对整体广告活动的贡献与影响；对品牌长远影响；本次促销活动的难点与阻力。

　　注2：背景分析的信息来源市场走访报告或市场调查报告或网络资讯。

4. 销售业绩的评价

对销售人员的评价可从以下几个方面进行：

（1）工作成绩评价（见表 B-1）。

表 B - 1　销售人员工作成绩评价表

销售人员：

销售额	
毛利	
销售费用	
销售费用占销售额的百分比	
货款回收	现金	
	应收账款	
	应收账款累计	
	应收账款回收	
	现金回收率	
	应收账款回收率	
拜访客户的次数	
每次拜访的费用	
平均每天拜访客户数	
一定时期内新客户数	
一定时期内失去的客户数	
每个客户的平均购货额	
每个客户的平均毛利	
毛利目标达成率	
销售目标达成率	

（2）客户满意评价：针对销售人员对客户的服务水平和客户满意程度，调查销售人员的所服务的客户，作为评价销售人员工作的一部分。

（3）销售人员品质评价：销售人员品质包括对公司、产品、客户、竞争对手、销售区域和职责的了解，个人的性格、风度、仪表、言谈、气质等方面的评价。

5. 销售队伍的建设

通常，销售队伍的建设包括销售队伍的设计、管理两个方面，详细内容如图 B - 2 所示。

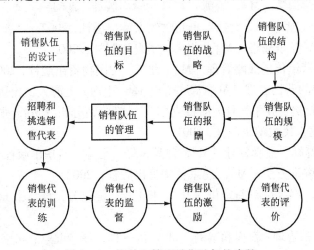

图 B - 2　设计和管理销售队伍的步骤

参 考 文 献

[1] Philip Kotler, Gary Armstrong. 市场营销原理，（第七版）［M］. 赵平，等译. 北京：清华大学出版社，1999.

[2] 连漪. 市场营销学——理论与实务［M］. 北京：北京理工大学出版社，2007.

[3] 连漪. 市场营销管理——理论与实务［M］. 北京：国防工业出版社，2004.

[4] 郭国庆. 市场营销学通论.（第2版）［M］. 北京：中国人民大学出版社，2003.

[5] 郭国庆. 市场营销学通论学习辅导书［M］. 北京：中国人民大学出版社，2007.

[6] 吴健安. 市场营销学学习指南与练习［M］. 北京：高等教育出版社，2003.

[7] 纪宝成. 营销管理［M］. 北京：中国人民大学出版社，2001.

[8] （美）菲利普·科特勒. 营销管理——分析、计划、执行与控制（第九版）［M］. 上海：上海人民出版社，1999.

[9] 金永生. 市场营销管理［M］. 北京：机械工业出版社，2003.

[10] 林建煌. 营销管理［M］. 上海：上海复旦大学出版社，2003.

[11] 菲利普·科特勒. 营销管理（第二版）［M］. 宋学宝，等译. 北京：清华大学出版社，2003.

[12] 纪宝成. 市场营销学教程（第三版）［M］. 北京：中国人民大学出版社，2001.

[13] 何永祺. 市场营销学［M］. 大连：东北财经大学出版社，2001.

[14] 梅清豪. 市场营销学原理［M］. 北京：电子工业出版社，2001.

[15] 仇向洋，朱志坚. 营销管理［M］. 北京：石油工业出版社，2003.

[16] 理查德·L·桑德霍森. 市场营销学［M］. 陶婷芳，译. 上海：上海人民出版社，2004.

[17] 芮明杰. 市场营销管理——定位、联盟、策略［M］. 上海：复旦大学出版社，2001.

[18] 王方华. 市场营销学［M］. 上海：复旦大学出版社，2001.

[19] 李先国. 营销管理［M］. 大连：东北财经大学出版社，2002.

[20] 迈克尔·波特. 竞争战略［M］. 北京. 华夏出版社，2002.

[21] 申光龙. 整合营销传播战略管理［M］. 北京：中国物资出版社，2001.

[22] 凯普. 21世纪的营销管理［M］. 胡修浩，译. 上海：上海人民出版社，2003.

[23] 维瑟拉·R·拉奥，乔尔·H·斯特克尔. 战略营销分析［M］. 张武养，张永宏，等译. 北京：中国人民大学出版社，2001.

[24] 艾克，乔瑟米赛勒. 品牌领导［M］. 曾晶，译. 北京：新华出版社，2001.

[25] 刘继勇. 管理咨询方法［M］. 北京：华夏出版社，2002.

[26] 杰克·特劳特，瑞维金. 新定位［M］. 李正栓，贾纪芳，译. 北京：中国财政经济出版社，2002.

[27] 昆奇. 市场营销管理：教程和案例［M］. 吕一林，译. 北京：北京大学出版社，2000.

[28] 佩罗特，麦卡锡. 基础营销学［M］. 梅清豪，周安柱，译. 上海：上海人民出版

社，2001.

[29] 甘华鸣，向文杰．执行：市场营销流程操作手册［M］．北京：中国物资出版社，2004.

[30] 马卡德．战略定位：有效战略实战案例［M］．周伟，译．北京：机械工业出版社.

[31] 梁修庆．市场营销管理［M］．北京：科学出版社，2002.

[32] 连漪、梁健爱．基于市场竞争下普通高等院校人才培养机制的探讨［J］．清华大学教育研究：2004（3）.

[33] 连漪、梁健爱．基于网络经济时代的企业营销发展趋势及对策研究［J］．改革与战略，2004（4）.

[34] 连漪、黄庆、马艺芳．打造分销生物链渠道［J］．企业研究，2002（7）.

[35] 连漪，卜正学．消费者行为"三大铁律"及其他［J］．企业研究，2004（5）.

[36] 连漪，汪侠．旅游目的地顾客满意度测评指标体系的研究及应用［J］．旅游学刊（双月刊），2004.19卷第5期.

[37] 连漪，梁健爱．基于渠道竞争力的培育研究［J］．改革与战略，2005（2）.

[38] 连漪，王加灿、沈小裕、市场竞争下顾客满意度测评模型的应用研究探讨［J］．江苏商论，2005（11）.

[39] 梁健爱．德士高连锁超市顾客忠诚计划探析［J］．商场现代化，2005（10）.

[40] 梁健爱．解析零售企业顾客忠诚度影响因素［J］．江苏商论，2006（1）.

[41] 梁健爱．零售企业实施顾客忠诚计划对策探讨［J］．商场现代化，2006（6）.

[42] 梁健爱．基于ACSI模型的零售企业顾客满意测评［J］．江苏商论，2005（8）.

[43] 梁健爱．基于消费者体验的广告策略［J］．改革与战略，2003（11）.

[44] 梁健爱．基于消费者体验的营销对策探讨［J］．广西社会科学，2004（10）.

[45] 佚名．企业营销训练教材总集，亚太管理训练网 http：//www. longjk. com.

[46] W. D. Perreault, D. J. McCarthy. Basic Marketing. 3th ed. America New Jersey：McGraw Hill，1999.

[47] Warren Keegan, Sandra A. Kerin, Steven W. Hartley, and William Rudelius. Marketing, Richard D. Irwin, Inc. , 1994.

[48] Warren J. Keegan, Global Marketing Management, Prentice – Hall, Inc. , 1998.

[49] Gary Armstrong and Philip Kotler, Marketing：An Introduction, 7th Edition, New Jersey：Pearson Education International, 2004.

[50] Christopher Lovelock and Jochen Wirtz, Services Marketing, 5th Edition, New Jersey：Pearson Education International, 2004.